AF295654

THÈSE

POUR LE DOCTORAT

DE LA

REPRÉSENTATION EN JUSTICE

EN

DROIT ROMAIN

DES

AUTORISATIONS DE PLAIDER

NÉCESSAIRES

AUX COMMUNES ET AUX ÉTABLISSEMENTS PUBLICS

EN

DROIT FRANÇAIS

THÈSE POUR LE DOCTORAT

L'ACTE PUBLIC SUR LES MATIÈRES CI-APRÈS

Sera soutenu le Mercredi 23 Avril 1890 à 1 heure

PAR

André Du BOYS

AVOCAT A LA COUR D'APPEL

Président : M. GLASSON

Suffragants { MM. DEMANTE / LABBÉ / DUCROCQ } *professeurs*

PARIS

LIBRAIRIE NOUVELLE DE DROIT ET DE JURISPRUDENCE

ARTHUR ROUSSEAU

ÉDITEUR

14, RUE SOUFFLOT ET RUE TOULLIER, 13.

1890

A LA MÉMOIRE DE MA MÈRE

A MON PÈRE

DROIT ROMAIN

DE LA

REPRÉSENTATION EN JUSTICE

INTRODUCTION

Dès l'époque la plus reculée, la législation romaine présente un ensemble de règles que les citoyens doivent observer lorsqu'ils veulent obtenir une décision judiciaire. Le formalisme dont elles sont empreintes témoigne qu'on avait déjà compris à quel point la régularité de la procédure est une garantie de l'équité du jugement. Si l'on examine leurs caractères, l'on ne doit pas s'étonner qu'elles apparaissent, en même temps, comme étroites et rigoureuses ; pouvait-il en être autrement, dans ces temps presque barbares ?

Toutefois, au milieu des dispositions qui déterminent les conditions de l'instance, on remarque un principe qui maintiendra, dans les procès des Romains, une remarquable simplicité : c'est l'obligation qui fut faite à tout plaideur de se présenter lui-même devant le tribunal, d'y réclamer lui-même son droit, et de figurer en

personne aux débats, pendant toute la durée de la procédure. Incompatible avec les conditions dans lesquelles
se présentent les procès modernes, une telle règle était
au contraire applicable à l'époque de la première législation romaine. Le territoire était exigu, les citoyens
romains pouvaient seuls être propriétaires et paraître en
justice, enfin il leur était facile de se rendre devant le
magistrat. Celui-ci, en effet, tenait ses assises dans le
forum où les citoyens étaient appelés pour accomplir les
actes de la vie politique et commerciale. Plus tard, lorsque le territoire de la République s'étendit, lorsque la
vie des Romains devint moins sédentaire, lorsque les
relations juridiques s'élargirent, le principe posé par les
legis actiones ne put être maintenu : l'absence, les
obligations du service militaire, le souci des occupations
multiples devinrent autant de causes légitimes en raison
desquelles on éprouvait de grandes difficultés à diriger
en personne ses procès. La législation fut donc modifiée :
les plaideurs purent constituer des représentants qui
vinrent prendre leurs places dans les instances. Néanmoins, l'idée que les Romains se faisaient d'un rapport
de droit n'avait pas changé. Ils n'admettaient pas que
les actes faits par une personne pussent jamais être ré-
putés faits par une autre et pussent avoir des effets au
profit ou au détriment de celle-ci. C'est pourquoi, lorsqu'un représentant avait figuré au procès au lieu et place
d'un tiers, la sentence devait, en principe, être prononcée
en faveur de ce représentant ou contre lui. Cette conséquence bizarre des principes généraux du Droit romain
et de ceux de la *litis contestatio* en particulier, persista
jusqu'au V siècle de l'ère chrétienne. Nous verrons

quels tempéraments y furent apportés dans le long espace de temps qui s'écoula entre l'abrogation du système formulaire et celle de l'*impetratio actionis*; jusqu'au jour où la législation paraît être arrivée à concevoir
la représentation, suivant l'idée plus parfaite et plus
pratique que nous nous en faisons aujourd'hui.

PREMIÈRE PARTIE

ÉPOQUE DES LEGIS ACTIONES

La règle antique suivant laquelle tout plaideur devait exercer lui-même son action, paraître lui-même devant le magistrat, est rapportée par Gaïus (Inst. IV, § 82) qui l'énonce dans le but de montrer quelle différence existe sur ce point entre le droit de son époque et le droit antérieur.

Étant donné l'existence de cette obligation, on peut comprendre facilement quelle était la forme d'un procès, alors que la procédure orale des actions de la loi était en vigueur. Les plaideurs se présentaient devant le magistrat et là, en se servant de termes imposés à peine de nullité, l'un d'eux affirme que tel droit lui appartient, ou se prévaut de tel fait, tandis que l'autre le contredit. Il n'y a donc pas lieu de s'étonner que les formules employées à cette époque expriment toutes une affirmation ou une négation portant sur le fait même des personnes qui se trouvent en cause : nous verrons au contraire qu'il n'en sera plus nécessairement ainsi sous l'empire des systèmes de procédure subséquents.

Enfin, une conséquence de cette règle est de modérer, dans une certaine mesure, l'accusation d'excessive sévérité qu'on serait tenté de porter contre d'autres dispositions de la procédure des *legis actiones*. En effet, si l'on considère de quels préliminaires l'instance était précédée, on voit que le défendeur pouvait être appelé en cause d'une manière très autoritaire. La loi des XII tables donnait au demandeur le droit de prendre des témoins, d'arrêter son adversaire s'il refusait de le suivre, et même d'employer la force et de le trainer devant le magistrat s'il cherchait à s'enfuir (1). On ne peut nier que ce ne fût là un acte d'autorité empreint d'une certaine rudesse, et on pourrait s'étonner que le demandeur ait eu la faculté de l'accomplir, si l'on ne songeait que la comparution personnelle du défendeur en justice était une condition sans laquelle le demandeur ne pouvait faire établir son droit.

D'ailleurs, la loi des XII Tables ne méconnaissait pas les ménagements que les devoirs d'humanité imposent à tout homme vis-à-vis de son semblable et que toute législation doit sanctionner. C'est ainsi que le demandeur devait fournir au défendeur âgé ou malade un moyen de transport « *jumentum aut arceram* » qui le mît à même de se rendre, sans souffrances, devant le tribunal (2).

L'impossibilité d'agir en justice pour le compte d'autrui était donc absolue à cette époque : les textes ne nous font connaître qu'un petit nombre d'exceptions sur lesquelles il est nécessaire de donner quelques explications.

Le paragraphe 82 du IVe commentaire des *Institutes* de Gaius, tel qu'il nous est parvenu, en indique deux.

---

(1) *Tabula prima* § 1 : *Si in jus vocat, ni it, antestator ; igitur em capito.* § 2 : *Si calvitur pedemve struit, manum endojacito.*

(2) *Tabula prima* § 3 : « *Si morbus ævitasve vitium escit, qui in jus vocabit, jumentum dato, si nolet, arceram ne sternito* ».

Il rappelle que sous le système des actions de la loi, on ne pouvait agir *alieno nomine,* si ce n'est *pro populo* ou *pro libertate.* Ces deux exceptions ont été reproduites par Justinien (Inst. livre IV, titre 10), car cet empereur a copié le passage précité de Gaius, mais, à leur suite, il en a ajouté deux autres et cette addition a été l'objet de nombreux commentaires. Ainsi il aurait encore été permis d'agir *alieno nomine :* 1° *pro tutela,* 2° dans le cas où on usait de la faculté accordée par la loi Hostilia.

Ces deux passages de Gaius et de Justinien, étant rédigés en termes absolument concis, et étant les seuls qui aient trait à cette question, ont laissé aux commentateurs un vaste champ d'interprétation. Nous verrons qu'ils sont loin d'être tombés d'accord sur les hypothèses que prévoyaient ces exceptions. Nous essayerons cependant de mettre en évidence celles de leurs théories qui s'harmonisent le mieux avec les principes primitifs de la procédure romaine.

Exception pro populo. — Quel sens faut-il donner à ces mots *agere pro populo ?* A quelle catégorie d'actions se rapportent-ils ? Keller (1), et Zimmern (2), émettent l'opinion, sans expliquer pour quel motif ils l'adoptent, que cette expression signifierait intenter une action publique ou une action populaire. Malgré l'autorité qui s'attache aux noms de ces auteurs, leur doctrine a soulevé de sérieuses objections. M. Accarias (3) nie qu'il soit ici question des actions publiques. Il s'appuie sur ce motif qu'elles appartiennent au droit criminel dont Jus-

---

(1) *La procédure civile chez les Romains,* traduction d'Étienne, § 54.
(2) *Traité des Actions,* traduction de Capmas, § 55.
(3) *Précis de Droit Romain,* t. II, § 930.

tinien ne s'occupe pas dans ce livre des Institutes ; Certes, nous comprenons la portée de cette remarque ; mais n'est-il pas évident que l'empereur a seulement entendu reproduire le texte de Gaius ? Aussi, cette opinion soulève-t-elle des critiques d'un autre ordre et nous dirons, en parlant de la quatrième exception, les motifs qui peuvent conduire à penser que celui qui intente une action publique n'agit, ni par représentation de l'État, ni par représentation de la personne victime d'un crime.

Le même auteur conteste l'exactitude de l'interprétation tirée des actions populaires, pour cette raison que celui, qui les intente, se les approprie, en a le bénéfice (1), et, en conséquence, n'agit pas véritablement pour le compte d'autrui.

Le professeur Iehring (2) donne, sur l'origine des actions populaires, un aperçu qui est de nature à nous détourner du système de Keller. Parlant des rapports de communauté qui existaient entre les différents membres de la *gens* (3), il dit « Le droit postérieur n'a gardé aucun de ces rapports à l'exception de la sépulture des gentils, mais il a conservé les actions populaires, qui en sont, à mon avis, une conséquence indirecte, mais importante. Ces actions sont un phénomène remarquable, non seulement au point de vue de notre Droit public, en ce sens qu'au moyen de ces actions un particulier peut exercer une police réglée par des principes spéciaux déterminés, mais encore au point de vue du

____

(1) L. 12, D. 50, 16.

(2) Iehring, *Esprit du droit romain.* Traduction de Meulenaere, t I, p. 202.

(3) Pour Iehring, la constitution de la *gens* repose sur le principe de la famille.

Droit romain lui-même, en ce sens que ce dernier, qui tient avec la plus grande rigueur au principe de la *legitimatio ad causam* du demandeur, accorde ici des actions qui, *en apparence*, n'offrent pas le moindre intérêt personnel pour le demandeur. » (1)

Il explique plus loin (2) ces mots « en apparence » en montrant que « les intérêts publics ne sont autres que les intérêts de tous et par conséquent aussi de chacun : chacun eut donc, à l'origine, la mission et le devoir de défendre ces intérêts, d'en empêcher la violation, ou, si elle existe déjà, d'en demander satisfaction de la même manière que pour ses intérêts privés. »

Si tel est le point de départ du système des actions populaires, s'il est vrai que cette classe d'actions fut de celles que, même au temps de la procédure formulaire, on ne pouvait exercer par un *procurator* (3) pour ce motif qu'elles appartiennent non à un particulier déterminé, mais à tout citoyen en cette qualité de citoyen, il faut renoncer à soutenir que l'exception *pro populo* ait trait à ces actions.

Le système qui nous paraît préférable est celui d'après lequel il s'agirait là d'un procès intéressant le peuple, personne morale, incapable d'agir par elle-même et qu'on ne peut citer en justice autrement qu'en la personne de son représentant.

En effet, on remarque, dans le Droit romain postérieur,

---

(1) Le Droit romain donne ces actions populaires contre tout citoyen qui a fait des changements contraires à la police, aux places publiques, aux chemins, aux eaux, qui a pendu hors de sa fenêtre ou à son toit des choses qui menacent de tomber ou d'obstruer le passage.

(2) page 213.

(3) L. 42, D. 3, 3.

une série de poursuites organisées par des lois ou des sénatus-consultes, et qui offrent ces caractères: 1° qu'elles peuvent être exercées tantôt par un magistrat, tantôt par un membre du peuple, 2° que la *condemnatio* est rédigée en faveur du peuple qui fait soutenir l'*actio judicati* par ses fonctionnaires. Le demandeur, lorsqu'il est membre du peuple, ne reçoit qu'une partie de la *condemnatio*, à titre de *præmium,* par suite, en poursuivant la *condemnatio*, il n'a pas agi en vertu d'un droit subjectif propre, mais en vertu d'une sorte de *procuratio* de l'État.

C'est donc à des actions présentant les mêmes caractères sous le système des actions de la loi, qu'il serait logique de rapporter l'exception *pro populo*. Mommsen (1) ne paraît pas en douter lorsque, parlant de ces actions, il explique le jeu de leur procédure à l'époque qui précéda le système formulaire. Le magistrat, qui les exerce en vertu d'un pouvoir régulier, engage avec son adversaire le pari judiciaire dont l'enjeu était le *sacramentum*; toutefois, s'il en sort vainqueur, l'enjeu ne lui est pas attribué, mais bien à l'État. Telle aurait donc été d'après cet auteur la manière dont s'opérait la représentation en justice du peuple romain, personne morale (2).

Exception pro libertate. — Cette deuxième exception, mentionnée par Gaius et par Justinien est la seule sur le sens de laquelle tous les interprètes soient d'accord. On sait que la *causa liberalis* pouvait se présenter sous deux formes, soit que le prétendu maître prit l'initiative de

---

(1) Mommsen, *Staatrecht der latinischen Gemeinden Salpensa et Malacca*, p. 464, note 27.

(2) Voyez dans le même sens : Bruns, *Zeitschrift für Rechtsgeschichte.*

l'action (hypothèse de la *vindicatio in servitutem*), soit que l'esclave se prétendît libre (hypothèse de la *proclamatio in libertatem*). Dans les deux cas, il fallait qu'un *assertor* se présentât pour plaider la liberté de celui dont l'état faisait l'objet du litige, car celui-ci était incapable de plaider pour lui-même (1). Pour, qu'à défaut de proches parents, il pût facilement trouver des personnes qui prissent intérêt à son sort et fussent disposées à jouer ce rôle d'*assertor*, la quotité du *sacramentum* dans la *causa liberalis* fut fixée à 50 as, quelle que fût d'ailleurs la valeur de l'homme dont la liberté était en question. Nous rappellerons brièvement une conséquence importante de l'obligation qu'on faisait à l'homme libre prétendu esclave, ou à l'esclave se prétendant homme libre, de laisser conduire leur cause par un tiers qu'ils n'ont peut-être pas choisi, et qui ne mérite peut-être pas la confiance que la loi lui accorde. Dans le cas où ce tiers succombait, l'instance pouvait être renouvelée deux autres fois : le représenté n'avait donc perdu sa liberté que lorsque trois sentences l'avaient déclaré esclave.

Justinien modifia profondément toute cette législation (2). Dans la *proclamatio in libertatem,* il admit la personne qui se disait libre à plaider elle-même sa cause, et, dans la *vindicatio in servitutem,* il donna, à la personne prétendue esclave, le choix entre deux partis : elle put plaider par elle-même, ou se faire représenter par son

___

(1) On motive généralement ainsi l'intervention de l'*assertor* : si, dit-on, la personne dont la liberté est plaidée par elle-même, était reconnue esclave, elle dirait aussitôt : « Je n'avais pas capacité pour plaider, donc la sentence est nulle ». Ce serait pour éviter ce cercle vicieux qu'on lui aurait donné un représentant par exception à la règle générale. *Sic* Accarias.

(2) L. 16. *de ads, toll.*

procurator. La nécessité de l'*assertio* se trouvait donc par là-même supprimée, l'individu, dont la liberté était en cause, dut subir les conséquences des actes du *procurator* dont il avait fait choix : dès lors, le procès ne put plus être renouvelé.

Exception pro tutela. — Cette exception est la première de celles que Justinien seul mentionne. Nous allons exposer combien les commentateurs se sont divisés, lorsqu'ils ont voulu fixer l'hypothèse que l'empereur prétendait désigner par ces deux mots.

Théophile dans sa paraphrase du titre X des *Institutes* les explique ainsi : « *sæpe enim pupillus indigebat tutoris, ac duo inter se litigabant de eo uter tutor esse deberet : manifestum est unum victorem fore ; victus igitur inveniebatur alieno nomine egisse, id est de tutela litigasse quæ ad ipsum haud pertinebat, ut exitum litis docuit.* » Cette interprétation n'a été admise par aucun autre auteur. En effet, en suivant un pareil raisonnement, on peut arriver à dire que, dans tout procès, celui qui succombe agit *alieno nomine*.

Plusieurs ont donc préféré distinguer, à travers les textes, les différentes sortes de procès que peut soulever une tutelle, et ont voulu voir dans l'exception *pro tutela* une allusion à l'un ou à l'autre de ces procès. C'est ainsi que Zimmern (1) pense au cas prévu par le paragraphe 184 du premier commentaire des Institutes de Gaius. C'est celui où un préteur urbain donne, soit à un pupille, soit à une femme, un tuteur spécial, grâce à l'*auctoritas* duquel ils agiront contre leur tuteur ordi-

____

(1) *Traité des Actions*, § 55.

naire, celui-ci ayant, dans un procès, des intérêts contraires aux leurs. Certes, ce texte commence bien par les mots « *cum legis actiones in usu erant* » mais il déclare que le tuteur spécial jouera le rôle d'*auctor* « *nam quia ipse quidem tutor in re sua auctor esse non poterat, alius dabatur, quo auctore legis actio perageretur.* » Par suite, ce passage n'a donc, croyons-nous, aucun intérêt pour nous, car il doit se rapporter aux cas où le pupille sorti de l'*infantia* est présent au procès : le tuteur datif habilite donc seulement le pupille à agir, mais ne le représente pas.

D'autres (1) ont pensé que l'exception *pro tutela agere* rappelait simplement la faculté qui aurait été accordée au tuteur d'agir, lui-même, pour le pupille absent ou infans. Ce système a soulevé de vives critiques : on a contesté que le tuteur romain ait eu un tel droit à cette époque : on a reproché à ceux qui l'admettent de faire une supposition contraire aux principes qui régissaient la tutelle. Iehring, lui aussi, a réfuté cette opinion dans des termes qu'il nous paraît utile de rapporter.

Parlant de la tutelle des impubères, il dit : « Cette institution, bien que très imparfaite, satisfaisait néanmoins à la nécessité de protéger les mineurs. En dehors de ce moyen de protection, les principes généraux du Droit civil s'appliquaient complètement au pupille, notamment les principes généraux de la représentation. Cette conséquence était d'une grande sévérité. Le pupille devait agir lui-même : le tuteur ne faisait que lui donner l'*auctoritas*. Si le mineur n'était pas encore capable d'a-

―――――――

(1) Keller : *Procédure civile chez les Romains*, § 54. — Accarias, *Précis de Droit romain*, t. II, § 930.

gir, l'affaire devait en rester là. » On peut rappeler aussi que, pendant longtemps, l'*auctoritas tutoris* ne put habiliter le pupille *infans* à faire adition d'hérédité, et que c'est seulement vers le cinquième siècle, que les constitutions impériales donnèrent au tuteur qualité pour représenter le pupille dans l'acte d'adition (1).

C'est peut-être aller trop loin que de dire avec Iehring que, d'une façon générale, un droit appartenant au mineur ne pouvait faire l'objet d'un procès. Son patrimoine, dans bien des cas, aurait souffert d'une telle législation. Bien des événements peuvent se produire par suite desquels l'intérêt d'une action disparaît, si on ne l'exerce pas à un moment déterminé : l'objet dû peut périr, le débiteur devenir insolvable, ou bien, comme le prévoyait l'édit Carbonien, un témoin dont la déposition est précieuse peut venir à mourir ou à se laisser corrompre.

Certains auteurs (2), cependant, partant du principe admis par Iehring, à savoir que le tuteur ne pouvait, à cette époque, exercer par représentation les actions du pupille *infans*, ont mis en évidence un système qui conduit à des conséquences plus facilement admissibles.

Suivant eux, la tutelle des mineurs et la curatelle des fous auraient revêtu d'abord la forme d'une puissance organisée en faveur du tuteur légitime, et dont l'effet était de faire passer sur sa tête la fortune du pupille ou du fou. Le tuteur pouvait donc exercer, en son nom personnel, les actions comprises dans ce patrimoine.

Plus tard, le rôle du tuteur fut modifié, car, vis-à-vis

(1) Scheurl : *Beiträge*, t. II, p. 11.
(2) Puchta : *Cursus der Institutionen*, t. 1, § 156, — Bethmann Hollveg, *Das römische civilprocess*, t. I, p. 110.

du mineur sorti de l'*infantia,* la tutelle revêtit le caractère d'une mission protectrice : toutefois, les principes anciens subsistèrent pour le cas où ce mode de procéder ne pouvait être employé. Un certain nombre de lois au *Digeste* renferment des passages qui témoignent que cette manière d'envisager les pouvoirs du tuteur n'avait pas été complètement oubliée à l'époque de Julien et d'Ulpien (1). Ils disent que le tuteur et le *curator furiosi* sont *domini loco,* qu'ils peuvent transiger avec celui qui a volé une chose appartenant au pupille ou au fou, pourvu que le voleur remette la chose volée en « leur puissance. »

Les Institutes de Gaius ne feraient donc aucune omission en ne mentionnant pas cette exception *pro tutela,* puisque le tuteur aurait trouvé, dans sa qualité même, la capacité juridique d'intenter les actions qui faisaient partie du patrimoine du pupille : il n'aurait donc pas agi comme représentant de celui-ci, mais en son nom personnel, comme étant revêtu de la puissance de la tutelle.

Certes, à l'époque de Justinien, le tuteur est pour le pupille un *procurator* légal, mais l'empereur a peut-être oublié qu'il n'en a pas été ainsi à toute époque ; c'est pourquoi il aurait mis sur la même ligne, le tuteur, d'une part, et, d'autre part, les représentants du peuple et de celui dont la liberté est l'objet d'un litige.

Exception legis Hostiliæ. — Les *Institutes* nous disent qu'une loi Hostilia permit à tout citoyen d'intenter l'action *furti* au nom de celui qui est captif, de celui qui est absent pour un service public et de ceux qui

(1) L. 56, § 4. D. 47, 2. — L. 7, D. 41, 6.

sont sous la tutelle de ces captifs ou de ces absents : mais peut-être ne doit-on pas voir là, non plus que dans l'action *suspecti tutoris*, des exceptions à la règle générale : en effet, sans compter qu'on n'a aucun renseignement sur la date de cette loi, celui, qui soulève ces poursuites, paraît le faire en sa seule qualité de membre du peuple : loin de ressembler à ces cas de représentation, elles se rapprocheraient plutôt des actions criminelles publiques.

Quant à l'*accusatio suspecti tutoris*, nous voyons qu'elle pouvait être intentée par quiconque s'intéressait au pupille, et, chose digne de remarque, même par des femmes. C'est à cause de la banalité de ce droit de poursuites qu'il est dit au *Digeste* (1) « *quasi publicam hanc esse actionem, hoc est omnibus patere.* » Dans le même ordre d'idées, Iehring (2) rattache ce droit de poursuites à la théorie primitive de la famille. « La *gens*, dit-il, mettait le tuteur incapable ou suspect en demeure de se démettre de ses fonctions, ou de les céder à un autre : s'il résistait, elle pouvait provoquer sa révocation en autorisant un de ses membres à intenter l'*actio suspecti tutoris*. Cette action serait une action populaire que tout individu dans le peuple pouvait intenter... Elle forme un contraste avec la rigueur que le Droit ancien

(1) L. 1 § 6, D. 26, 10.

(2) *Esprit du Droit romain*. Traduction de Meulenaere, t. I, p. 187. Voyez aussi Bruns : *Zeitschrift für Rechtsgeschichte*, p. 408. — D'après lui, bien que la loi (1 § 6, D. 26, 10) dise « *hanc actionem* », on la désigne plus souvent encore par les expressions « *suspecti tutoris crimen et accusatio* » ou « *postulatio suspecti tutoris* ». C'est pourquoi il faudrait plutôt la considérer comme une sorte de poursuite criminelle publique, ce qui excluerait encore l'idée de représentation.

met à exiger ailleurs la *legitimatio ad causam* du demandeur et je suis porté à y découvrir une conséquence du principe de la famille. »

Pour ce qui concerne l'exception *legis Hostiliæ*, le même auteur ajoute : « Le Droit ancien connaissait plusieurs autres moyens de veiller aux intérêts d'autrui. C'est ce qui arrivait lorsque quelqu'un était prisonnier chez l'ennemi. Sa fortune avait besoin de protection : le droit postérieur l'accorde sous forme d'une action populaire, *l'action furti*, qui est donnée contre tout individu ayant soustrait des choses qui auraient fait partie de cette fortune. Dans le Droit ancien, c'était le lien de la gentilité qui pourvoyait à ce soin. » Iehring repousse donc « la théorie des jurisconsultes, des temps postérieurs, qui admettaient que le Droit antique avait abandonné en cela son principe « *nemo alieno nomine lege agere potest* ». Il cherche à établir entre ces actions et l'ancienne organisation de la gentilité une relation qui ferait disparaître cette singularité. Le membre de la *gens* n'est pas régulièrement autorisé à intenter une action pour un de ses membres sans défense, elle est obligée d'avoir soin de lui. L'action est un droit et un devoir pour le membre de la *gens*, ce n'est qu'indirectement qu'elle profite à l'intéressé. »

En résumé, certains auteurs cherchent à établir qu'à l'époque des *legis actiones,* les deux exceptions mentionnées par Gaius étaient les seules qui aient pu être faites à l'interdiction générale d'agir en justice au nom d'autrui. Pour eux, les deux autres exceptions, qui ne figurent que dans le texte de Justinien, ne devraient être considérées que comme ayant été ajoutées à tort par cet empereur au texte de Gaius. Car, ainsi que nous venons de le voir, ils pensent qu'elles se réfèrent à des hypothèses où, suivant eux, le demandeur avait, d'après les principes généraux du droit, une vocation personnelle à exercer l'action et ne pouvait par conséquent agir comme représentant d'un tiers.

Quelle que soit d'ailleurs l'opinion qu'on préfère adopter dans cette controverse, il reste néanmoins certain que, sauf dans un très petit nombre de cas, le demandeur devait faire valoir lui-même son droit.

Au contraire, il semble résulter de certains textes que, dès l'époque de *legis actiones,* on permettait au défendeur de se substituer un autre plaideur qui assumait la charge du procès. Qu'une telle faculté ait été accordée au défendeur plutôt qu'elle ne l'aurait été au demandeur, il n'y a rien là qui doive nous étonner outre mesure. Maître d'engager l'instance d'une manière impérative, à un moment où la charge de la soutenir ne lui causait aucun embarras, il pouvait être porté à ne tenir aucun compte des difficultés que le défendeur pouvait éprouver à s'occuper à ce même moment du procès qui allait s'ouvrir. Nous avons déjà vu que la loi des XII Tables prévoyait le cas où le défendeur était âgé ou malade et indiquait au demandeur quels devoirs la pitié lui commandait en cette occasion. On peut donc croire qu'on a été plus loin. A côté du droit accordé au demandeur de pouvoir faire à son adversaire sommation de le suivre devant le magistrat et de l'y entraîner de force s'il s'y refusait sans cause légitime, il y avait pour le défendeur un moyen légal de se soustraire à l'effet de cette violence et à l'obligation de suivre personnellement le procès. Il devait pour cela fournir un *vindex* (1) qui prenait en sa place le rôle de défendeur (2). Zimmern (3) en rapporte cette définition « *Vindex est qui alterius causam vindicandam suscipit veluti quos nunc procuratores vocamus?* » Or, la *litis contestatio* ayant épuisé le droit du demandeur, l'intervention d'un *procurator* pour le défendeur, avait pour effet de mettre celui-ci hors de cause. De plus, d'après le témoignage de Gaius (4), l'intervention de ce personnage avait pour conséquence de faire renvoyer (*dimittere*) le défendeur appelé en justice, tout comme si les parties avaient transigé pendant qu'elles se rendaient devant le juge. Dans l'une comme dans l'autre hypothèse, tout lien juridique semblait rompu entre elles.

S'il n'en était pas ainsi, pourquoi la loi des XII Tables (5) déclarait-elle que le *vindex* devait être inscrit sur les tables du cens lorsque le défendeur lui-même y figurait, ou même, suivant une autre interprétation, que le défendeur et son *vindex* fissent partie de la même classe de censitaires ? N'était-ce pas indiquer que le demandeur devait avoir, en face de lui, un nouvel adversaire qui lui offrit les mêmes garanties que l'ancien ? Ne peut-on pas voir dans cette exigence l'origine des cautions que devront fournir les *cognitores* et les *procuratores?*

(1) L. 22 § 1, D. 2, 4 (Gaius): *Qui in jus vocatus est, duobus casibus dimittendus est : si quis ejus personam defendet ; et, si dum in jus venitur, de re transactum fuerit.*
(2) Bethmann Hollweg, t. I, p. 107.
(3) Zimmern, p. 327.
(4) L. 22 § 1, D. 2, 4.
(5) *Tabula prima* § 4 : « *Assiduo vindex assiduus esto : proletario quoi quis volet vindex esto* ».

Un *vindex* pouvait encore intervenir dans la procédure au moyen de laquelle, au temps des actions de la loi, on obtenait l'exécution des sentences prononcées. Son intervention était rendue nécessaire par la législation relative à l'exécution des sentences judiciaires. Après le *judicatum* ou la *confessio in jure*, le débiteur avait 30 jours pour aviser aux moyens de satisfaire son créancier. Lorsque ce délai était expiré avant que le créancier eût obtenu satisfaction, celui-ci était autorisé à appeler le débiteur en justice, et là, il pratiquait sur lui une sorte de saisie. A cet effet, il devait prononcer une formule que Gaius nous indique (Comm. IV, § 21) : en même temps, il appréhendait quelque partie du corps de son adversaire. A partir de ce moment, le condamné ne pouvait faire lever la main-mise sur lui, exercer par lui-même l'action de la loi, mais il devait donner un *vindex* qui conduisait la cause pour lui. Il faut donc supposer que cette situation d'*addictus*, dans laquelle le condamné se trouvait placé après la main-mise opérée sur lui, le rendait incapable de faire valoir en justice les moyens de droit qui pouvaient le dispenser de payer la condamnation. C'est le *vindex* qui invoquera pour le condamné la nullité de la sentence prononcée, ou qui soutiendra la validité d'un paiement fait ou d'une transaction conclue, sur la condamnation et la *manus injectio*.

Théorie d'Eisele.

Pour exposer quelles étaient, à l'époque primitive, et sur le point qui nous occupe, les règles de la législation romaine, nous nous sommes appuyés sur un passage des *Institutes* de Gaius « *cum olim quandiu legis actiones in usu fuissent, alieno nomine agere non liceret* »: le principe qu'il pose est reproduit par Ulpien (L. 123, D. 50. 17). *Nemo alieno nomine lege agere potest*. Ces textes, d'après l'interprétation que presque tous les commentateurs leur ont donnée, témoignent, qu'à l'époque des *legis actiones*, on ne pouvait se faire représenter en justice par un tiers, c'est-à-dire que tout plaideur devait défendre lui-même son droit soit *in jure*, soit *in judicio*. Le professeur allemand Eisele (1) leur donne cependant une autre signification: il soutient qu'à l'époque des *legis actiones* la représentation par *cognitor* ne pouvait avoir lieu *in jure*, mais qu'elle était possible *in judicio*.

A l'appui de cette opinion, il présente deux groupes de raisons. En premier lieu, il expose que l'adstipulation et la mancipation ne permettaient, que d'une manière très imparfaite, d'éviter les inconvénients qu'aurait nécessairement entraînés l'impossibilité de se faire représenter en justice. En second lieu, il s'appuie sur la rédaction des textes, qui nous sont parvenus, et veut prouver qu'un des plaideurs pouvait se substituer un *cognitor* pour la seconde phase de l'instance, c'est-à-dire pour le *judicium*. Il se reporte à la loi des XII Tables et compare le paragraphe 3 de la première avec le paragraphe 1er de la deuxième. Le premier passage est ainsi conçu: « *Si morbus œvitasve vitium escit, qui in jus vocat jumentum dato; si nolet arceram ne cernito* »; le second, qui paraît compléter le précédent, ajoute: « *Morbus sonticus, status dies cum hoste, quid horum fuit unum ju-*

(1) V. *Cognitur et Procurator.*

dici arbitrove reove, dies diffusus esto. » D'après Eisele,
voici comment on doit les commenter : La première table
prévoit la première période de la procédure, celle qui a
lieu *in jus* : pour cette partie de l'instance chaque plaideur doit comparaître en personne, soutenir lui-même
son droit et prononcer les formules solennelles : en conséquence, si le défendeur se trouve malade au moment
de la *vocatio in jus*, son adversaire doit lui fournir un
cheval ou un chariot pour le transporter devant le magistrat. — La seconde table se rapporte à la seconde
période de la procédure, celle qui a lieu *in judicio* : pour
cette seconde partie de l'instance, qui devait avoir lieu
à jour fixe, la loi ne prévoit que deux causes qui puissent donner droit à une remise du délai d'instance ; ce
sont : une maladie subite (1) ou la captivité chez l'ennemi ; Eisele en tire cette conclusion que, dans le cas de
maladie chronique, ou d'autre empêchement, on pouvait
constituer un *cognitor.* Ce serait pour des hypothèses
du même genre qu'aurait été écrit ce texte que nous
avons cité : *Ex æquo et bono jus constat ut major annis
LX et cui morbus causa est, cognitorem det.*

En outre, Eisele soutient que les textes de Gaius et
du *Digeste* ont conservé l'empreinte de la distinction
qu'il pose. Les mots *lege agere, legis actio,* ou même
simplement *agere, actio,* désigneraient les débats *in jure,*
les mots *petere, petitio* ne s'appliqueraient qu'aux débats
in judicio, enfin les mots *persequere, persecutio* à la

______

(1) L. 60 D. 42, 1. (Julianus).... *Morbus sonticus, etiam invitis litigatoribus et judice, diem differt. Sonticus existimandus est qui cujusque rei
agendæ impedimento est : litiganti porro quid magis impedimento est, quam
motus corporis contra naturam, quem febrem appelant?* etc...

poursuite d'un droit en vertu d'un titre judiciaire (1).

Or, lorsque Gaius (Comm. IV, § 83) nous indique les formules suivant lesquelles on pouvait constituer un *cognitor*, la différence de rédaction, qui existe entre elles, consiste uniquement en ce que la première prévoit le cas d'une *rei petitio,* la seconde, au contraire, celui d'une *actio* proprement dite. L'une est ainsi conçue : « *Quod ego a te verbi gratia fundum peto, in eam rem Lucium cognitorem do.* » L'autre est celle-ci : « *Quod ego tecum agere volo, in eam rem cognitorem do.* » Suivant Eisele, la formule « *Quod fundum peto, cognitorem do* » serait la plus ancienne : elle aurait été usitée à l'époque des *legis actiones*, au temps où la constitution d'un *cognitor* ne pouvait avoir lieu que pour le *judicium* et elle se serait maintenue, sous le système formulaire, pour les actions de la compétence du tribunal centumviral, c'est-à-dire pour les cas où l'instruction du procès continuait à se faire suivant la forme des actions de la loi. Au contraire, la seconde formule « *quod agere volo, cognitorem do* » ne daterait que de l'époque formulaire, alors qu'un *cognitor* put engager la procédure *in jure,* au nom d'un tiers.

Enfin les formes solennelles de la constitution d'un

___

(1) A l'appui de cette assertion, il invoque : Gaius, Comm. IV, § 31. *Tantum ex duabus causis permissum est lege agere, damni infecti et si centumvirale judicium fit. Proinde etiam nunc, cum ad centumviros itur, ante lege agitur sacramento apud prætorem urbanum vel peregrinum...... § 95. Ceterum si apud centumviros agitur, summam sponsionis non per formulam petimus, sed per legis actionem.*

L. 15 D. 46, 8, (Paulus). *Amplius non peti verbum Labeo ita accipiebat, si judicio petitum esset. Si autem in jus eum vocaverit et satis judicio sistendi causa acceperit, judicium tamen cæptum non fuerit : ego puto non committi stipulationem amplius non peti : hic enim non petit sed petere vult.*

cognitor seraient mieux en harmonie avec les caractères généraux des *legis actiones* qu'avec ceux du système formulaire.

D'ailleurs, Eisele expose comment son système ne heurte pas de face le principe de l'impossibilité de la représentation en justice. Le *sacramentum* aurait lieu néanmoins entre les parties elles-mêmes et la sentence devrait être prononcée contre l'une ou l'autre d'entre elles : le rôle du *cognitor* serait donc uniquement de *petere* pour autrui, c'est-à-dire de conduire le *judicium*, de dénouer les rapports de procédure, de même qu'un tiers pourrait libérer autrui par un paiement : ainsi s'expliquerait l'absence de caution, même *judicatum solvi*.

En résumé, le système d'Eisele repose en entier sur cette affirmation que les mots *petere*, *petitio* n'ont trait qu'à la procédure *in judicio*, et, croyons-nous, il suppose établi ce point qui aurait besoin d'être prouvé, que les parties, après avoir prononcé, en personne, les formules du *sacramentum*, ne sont pas tenues de comparaître, en personne, devant le juge pour y exposer leur cause.

Certes, étant donné la lacune considérable qui existe dans la partie du Commentaire de Gaius (Comm. IV, §§ 14 et 15) où cet auteur nous décrit point par point la marche de la *legis actio sacramenti*, on ne peut donner une preuve complète, absolue, irréfutable de l'obligation qui aurait été faite aux parties de comparaître en personne *in judicio* comme *in jure*.

Le commencement du paragraphe 15 ne nous est pas parvenu : la suite est celle-ci «... *ad judicem accipiendum venirent. Postea vero reversis dabatur post diem XXX judex, idque per legem Pinariam factum est ; ante eam autem legem nundum dabatur judex. Illud ex superioribus intelligimus, si de ea re minoris quam (M) œris agebatur, quinquagenario sacramento, non quingenario eos contendere solitos fuisse. Postea tamen quam judex datus esset, comperendinum diem, ut ad judicem venirent, denuntiabant. Deinde cum ad judicem venerant, antequam apud eum causam perorarent, solebant breviter ei, et quasi per indicem, rem exponere : quæ dicebatur causæ collectio, quasi causæ suæ in breve coactio.* » Dans tout ce passage, le sujet, qui régit les verbes, fait défaut : cependant il est assez facile de comprendre que ce sujet peut être facilement déterminé : on peut le désigner par cette périphrase « *illi qui sacramento contendunt.* » Autrement dit, lorsqu'on lit ce texte de Gaius et ceux qui le précèdent ou le suivent (depuis le § 15 jusqu'au § 21), on acquiert la conviction certaine que ce sont les parties elles-mêmes qui viennent entendre la désignation du juge et qui, ensuite, se rendent devant lui pour lui exposer leur cause.

En outre, Eisele n'est-il pas trop affirmatif, lorsqu'il veut donner, aux mots *agere* et *petere* un sens absolument défini et qui appartiendrait rigoureusement, en propre, à chacun d'eux. Tandis que, d'après cette opinion, *agere* signifierait paraître *in jure, petere* paraître *in judicio,* Ulpien nous dit (1) : « *Actionis verbum et speciale est et generale : nam omnis actio dicitur, sive in personam, sive in rem sit petitio : sed plerumque actiones personales solemus dicere : petitionis autem verbo in rem actiones significari videntur* » etc... De même

____

(1) L. 178, § 2, D. 50, 16.

Papinien donne cet enseignement : « *Actio in personam infertur, petitio in rem* (1). » Il est donc très vraisemblable que si Gaius, dans le paragraphe 83 de son IVe commentaire, nous donne deux formules que le maître peut employer pour constituer un *cognitor*, c'est que l'une se réfère à l'hypothèse d'une action réelle (*fundum peto*) et l'autre à celle d'une action personnelle (*agere volo*) : c'est ainsi, que dans le paragraphe 15, il décrit la *legis actio sacramenti* correspondant à une action personnelle, et, dans le paragraphe 16, la *legis actio sacramenti* correspondant à une action réelle. Il n'y aurait donc pas lieu de déduire du IVe commentaire de Gaius (§ 83) que la première formule est plus ancienne que l'autre : mais seulement qu'il énonce en premier lieu la formule usitée dans le cas de constitution de *cognitor* pour une action *in rem*, puis, en second lieu, une formule plus spéciale au cas de constitution de *cognitor* pour une action *in personam* (2) : de même que, lorsqu'il expose la classification des actions, il nous dit (Comm. IV, § 1 et § 3) que les actions peuvent être divisées en actions *in rem* et *in personam* (3).

Les arguments présentés par Eisele à l'appui de son

(1) L. 28, D. 44, 7.

(2) Bethmann Hollweg, *l. c.* T. II, p. 418, pense que cette deuxième formule s'applique à une demande personnelle.

(3) En outre c'est à tort, croyons-nous, qu'Eisele se prévaut de la loi 15, D. 46, 8, pour soutenir que *petere* équivaut à poursuivre la procédure *in judicio*. D'après l'interprétation qui est généralement donnée de ce texte (*Sic.* Accarias, *Précis de Droit romain*, t. 2, p. 1294) et qui paraît la plus vraisemblable, cette loi veut seulement enseigner qu'il n'y a pas les éléments constitutifs d'une poursuite dans le fait d'avoir appelé quelqu'un en cause et d'avoir reçu de lui la *cautio judicio sisti*, si, du moins ensuite, il n'y a pas eu *litis contestatio* entre eux. L'argument qu'Eisele croit pouvoir tirer des mots : « *hic non petit sed petere vult* » n'aurait donc pas la valeur qu'il lui attribue. En effet, les expressions *capere judicium, accipere judi-*

système ne sont donc pas péremptoires. Ne paraît-il pas véritablement plus simple et plus logique de conclure avec Bethmann Hollweg que Gaius, qui connaissait si bien l'ancien Droit, n'a pu nous tromper en disant (Comm. IV, § 82) « *Quamdiu legis actiones in usu fuissent, alterius nomine agere non liceret.* » Il serait bien invraisemblable que ni Gaius, ni Ulpien dans la loi 123, D. 50, 17 (1), ni les commentateurs postérieurs n'aient fait remarquer que le système formulaire, à la différence du système des *legis actiones*, ne limitait plus au *judicium* l'admission d'un *cognitor*.

cium sont souvent prises comme synonymes de *litem contestari*. V. L. 31, D. 12, 1 (Paul) et les nombreux textes que cite M. Accarias, *l. c.*

(1) « *Nemo alieno nomine lege agere potest* ».

DEUXIÈME PARTIE.

ÉPOQUE DE LA PROCÉDURE FORMULAIRE.

MODES DE CONSTITUTION D'UN REPRÉSENTANT.

§ 1. — *Cognitor.*

La constitution d'un *cognitor* fut le premier moyen auquel put avoir recours l'une ou l'autre des parties dans le cas où elle voulait confier à un tiers l'exercice d'une action qui leur appartenait. Si l'on cherche à se rendre compte de la manière dont cette innovation s'introduisit, il n'apparaît pas comme probable que tous les plaideurs aient été, tout d'abord, admis indistinctement à déléguer l'exercice de leur droit. En effet, les grandes règles d'une législation ne se modifient pas en un jour, mais elles se transforment plutôt petit à petit, en suivant l'évolution progressive des idées juridiques d'un peuple. De même, que nous voyons la loi des XII Tables venir au secours du défendeur malade, en imposant au demandeur l'obligation de lui fournir un moyen de transport qui le mit à même de pouvoir se rendre devant le magistrat, de même la première exception, que l'on fit à l'ancien principe, dut être en faveur du demandeur âgé et valétudinaire. Telle est du moins la déduction que nous croyons logiquement pouvoir tirer des termes de ce texte (1) : « *Ex æquo et bono jus constat ut major*

(1) *Auctor ad Herennium*, 2, 13. Bethmann Hollweg, *l. c.* T. II, p. 417, pense que ce texte est postérieur à la loi Æbutia.

annis LX et cui morbus causa est, cognitorem det. »
Ce fut probablement le préteur qui autorisa d'une manière générale une substitution qui n'avait d'abord été
permise qu'à certaines catégories de personnes : on sait
qu'il s'efforça toujours d'élargir les principes du Droit
ancien, lorsqu'ils lui paraissaient trop rigoureux et trop
contraires aux exigences d'une civilisation qui se déve-
loppe.

La constitution du *cognitor* fut, à l'origine, empreinte
d'une certaine solennité. Gaius (Comm. IV, § 83) nous
dit que, pour l'effectuer, on devait prononcer en présence de l'adversaire des paroles déterminées, groupées
en formule. Plus tard, d'après le témoignage d'Ulpien
(Frag. Vat., 318), on put les modifier soit en y ajoutant,
soit en y retranchant une énonciation secondaire.

L'usage de la langue grecque fut autorisé (Frag. Vat.,
319), mais, à toute époque, la désignation du *cognitor* dut
toujours être certaine : en conséquence, les parties ne
purent jamais l'affecter d'un terme ou d'une condition
(Frag. Vat., 329).

Il était donc nécessaire que les deux plaideurs fussent
en présence et que l'un d'eux dénommât le *cognitor* qu'il
choisissait. Celui-ci pouvait être indifféremment présent
ou absent au moment de sa constitution : il suffisait
qu'il connût en temps utile la mission dont il avait été
chargé et qu'il comparût devant le magistrat. Il manifestait ainsi suffisamment son intention d'accepter le mandat qui lui avait été donné à son insu (Gaius, C. IV, § 83).

Une controverse s'est élevée sur le point de savoir s'il
était nécessaire que cette désignation fût accomplie en
présence du magistrat. Zimmern supposant implicite-

ment que Gaius aurait passé sous silence une condition aussi essentielle, adopte (1) l'affirmative en tirant argument de la loi 7, Code Théodosien, L. 2, t. 12. On y lit cette définition : « *Cognitor est qui, sine mandato, causam agendam præsens, præsente judice, injungit.* » Pour cet auteur, ces termes paraissent clairs : il ne met pas en doute que le mot *judex* ne servit, dans la langue du Ve siècle, à désigner le magistrat des temps antérieurs : mais, en faisant un raisonnement analogue, ne pourrait-on pas valablement contester que le mot *cognitor*, au Ve siècle, ait conservé le sens qu'il avait dans les siècles antérieurs ? Dans le texte même de la loi, nous remarquons ces mots « *cognitor vel præsentis procurator* », ils permettent à d'autres auteurs (2) de penser qu'il est ici question, non pas du *cognitor* de l'époque de Gaius, mais du *procurator apud acta factus* des temps postérieurs, qui, comme nous le verrons, a fini par être assimilé au *cognitor*. Cette explication a, en outre, l'avantage de faciliter l'intelligence des mots *sine mandato* qu'il serait difficile d'expliquer si on les rapporte au *cognitor* des temps classiques. Pour celui-ci, en effet, on ne peut mettre en doute qu'il ne puisse y avoir, entre lui et la partie qu'il représente, un rapport de mandant à mandataire : on peut au contraire dire que la constitution d'un *procurator apud acta* s'opère sans que le constituant doive remettre à son *procurator* une procuration écrite, puisque lui-même est présent (3).

<hr>

(1) *Traité des Actions*, p. 464.

(2) *Sic* Bethmann Hollweg, t. II, p. 418.

(3) Festus (Epitome) ajoute « *coram eo qui datus est* ». Mais Paulus a dû modifier le texte de Festus. *Sic* Bethmann Hollweg *l. c.* T, II, p. 418.

C'était certes un grand avantage pour un plaideur de pouvoir se substituer un mandataire de son choix pour agir ou défendre en son nom ; mais il est nécessaire d'insister sur ce que le plaideur ne pouvait opérer cette mutation qu'à la condition : 1º d'être présent au lieu du procès lors du début de l'instance, 2º d'y séjourner pendant toute sa durée. Cette condition essentielle rendait très critique la situation des citoyens qu'un déplacement volontaire ou forcé tenait éloignés de leur domicile. On sait que, d'après les principes du Droit civil, la présence des parties était indispensable pour que l'instance pût s'engager : aussi, plus tard, le préteur donna-t-il au demandeur le moyen d'éviter les inconvénients que l'absence du défendeur pouvait lui causer, en prononçant contre celui-ci des mesures de rigueur telles que la *missio in bona* ou la *venditio bonorum*, mais alors, en raison de la protection égale qu'il devait aux deux parties, il crut nécessaire de promulguer un édit, par lequel il permit à un tiers de prendre les dispositions utiles à la conservation du patrimoine d'un absent : il paraît donc assez logique de penser qu'on dérogea aux principes d'abord en faveur du défendeur, et que son *procurator*, c'est-à-dire celui qu'il avait chargé du soin de ses affaires, fut admis à le défendre en justice sans toutefois y avoir été autorisé dans les formes solennelles et vis-à-vis d'un adversaire déterminé.

§ 2. — *Procurator*.

Nous avons vu qu'un plaideur ne pouvait faire figurer un *cognitor* au procès qu'autant que son adversaire était présent ; d'autre part, il semble que, jusqu'à l'époque de

Cicéron (1), le *procurator* ne pouvait intervenir qu'en faveur d'un absent qui ignore la poursuite dirigée contre lui ou l'intérêt qu'il avait à agir. La rigueur des principes primitifs fut donc encore singulièrement atténuée lorsqu'au temps de Gaius (C. IV, § 84) on put, en l'absence ou à l'insu de l'adversaire, constituer pour un procès déterminé un *procurator* spécial. En se présentant devant le magistrat, le *procurator* se prévalait donc d'un mandat donné dans des formes solennelles. Nous verrons comment le préteur, en l'admettant à plaider, exigea cependant de lui des garanties destinées à prémunir l'autre partie contre les conséquences que pouvaient avoir pour elle l'inexistence ou la révocation du mandat.

Cette obligation de fournir les cautions *de rato* et *judicatum solvi* était vraisemblablement une lourde charge pour le *procurator* : il était de plus soumis à l'*actio judicati*, tandis que le *cognitor* était admis au

---

(1) Il est très probable qu'à l'origine le *procurator* dut être un fondé de pouvoir général. Pomponius, dont l'opinion est rapportée par Ulpien (L. 1 § 2, D. 3, 3) refuse ce nom à celui qui aurait reçu un mandat seulement pour une affaire déterminée. Ulpien, dans la même loi, donne une solution contraire. Cette divergence d'opinion peut s'expliquer par ce fait que Pomponius vivait un siècle avant Ulpien. Il semblerait même résulter d'un passage de Cicéron (*Pro Cœcina*, 20) que, de son temps, on ne désignait, à proprement parler, sous le nom de *procurator*, que le préposé général d'une personne absente : « *is legitime procurator dicitur omnium rerum ejus, qui in Italia non sit, absitve reipublicæ causa, quasi quidam pœne dominus, hoc est alieni juris vicarius.* » De même, cet autre passage de Cicéron (*Pro Roscio, com.* § 53) : « *Alteri petere nemo potest, nisi qui cognitor est factus* », qui embarrasse les interprètes, signifie peut-être que le *cognitor* était le seul représentant qui pût intervenir au nom d'un tiers dans une affaire spéciale. Quoi qu'il en soit, la représentation par *procurator* ne paraît pas encore très développée au temps de Cicéron ; au contraire, au moment où Ulpien écrit, on peut être *procurator* soit de celui qui ne peut pas, pour cause d'absence, pourvoir à ses intérêts, soit même de celui qui ne veut pas s'en occuper, et sans qu'il y ait lieu de rechercher si le mandat est général ou particulier.

procès sans avoir aucune caution à fournir et demeurait étranger aux conséquences de la condamnation (1). Ces avantages étaient, pour le *cognitor*, un privilège résultant de ce que sa constitution, ayant lieu en présence de l'adversaire, ne pouvait être mise en doute par celui-ci.

Les textes postérieurs nous font connaître plusieurs hypothèses, dans lesquelles l'adversaire du *procurator* dut tenir pour certain le mandat dont celui-ci se prévalait, et, par suite, ne fut plus admis à exiger de lui la *cautio de rato*. Il semble que ce fut en premier lieu le *procurator* d'une personne présente qui put jouir d'une telle prérogative et qui fût, pour ce motif, traité comme un *cognitor*.

Cette modification, des anciennes règles, témoigne donc qu'on considérait désormais comme trop rigoureux, de ne tenir pour certaine que la désignation faite en forme solennelle. On pensa que, dans le cas où l'un des plaideurs se trouvait dans le forum, dans la ville, et dans les édifices adjacents (2), l'autre plaideur pouvait se renseigner auprès de lui sur l'authenticité et le maintien du mandat dont se prévalait le *procurator* (Frag. Vat. 333).

Plus tard, le plaideur présent eut un moyen de mettre son adversaire à même de connaître, sans déplacement, le mandat donné au *procurator*. Il put, à l'époque où écrivait l'auteur du 317ᵉ fragment du Vatican (3), se rendre devant le magistrat et lui désigner le nom de son man-

(1) Il en était ainsi à l'époque classique. Nous exposerons les controverses qui se sont élevées sur le point de savoir si, sur ce point, la législation a toujours été uniforme.

(2) Lois 5, 6, 7. D. 3, 3.

(3) Salpius l'attribue à Paul. V. *Novatio et Delegatio*, p. 865 et suiv.

dataire. Le magistrat recevait cette déclaration, il pouvait donc en garantir l'existence et dispenser le *procurator* de fournir la caution *de rato*.

Jusque-là, nous voyons que la certitude du mandat dépend, soit d'une déclaration verbale faite par le maître, comme dans la constitution d'un *cognitor* ou d'un *procurator apud acta factus*, soit de la facilité extrême où l'adversaire est d'obtenir cette déclaration, s'il le juge convenable, comme dans le cas de la *procuratio præsentis*.

Des textes postérieurs nous montrent que le *procurator* put bientôt établir sa qualité sans que le maître intervînt corporellement ou fût à même d'intervenir. On sait que les plaideurs pouvaient adresser au prince une demande pour obtenir de lui, sur une affaire en litige, une décision par rescrit. Le rescrit ne tranchait généralement pas le différend, mais réservait, plutôt, à un juge le soin de rendre la sentence après examen des points de fait déterminés par le rescrit. Lorsque la partie, qui avait recours à cette supplique, voulait s'éviter le souci de défendre ses intérêts, elle pouvait, au temps d'Ulpien (1), désigner dans le libelle qu'elle adressait au prince le nom du *procurator* qui devait la représenter, et celui-ci, en excipant de ce document, se trouvait dispensé de fournir la caution *rem ratam dominum habiturum*.

En se plaçant dans le même ordre d'idées, un auteur soutient qu'à la dernière époque du droit, les conditions nécessaires à la validité de la *procuratio apud acta* ne sont plus celles qui sont indiquées par le 317ᵉ fragment

(1) L. 21, D. 46, 8.

du Vatican. Ce texte, en effet, dit qu'un *procurator* ne peut être constitué que par un maître présent : au contraire Zimmern (1) pense que sous Justinien « quiconque se présente devant le magistrat avec un pouvoir (écrit), à lui conféré par le *dominus*, et fait transcrire ce pouvoir, peut être considéré comme *procurator apud acta*. Il appuie cette opinion sur ce passage des Institutes (L. IV, t. 11, § 3) : « *Sin autem per procuratorem lis vel infertur vel suscipitur, in actoris quidem persona, si non mandatum insinuatum sit, vel præsens dominus litis in judicio procuratoris sui personam confirmaverit, ratam rem dominum habiturum satis-dationem procurator dare compellitur.* »

Pour lui, la construction de cette phrase indique une antithèse entre le cas où le maître est présent et le cas où le mandat a été transcrit par insinuation. Il en conclut que, dans cette dernière hypothèse, la présence du maître n'est pas indispensable.

Quelle que soit la valeur de cette opinion, il est certain qu'au temps de Modestin (2) (III⁰ siècle de l'ère chrétienne) les plaideurs jouissent de la plus grande facilité pour désigner leurs représentants et pour les soustraire à l'obligation de fournir caution *de rato*.

On n'exige plus ni paroles solennelles, ni présence au lieu de justice, ni déplacement chez le magistrat. Le mandant, en faisant connaître, par lettre, à son adversaire le *procurator* qu'il entend se substituer dans tel procès, s'enlèvera toute faculté de ne pas ratifier ce que celui-ci aura jugé convenable de faire ; l'adversaire, en accep-

(1) *Traité des Actions*, p. 465.
(2) L. 65, D. 3. 3.

tant cette désignation, renoncera implicitement à stipuler la caution *rem ratam* ; les plaideurs auront donc atteint très simplement un résultat auquel, d'après les anciennes règles, ils ne pouvaient parvenir qu'en accomplissant des formalités gênantes.

EFFETS DE L'INTERVENTION D'UN REPRÉSENTANT.

En résumé, c'est à titre, soit de *cognitor*, soit de *procurator* qu'un tiers fut admis à faire valoir ou à défendre en justice un droit qui ne lui appartenait pas ; car, lorsqu'on établit certaines distinctions entre les *procuratores*, on assimila aux *cognitores* les *procuratores*, sur le mandat desquels on ne pouvait élever aucun doute.

Nous devons maintenant rechercher comment l'intervention d'un représentant put être admise sans heurter de face les principes du Droit romain, quels rapports elle créait entre les personnes figurant au procès, quels effets elle pouvait avoir sur le lien de droit existant entre le représenté et son adversaire (1), enfin quelles étaient les conséquences du jugement rendu : 1° vis-à-

(1) Le cognitor n'a de pouvoirs que pour exercer l'action : il ne peut, ni recevoir le paiement (l. 86, D. 46, 8), ni faire un pacte (l. 13, D. 2, 14) ; lorsqu'il a prêté le serment judiciaire, il n'a pas l'action qui en résulte (l. 9, D. 12, 2) ; il ne peut, s'il est demandeur, offrir en compensation la créance du *dominus*, à moins qu'il ne soit *cognitor in rem suam* (l. 18, D. 16, 2), ni opposer la compensation s'il est défendeur ; il ne paraît pas soumis à l'obligation de défendre le maître dans une demande reconventionnelle.

Le *procurator*, probablement parce qu'il fut, à l'origine, un fondé de pouvoirs général, peut recevoir le paiement (Lois 34, § 3. D. 46, 3 ; 11. D. 2, 14), faire un pacte (Lois 10, § 2, D. 2, 14 ; 39, § 1. D. 3, 3) ; il peut déférer, référer, prêter le serment judiciaire ; s'il le prête, il a l'action qui en résulte (l. 39, § 1, D. 3, 3) ; il peut offrir en compensation, la créance du *dominus*, s'il est demandeur, et opposer la compensation, s'il est défendeur ; il doit défendre le maître si l'adversaire forme une demande reconventionnelle (l. 33, § 3, 4. D. 3, 3).

vis du *cognitor* ou du *procurator*, 2° vis-à-vis de la partie dont ils tiennent la place dans l'instance.

MANIÈRE DONT LE REPRÉSENTANT INTERVENAIT AU PROCÈS.

Quelle que soit l'opinion qu'on adopte sur le point de savoir si, à l'époque où la procédure des *legis actiones* était en vigueur, on admit des exceptions plus ou moins nombreuses et étendues à la règle « *nemo alieno nomine agere potest* », il est absolument certain que le principe ancien subit une transformation complète lorsque le système formulaire eut donné une nouvelle forme aux procès des Romains.

Un *cognitor* ou un *procurator* purent se substituer à l'une quelconque des parties et tenir leur place *in jure* et *in judicio*.

Il peut paraître singulier au premier abord qu'un tiers ait été admis à agir en vertu du droit d'autrui ou pour défendre ce droit : on serait tenté de voir là une dérogation à cette règle qu'une cause d'obligation ne pouvait donner un droit à un tiers sans une opération intermédiaire. L'étonnement néanmoins disparaît lorsqu'on analyse avec soin la manière dont avait lieu l'intervention du représentant et les principes qu'elle mettait en jeu. Admettre le représentant au procès équivalait pratiquement à lui délivrer une formule en vertu de laquelle le juge était appelé d'abord à examiner le droit dont le demandeur affirmait l'existence et le défendeur l'inexistence, puis, dans le cas où la prétention du demandeur était reconnue fondée, le juge devait prononcer une condamnation contre le défendeur.

L'*intentio* était celte partie de la formule où était exprimée la prétention du demandeur : dans l'hypothèse où le demandeur exerçait lui-même son action, l'*intentio* mettait en évidence le point contesté, c'est-à-dire l'existence de tel droit dérivant de telle cause d'obligation qui liait le défendeur envers le demandeur. Au contraire, lorsqu'un *cognitor* ou un *procurator* exerçait en justice l'action d'un tiers, l'*intentio* de la formule qui lui était délivrée appelait le juge à vérifier si le tiers était investi de tel droit, en vertu de telle cause d'obligation, et, en cas d'affirmative lui donnait pouvoir de condamner le défendeur au profit du représentant qui avait fait reconnaître ce droit contesté. Cette manière de rédiger la formule nous est indiquée par Gaius (C. IV, § 86) « *Qui autem alieno nomine agit intentionem quidem ex persona domini sumit, condemnationem autem in suam personam convertit.* » Le représentant ne se prévaut donc pas d'une relation juridique qui existerait entre lui et son adversaire en raison de la cause d'obligation qui lie cet adversaire envers le maître : cette relation n'existe pas ; le représentant était étranger aux rapports de droit unissant son adversaire et le *dominus* ; sa situation à cet égard n'est pas changée par la délégation unilatérale qu'il a reçue du plaideur dont il tiendra la place, et, en vertu de laquelle, il sera admis au procès. A l'inverse, le procès où a figuré un représentant est, en principe, sans conséquences sur les rapports de droit existant entre le représenté et son adversaire. Nous verrons qu'il en est ainsi toutes les fois qu'un représentant joue le rôle de *procurator* ; s'il en est autrement en cas d'intervention d'un *cognitor*, ou d'un représen-

tant du défendeur, la raison ne doit pas en être attribuée aux effets de la *litis contestatio*; cette dissemblance s'explique par d'autres principes propres à ces
hypothèses.

Le représentant n'invoque donc aucun droit personnel contre l'autre partie, il se prévaut seulement de sa
qualité de *cognitor* ou de *procurator* pour obtenir la
faculté de nouer avec l'adversaire un compromis judiciaire au sujet du droit contesté. En un mot, le magistrat lui délivre une formule, en vertu de laquelle il
devient créancier ou débiteur de la condamnation au
lieu et place du plaideur auquel il s'est substitué.

EFFETS DE LA LITIS CONTESTATIO POUR LE REPRÉSENTANT.

On sait quelle était dans le système de procédure
formulaire l'importance de la délivrance de la formule,
l'opération terminale de la procédure *in jure* ; le moment
où elle avait lieu portait le nom de *litis contestatio*, elle
avait des conséquences remarquables et bien connues.
Dès lors, les éléments du procès étaient fixés d'une manière définitive : elle transformait le droit du demandeur.
Elle éteignait le rapport de droit existant entre les parties et en créait un nouveau par l'effet propre du contrat
judiciaire qui se formait entre les plaideurs lorsqu'ils
acceptaient la formule : le demandeur était éventuelle-
ment appelé à s'enrichir d'une condamnation pécuniaire,
le défendeur conservait néanmoins l'espoir de bénéficier
d'une absolution.

Lorsqu'un représentant intervient dans l'instance,

les mêmes principes reçoivent encore leur application normale, mais, dans cette hypothèse, il est un peu plus délicat d'en bien saisir le jeu. Nous avons dit que la modification, apportée sous la procédure formulaire à l'ancienne règle *nemo alterius nomine agere potest*, consistait en ce fait qu'on admît un individu appelé *cognitor* ou *procurator* à se prévaloir du droit d'un tiers vis-à-vis de la personne envers laquelle ce tiers était lié. On délivre au représentant une formule comme s'il était véritablement titulaire du droit qu'il invoque, ou s'il était véritablement tenu d'une obligation envers l'adversaire.

Dès lors, suivant qu'il est demandeur ou défendeur, il devient créancier éventuel de la condamnation, ou débiteur éventuel du montant de cette somme, tandis que l'adversaire se trouve envers lui dans une situation inverse.

Le droit, qui résulte, pour le représentant, de cet effet de la *litis consultatio*, a reçu des interprètes une dénomination particulière : ils ont dit qu'il était, dès lors, investi du *dominium litis*. Il est, toutefois, nécessaire de déterminer en quoi consiste ce *dominium* et de bien insister sur ce point que la *litis contestatio* ne modifie en rien les rapports qui, avant le procès, existaient entre le représenté et celui qui est devenu l'adversaire du représentant. Celui-ci n'acquiert aucun droit propre sur l'objet du litige ou sur le lien juridique qui a donné naissance au procès, c'est seulement le rapport créé par la *litis contestatio* qui compète au représentant : ainsi se trouve respecté le principe dont nous parlions plus haut et en vertu duquel une cause d'obligation ne peut donner aucun droit à un tiers sans une opération intermédiaire. En conséquence, lorsqu'on lit dans la (loi 11 D. livre 44, titre 4) cette proposition : « *litis contestatione res procuratoris fit, eamque suo quodammodo nomine exequitur* », il ne faut pas l'entendre en ce sens que, par la *litis contestatio,* le droit d'une des parties a cessé de lui appartenir pour devenir la propriété de son *procurator* : la loi ne cherche pas à indiquer le jeu des principes de procédure, mais simplement à établir à quel moment doit avoir été commis le dol du *procurator,* pour que l'adversaire puisse, de ce chef, se défendre par l'exception *doli mali.* Elle décide, avec raison, qu'avant la *litis contestatio* le *procurator* est un tiers vis-à-vis de l'adversaire, et que son dol ne peut libérer celui-ci d'une dette contractée envers autrui ; au contraire, la *litis contestatio* crée pour le *procurator* un droit propre qu'il compromet par ses actes frauduleux.

C'est par erreur encore qu'on a voulu se prévaloir de la loi 4, § 3, D. 4, 7 pour soutenir que la *litis contestatio* transporte au *procurator* le droit du *dominus.* Elle est ainsi conçue : « *Si quis autem ob valetudinem, aut œtatem, aut occupationes necessarias litem in alium transtulerit, in ea causa non est ut hoc edicto teneatur : cum in hoc edicto doli mali fiat mentio. Ceterum erit interdictum per procuratores litigare, dominio in eos plerumque ex justa causa translato.* » Il n'est pas douteux qu'Ulpien ne puisse nommer *dominium litis* le droit que possède encore le *dominus* du *procurator* après la *litis contestatio* ; dès lors, dit-on, c'est la propriété, elle-même, du droit qui devrait être transportée au *procurator* pour lui permettre l'ac-

cès du procès : c'est ainsi que dans les causes du tribunal centumviral on transportait avec fiducie la chose à
un tiers. Néanmoins Bethmann Hollweg (1) fait remarquer avec raison que Gaius ne parle dans ce texte que
de ce qui se passe communément : il en conclut que
la loi précitée a dû être altérée et qu'il faut lire : *judicio
in eos* et non *dominio in eos*. Le sens de la loi serait
donc celui-ci : l'édit interdit seulement la *transmutatio
judicii* dolosive et non un transport qui s'appuie sur
des motifs sérieux : car, sans cela, il serait aussi interdit d'agir par un *procurator*, ce qui n'est pas ; en effet,
le transport du *judicium* qui lui a été fait découle de
principes nécessaires et n'a pas pour but de nuire. Cette
interprétation paraît véritablement plausible.

D'ailleurs, le maître conserve le droit de supprimer
par un paiement ou une transaction le droit du *procurator*. Il peut même prendre part au procès comme partie jointe (2).

EFFETS DE LA LITIS CONTESTATIO SUR LE DROIT DE LA PERSONNE REPRÉSENTÉE.

Nous avons ainsi exposé comment le représentant
devenait partie au procès, nous devons maintenant indiquer quelles étaient les conséquences de son intervention sur le droit du représenté et les garanties qu'il
devait fournir à l'adversaire contre lequel il était admis
à plaider ; ces conséquences et ces garanties différaient

(1) *Versuche über eizelne Theorie der Civilprocess*, p. 156.
(2) V. L. 69, D. 3, 3, dont laquelle « *adesse* », d'après Bethmann Hollweg,
Versuche, p. 159, exprime que le *dominus* peut assister au procès sans y
être à proprement parler partie.

suivant la manière dont le représentant avait été constitué et subirent de nombreuses modifications aux différentes époques de l'histoire juridique des Romains.

Cognitor. — Nous avons dit que la *litis contestatio,*
tout en créant un lien juridique entre le représentant et
son adversaire, ne dissolvait pas celui qui existait entre
le *dominus* et l'autre partie, et qu'ainsi se trouvait respecté le principe en vertu duquel on ne pouvait être
engagé par le fait d'autrui. Il semble cependant que cette
affirmation ne soit pas exacte lorsqu'un *cognitor* se substitue à l'un des plaideurs. En effet, Gaius nous dit dans
son IVe Comm. § 98 : « *Cum enim certis et quasi solem-*
» *nibus verbis in locum domini substituatur, cognitor,*
» *domini loco habetur* », et au paragraphe 98 : « *de qua*
» *re quisque per cognitorem egerit, non magis actio-*
» *nem habet, quam si ipse egerit.* » A première vue,
ne pourrait-on pas en conclure que le droit du *dominus*
est éteint par le fait même que le représentant a été admis
à le faire valoir en justice ? Néanmoins, l'admission du
cognitor à plaider ne peut pas être la cause de la con-
somption du droit du *dominus*; celle-ci résulte de la *datio*
cognitoris, acte solennel, caractéristique de la constitution du *cognitor*, par lequel le maître déclare que tout
ce qui aura été fait par son *cognitor* devra être considéré
comme fait par lui-même. C'est en raison de cette désignation officielle que le maître, lorsque le *cognitor* aura
agi, ne pourra recommencer l'instance (1).

(1) Il en était de même à l'origine en matière de paiement : le paiement,
même fait à un tiers mandataire, n'est libératoire que si le créancier a
donné au débiteur l'ordre de payer. V. *Dig.* livre 46, 3, Loi 32, (Julien) ;
34, § 7, Africain ; 38, 66 (Pomponius) ; 96, Papinien ; Loi 21. D. 46, 2, Pomponius. V. sur ce point : Eisele, *l. c.*, p. 128 et suiv.

Procurator. — En ce qui concerne le *procurator* du demandeur, on se trouve d'une manière réelle et effective en présence du principe d'après lequel le droit d'action appartenant au *dominus* ne peut être éteint par le fait d'un tiers. La procédure conduite par celui-ci, et le jugement qui la termine, n'enlèvent pas à celui-là la faculté de renouveler personnellement le procès. Autrement dit, le *procurator* du demandeur ne déduit pas en justice le droit de celui-ci, et, en conséquence, lorsqu'un *procurator* a été admis à agir au nom et place du demandeur, le défendeur se trouve exposé à être de nouveau poursuivi en justice par le demandeur lui-même. Gaius nous atteste ce péril, qui est la raison d'être de la caution *rem ratam dominum habiturum*, que tout procurateur demandeur dut fournir au défendeur (Comm. IV. § 98). Cette affirmation étant d'ailleurs absolument conforme aux principes stricts du Droit romain, on peut considérer comme ayant été altérés par les compilateurs de l'époque du *Digeste* les textes dans lesquels des auteurs antérieurs à Gaius témoigneraient de l'existence d'une règle inverse. Telle serait notamment la loi 78, § 1, D. 3, 3 dans laquelle Africain énoncerait que le *procurator* déduit en justice le droit qu'il poursuit. De même, d'après la loi 40, § 2, D. 3, 3, le jurisconsulte Julien aurait écrit que la chose jugée à l'égard d'un *verus procurator* l'est aussi à l'égard du maître. On peut d'autant plus facilement mettre ces énonciations en doute, et supposer que ces textes se rapportaient primitivement au *cognitor*, que, dans la compilation faite par ordre de Justinien, on supprima toute trace de différence entre le *cognitor* et le *procurator*.

L'auteur allemand Huschke (1) émet cependant l'opinion que le *procurator* demandeur, c'est-à-dire celui qui, au début du procès, se trouve revêtu du mandat d'agir, aurait eu, dès longtemps avant Gaius, le pouvoir de consumer le droit du mandant. En conséquence, il pense que la caution *rem ratam* n'aurait pas eu pour objet de garantir le défendeur de tout dommage dans le cas où le demandeur voudrait renouveler l'instance, puisqu'en pareille hypothèse le défendeur aurait été protégé par l'une ou l'autre des exceptions *rei judicatæ* ou *rei in judicium deductæ* : le but de la caution serait uniquement de protéger le défendeur pour le cas éventuel et souvent inconnu où le mandat donné aurait été repris ou rompu avant le début du procès, et où, par suite, l'action du *procurator* ne modifierait en rien le droit du maître.

A l'appui du système de Huschke on a donné pour la fin du paragraphe 84 du IVe Commentaire des Institutes de Gaius, une restitution qui diffère de celle qui est généralement admise : « *Quin etiam sunt qui putant vel eum procuratorem videri cui non sit mandatum, si modo bona fide accedat ad negotium et caveat rem ratam dominum habiturum*, quanquam et ille cui mandatum est plerumque satisdare debet, *quia sæpe mandatum initio litis in obscuro est et postea apud judicem ostenditur.* » (2)

Les mots soulignés qui sont interposés dans une lacune du texte sont généralement remplacés par ceux-ci : « *igitur et si non edat mandatum nihilominus agere*

____

(1) V. *Zeitschrift für Geschich. Rechtswissenschaften*, t. 14, p. 64 et suiv.
(2) Studemund, cité par Eisele, *Cognitur*, p. 143.

posse. » Ce membre de phrase paraît mieux en harmonie avec l'esprit général du paragraphe dont l'objet est de nous indiquer qui peut agir en justice au nom d'autrui, et non pas de nous apprendre pour quel motif on exige la caution du *procurator* véritable. C'est au paragraphe 90 qu'il appartiendra de nous éclairer sur ce dernier point.

En résumé, pour Huschke, le doute qu'on a sur le maintien du mandat motive seul la caution ; au contraire, pour les autres auteurs, la caution exigée à l'origine de tout *procurator* est l'indice que ce représentant ne consume pas le droit du maître. On répond au système de Huschke par des objections qui, croyons-nous, sont décisives. En premier lieu, si on lit en entier le paragraphe 98 (Inst. de Gaius, Comm. IV) on aperçoit facilement que le jurisconsulte a voulu établir une antithèse entre le *procurator* et le *cognitor*, le *procurator* doit la caution : pourquoi? parce que l'instance peut être renouvelée : et c'est là ce qui le distingue du *cognitor* après l'action duquel le maître ne peut plus agir. N'est-ce pas dire d'une manière aussi claire que possible que le *procurator* ne consume pas? Si, comme on le prétend, Gaius avait voulu par les mots : *periculum, etc.* faire allusion à l'incertitude du mandat, il aurait indiqué comme fondement de la différence qui existait entre le *procurator* et le *cognitor*, la certitude qui s'attachait au mandat du *cognitor*.

D'ailleurs, si la caution est exigée parce que le mandat peut n'être prouvé pour la première fois que « *apud judicem* », on pourrait en conclure que, s'il était prouvé avant la *litis contestatio*, la caution serait remise.

Or cette distinction n'existe nulle part dans l'œuvre de Gaius. Il n'indique aucune exception au principe que le *procurator* doit la caution. Ce ne sont que des auteurs postérieurs à Gaius qui nous apprennent que la caution peut être remise aux *procuratores præsentis,* ou à ceux dont le mandat a été notifié à l'adversaire. En outre, Huschke reconnait qu'on ne peut mettre en doute ce que Gaius nous dit des tuteurs (§ 99, Com. IV). Or, si d'après l'édit, les tuteurs doivent la caution lorsqu'ils plaident au nom du pupille, comment aurait-elle pu être remise aux procurateurs dont le mandat présente toujours moins de certitude que celui dont les tuteurs sont investis (1)?

Cependant, il est certain que, plus tard, de nombreuses distinctions furent faites entre les personnes qui pouvaient agir comme demanderesses au nom d'un tiers et que, dans bien des cas, leur intervention eut pour effet d'enlever à celui-ci la possibilité de renouveler le procès. Il est probable que, dans la pratique, le préteur

---

(1) Eisele, *l. c.* p. 147, conteste aussi l'autorité de quelques lois invoquées parKeller(Civilprocess, note 719) à l'appui de l'opinion de Huschke. Notamment la loi 7, § 2, D. 27, 10 (Julien) qui parait indiquer que, dans un cas particulier, l'exception *rei judicatæ* s'oppose aux héritiers d'un aliéné lorsqu'ils veulent renouveler l'action conduite par le curateur. Eisele répond que les tuteurs et curateurs sont ceux auxquels Gaius reconnait qu'on remettait quelquefois la caution, probablement parce que, dans certains cas, ils déduisaient le droit de l'incapable. De même, la loi 25, § 2, D. 44, 2 (Julien) n'est pas décisive, car elle établit simplement ceci que si le maître a ratifié le procès conduit par un *negotiorum gestor,* il serait repoussé par l'exception *rei judicatæ* s'il voulait ensuite renouveler l'action. Enfin, dans la loi 22, § 8. D. 46. 8 (Julien) les mots « *verus procurator* » ont été évidemment substitués au mot *cognitor,* ce que d'ailleurs Bethmann Hollweg admet aussi (Civ. Process. II, p. 433, note 16) : en outre elle ne peut avoir été écrite telle qu'elle apparait au *Digeste,* car le *procurator* ne déduisait pas *ipso jure.* Cette loi n'apporte donc aucune force au système de Huschke.

permit de repousser par l'exception de dol le maître qui, après avoir donné mandat à un *procurator* d'agir en son nom, s'appuyait sur son droit pour renouveler l'action. Dès lors, on peut dire qu'en fait le *procurator* déduisit en justice le droit qu'il faisait valoir toutes les fois qu'il était bien établi qu'il l'exerçait en vertu d'un mandat valable du maître. En effet, on peut supposer, en équité, qu'en constituant un *procurator*, le maître prenait implicitement à l'égard de son adversaire l'engagement de reconnaître ce qui aurait été fait en son nom (1); autrement dit, dès que la vocation du *procurator* à agir était notoire pour l'adversaire au moment du procès, on pouvait dire qu'il y avait là les éléments abrégés qui se trouvaient dans la constitution d'un *cognitor* faite en sa présence.

C'est pour ce motif que les tuteurs et curateurs qui avaient, d'une manière incontestable, le droit et le devoir d'exercer les actions du pupille furent, selon les apparences, les premiers représentants qui, en dehors des *cognitores*, éteignirent par leur fait le droit d'action appartenant à la personne qu'ils représentaient.

Aussi, tandis qu'à l'époque de Gaius c'est à peine s'ils

(1) Arg. L. 34, § 3. D. 46, 3, (Julien): « *Si Titium omnibus negotiis meis proposuero, deinde velucro cum ignorantibus debitoribus administrare negotia mea : debitores ei solvendo liberabuntur ; nam is, qui omnibus negotiis suis aliquem proponit, intelligitur etiam debitoribus mandare ut procuratori solvant.* » La ratification du créancier équivaut à son *jussus* : L. 19, D. 46, 3, Pomponius : « *Fugitivus meus (cum pro libero se gercret) nummos mihi subreptos credidit tibi : obligari te mihi Labeo ait : et si eum liberum existimans, solveris ei, liberari te a me : sed si alii solvisses jussu ejus, vel is ratum habuisset, non liberari : quia, priore casu, mei nummi facti essent et quasi mihi solutum intelligeretur : et ideo servus meus quod peculiari nomine crediderit, exigendo liberabit debitorem : delegando vel novando non idem consequeretur.* »

obtenaient quelquefois (*aliquando*, Com. IV*, § 99) la remise de la caution que tout *procurator* demandeur devait, d'après les termes de l'édit, fournir à son adversaire, ils en étaient, au contraire, communément dispensés à l'époque d'Ulpien : « *quia ad utilitatem pupilli rem in judicium deducere possunt.* » (L. 22 et 23 D. *de adm. Tut.*)

De même, lorsque la forme de constitution des *procuratores* se perfectionna en subissant les modifications que nous avons indiquées pour la désignation des *procuratores*, et lorsqu'elle fut faite par un maître présent, ou transcrite *apud acta* ou contenue, soit dans un libellʒ adressé au prince, soit dans une lettre envoyée à l'autre partie, ces représentants ne furent plus astreints à fournir la caution *rem ratam*.

Enfin, c'est ainsi que, plus tard (1), la caution ne fut vraisemblablement plus exigée que s'il y avait incertitude sur le mandat du *procurator*. (L. 1, C. 2, 13.)

Mais, nous le répétons encore une fois, ce n'est pas le fait du *procurator*, en tant que mandataire, qui eut pour effet d'éteindre le droit du maître ; ce résultat provint de ce qu'on présuma que le maître, en donnant mandat et en le maintenant, alors qu'il savait que l'adversaire en aurait connaissance, avait pris, vis-à-vis de

---

(1) Nous disons : « plus tard » car ainsi que le fait remarquer Eiselé (*Cognitur et Procuratur*, p. 128) cette constitution telle qu'elle nous a été conservée ne peut avoir été rendue en l'année 150 après J.-C., comme le mentionnent les compilateurs du Code. Elle serait antérieure à Gaius et à tous les textes qui témoignent que les *procuratores* doivent la caution : elle aurait précédé de 60 années le 331ᵉ frag. du Vat.! Eisele pense que ce texte doit être une partie tronquée d'un rescrit qui, à une époque postérieure, dispensa certains *procuratores* de la caution.

4

celui-ci, l'engagement implicite de reconnaître les actes du mandataire.

EFFETS DU PROCÈS VIS-A-VIS DE L'ADVERSAIRE
DU REPRÉSENTANT

Nous venons d'exposer comment la *litis contestatio* n'avait par elle-même aucun effet extinctif sur le droit du *dominus*, qui, dans le contrat judiciaire intervenant entre le *procurator* et l'adversaire, demeurait à proprement parler un tiers. Il est aisé de comprendre qu'à l'inverse la *litis contestatio*, comme cause d'obligation, ne donnait de droit qu'à celui qui y a figuré comme partie, c'est-à-dire au *procurator*. En principe, le maître ne pouvait se prévaloir du lien juridique qui unissait le *procurator* et son adversaire. Et cependant, en pratique, la solution contraire était chose nécessaire ; comment un plaideur se serait-il substitué au *procurator*, dans quel but celui-ci se serait-il donné la peine de diriger le procès, si le maître n'eut dû en retirer aucun avantage ? Du jour où le préteur admit un citoyen à défendre en justice les intérêts d'un ami absent, un tuteur ceux de son pupille, on considérera que l'adversaire en plaidant contre un *procurator* ou un tuteur prenait l'engagement de s'en tenir à l'issue du procès et de ne pas renouveler la demande, s'il est demandeur, ou d'exécuter la condamnation, s'il est défendeur. Dans cette dernière hypothèse le maître put se prévaloir de cet engagement implicite pour repousser une nouvelle action : à la suite du procès où a figuré le *procurator*, il se trouva donc libéré de l'obligation qu'il avait envers l'autre partie. (Arg. Lois 10, § 2, D. 2, 14; 7, § 2, D. 20, 6).

C'est ce que nous exprime la loi 23, D. 46, 3. « *Solutione vel judicium pro nobis accipiendo inviti et ignorantes liberari possumus* ». La même idée se trouve aussi présentée sous une autre forme, peut-être plus exacte, parce qu'elle indique bien que la libération résulte, non pas du fait du *procurator*, mais bien de celui de l'adversaire. On lit notamment dans la loi 11, § 7, D. 44, 2 : « *qui adversus defensorem agit, litem in judicium deducit* ». Le droit prétorien considéra donc qu'en équité, la partie qui agit contre un *procurator* éteint son droit d'une manière définitive, et permit au maître d'opposer l'exception *rei in judicium deductæ* à toute nouvelle poursuite de son adversaire.

L'adversaire du *procurator*, engageant la procédure avec lui, se trouvait lié envers lui par la *litis contestatio*, comme il l'eût été envers le maître lui-même.

CONSÉQUENCE. — ADMISSION AU PROCÈS D'UN
NEGOTIORUM GESTOR.

Ce principe eut bientôt des conséquences pratiques remarquables. Supposons qu'un tiers, qui, en fait, n'était investi, au début de l'instance, d'aucun mandat valable émanant du demandeur, ait néanmoins agi en son lieu et place contre l'adversaire. La chose était possible de différentes manières, soit que ce mandat ne lui eût jamais été donné, soit qu'il lui eût été repris : il est bien évident, qu'en pareille hypothèse, le droit du demandeur n'a pas été éteint par l'action d'un tiers dépourvu de tout pouvoir. Cependant, comme l'adversaire, qui avait été défendeur contre le faux *procurator*, se trouvait néanmoins, en fait, dans la même situation que s'il avait défendu contre le véritable *procurator*, on donna au maître la faculté de valider rétroactivement la procédure qui avait été irrégulièrement entamée en son nom, à la seule condition de ratifier tout ce qui avait été fait. Cette ratification ne nuisait à aucune des parties en cause, et, en principe, était très utile au demandeur dont un tiers avait fait valoir les intérêts, sans mandat, il est vrai, mais d'une manière heureuse (Arg. Loi 56, D. 5. 1).

Néanmoins, le mandat que le maître donnait au *procurator*, resta la condition essentielle de l'intervention de ce représentant. C'est de lui que découlait l'extinction du droit du maître ; son existence et son maintien intéressent donc d'une manière évidente l'adversaire du *procurator*, et nous exposerons plus loin comment celui-ci put, en faisant insérer dans la formule l'exception *procuratoria*, obliger le *procurator* à prouver que ce titre lui appartenait réellement.

En conséquence, on peut dire, qu'à l'origine, le mandataire du maître eut seul la faculté d'agir comme *procurator* ; cependant, en pratique, on ne fut pas très sévère dans la constatation du mandat, car, d'un côté, la caution *rem ratam*, fournie par le représentant du demandeur, et la caution *judicatum solvi* fournie par le représentant du défendeur (Gaius, C. IV. § 101), garantissaient assez bien l'adversaire contre tout dommage résultant d'une action postérieure du maître ou de l'insolvabilité du représentant, et, d'autre part, il pouvait être avanta-

geux pour le maître qu'un tiers eût la faculté de faire
valoir en justice des intérêts à la garde desquels lui-
même n'avait pas pourvu. Toutefois, cette tolérance doit
être considérée comme un adoucissement des principes
primitifs, car Gaius nous fait comprendre, qu'à son
époque, il y avait encore controverse sur le point de savoir si on pouvait admettre à plaider celui qui, n'ayant
point reçu de mandat, demandait de bonne foi à prendre l'affaire en main et fournissait la caution *rem
ratam*; enfin les textes sont nombreux au *Digeste*, desquels il résulte qu'on ne peut agir au nom d'un tiers si
l'on n'a pas reçu de lui mandat à cet effet (1).

D'ailleurs, il est aisé de justifier l'exigence d'un mandat. En dehors des raisons purement juridiques, l'intérêt des parties et surtout celui du demandeur veut que,
celui-là seul puisse agir auquel il a témoigné sa confiance.
Certes, on peut dire que le maître pourra ratifier dans le
cas où le procès aura eu pour lui un résultat avantageux,
ne pas ratifier, dans le cas contraire : mais alors, le faux
procurator, subissant un recours en raison de la caution *de rato*, qui se trouve dès lors encourue, se retour-
nera contre le maître par l'action *negotiorum gestorum*,
afin de se faire indemniser; et il y réussira toutes les
fois que le procès aura été intenté ou soutenu dans des
conditions où le maître lui-même n'aurait pu obtenir
une sentence autre que celle qui a été rendue. Il peut
néanmoins se faire que cette intervention spontanée d'un
tiers ne plaise pas au *dominus* qui eût peut-être préféré
agir lui-même au moment qu'il eût jugé opportun, alors

(1) L. 6, § 12, D. 3, 5 (Julien); L. 8, D. 3, 5 (Ulpien); L. 5, § 4 D. 19, 5
(Paul).

surtout que des personnes de sa famille, ses enfants, ses frères, ses parents ou même des affranchis, qui lui devaient leur liberté, pouvaient le représenter en justice, soit comme demandeurs, soit comme défendeurs, sans avoir reçu un mandat spécial à cet effet (1). En effet, ainsi que les textes nous le montrent, on avait admis que le lien de parenté ou d'affinité, qui unissait ces personnes au maître, équivalait pour elles à un mandat implicite et permanent de prendre soin de ses intérêts.

On comprend donc facilement, qu'en principe celui-là seul, pouvait être *procurator*, qui avait reçu mandat du maître. Nous exposerons plus loin comment le *procurator* devait établir sa qualité et les preuves que l'adversaire pouvait en demander ; mais, après avoir indiqué quels étaient les effets de l'intervention d'un représentant sur les droits préexistants du maître et de l'adversaire, quelle était la situation juridique créée au représentant et à l'autre plaideur par la délivrance de la formule, nous croyons qu'il est indispensable d'étudier immédiatement les modifications que la sentence judiciaire apportait aux situations respectives des parties.

EFFETS DE LA SENTENCE.

1° Hypothèse de l'intervention d'un *cognitor*.

Cette sentence exprimait une absolution ou une condamnation qui devait être prononcée pour ou contre le représentant, ainsi que l'exigeait la formule délivrée

(1) L. 35, D. 3, 3.

lors de la *litis contestatio*. L'action *judicati* apparte
nait donc activement au représentant du demandeur et
le représentant du défendeur était tenu d'y répondre.
Néanmoins, comme le tiers qui intentait ou soutenait
le procès au nom d'autrui n'avait, en général, pour but
que de diriger la procédure en son lieu et place, mais
non de profiter personnellement du jugement lui donnant gain de cause ou de payer la condamnation prononcée contre lui, nous verrons comment on trouva les
moyens de transporter au maître, après l'instance, les
prérogatives qu'elle pouvait avoir données au représentant
ou les charges qui en étaient résultées pour lui. Toutefois, en principe, c'est toujours le représentant qui devint
créancier du montant de la condamnation ou qui béné-
ficia de l'absolution et c'est là le caractère absolument
original et particulier de la représentation en Droit
romain.

En ce qui concerne le *cognitor*, des controverses se
sont élevées sur le point de savoir si l'axiome que nous
posons lui a été applicable. Des auteurs soutiennent
que, du jour où le préteur admit un *cognitor*, solennellement désigné, à exercer l'action d'un tiers, il fit passer
activement ou passivement sur la tête de ce tiers les
effets du procès, et, qu'en conséquence, dès l'apparition
des *cognitores*, l'action *judicati* fut donnée au *dominus*
dont le *cognitor* avait fait reconnaître le droit ou put
être intentée contre le *dominus* dont le *cognitor* avait
succombé dans l'instance. Le 317e fragment du Vatican
énonce que le *procurator* est, en vertu de l'édit, titulaire de *l'actio judicati*. Bethmann Hollweg (*l. c.* T. II,
p. 439), pense que c'est de la même source qu'elle fut

donnée au *cognitor*. Salpius combat énergiquement cette opinion, car il en résulterait que pour le *cognitor*, c'est-à-dire pour le plus ancien des représentants, l'action *judicati* n'aurait jamais été dévolue à celui dont le nom figurait dans la condamnation.

Pour Salpius (1), au contraire, la *datio* de l'action *judicati* au *dominus* ne serait pas contemporaine de l'édit, mais bien postérieure. Il croit pouvoir en trouver la preuve dans le 317e fragment du Vatican et pense que ce texte a été écrit sous Caracalla (vers 212 après J.-C.), car il est conforme à un passage des *Sentences* de Paul (I, 2, 4) « *actio judicati non solum in dominum aut domino, sed etiam heredi et in heredem, datur.* » Pour bien comprendre l'argumentation qui va suivre, il est nécessaire d'avoir sous les yeux le 317e fragment du Vatican : ce texte ne nous est pas parvenu intact : en le transcrivant tel qu'on le reproduit généralement, nous soulignerons le membre de phrase qui, d'après Salpius, n'aurait pas été exactement reconstitué : «*Apud acta facto procuratori, hæc satisdatio (de rato) remitti solet : nam cum apud acta non nisi a præsente domino constituatur, cognitoris loco intelligendus est. Ad defendendum cognitore constituto, dominus, non cognitor, actori satisdare (judicatum solvi) cogendus est, cum vero procurator defensurus intervenit, non dominus sed procurator judicatum solvi satisdare compellitur.* Quæ satisdatio *adeo necessaria est ut eam remitti posse etiam apud acta procurator constituatur, divus Severus constituerit. Cognitore enim interveniente, judicati*

(1) *Novatio et Delegatio,* p. 365 et suiv.

actio domino vel in dominum datur ; non alias enim cognitor experietur vel ei subjicietur quam si in rem suam sit factus. Interveniente procuratore, judicati actio ex edicto perpetuo ipsi et in ipsum, non domino et in dominum competit. »

Ainsi, d'après la restitution qui est généralement admise, la caution *judicatum solvi* devrait être fournie toutes les fois qu'un représentant se substituerait à un des plaideurs ; il n'y aurait pas même d'exception dans le cas où ce représentant serait un *cognitor* ou un *procurator apud acta factus.*

Néanmoins, tandis que l'*actio judicati* serait donnée au *dominus* du *cognitor*, elle appartiendrait au contraire au *procurator* lui-même.

Salpius critique le choix qu'on a fait des mots « *quæ satisdatio* » pour combler la lacune que présentait le texte lorsqu'il fut découvert. Cet auteur pense qu'il y avait entre la première et la seconde partie du texte tout un membre de phrase qu'il formule ainsi : « *Et pro cognitore quidem satisdatio (judicatum solvi) remitti potest ; procuratoris autem, adeo necessaria est ut eam remitti non posse, etiam si apud acta procurator constituatur* ». Il lui paraît nécessaire de supposer que la caution *judicatum solvi* pouvait être remise au *cognitor* puisque le *cognitor in rem alienam* n'était pas investi de l'*actio judicati.* En effet, dit-il, le seul motif pour lequel la caution *judicatum solvi* doit être donnée dans le cas où un représentant figure au procès, se trouve en ce que le demandeur, qui plaide contre un représentant, ne connaît pas la solvabilité de celui-ci, et est en droit d'exiger qu'on le garantisse du dommage qu'il subirait dans le cas où

le représentant ne pourrait payer le montant de la condamnation.

Donc, si le *dominus* avait été soumis à l'*actio judicati* par la condamnation du *cognitor*, il n'y aurait pas
eu de motif pour l'astreindre à fournir la caution *judicatum solvi* : car le demandeur ne doit pas tirer avantage de ce que son nouvel adversaire est un *cognitor*,
mais simplement être garanti contre l'insolvabilité de
celui-ci : or, quel risque eût-il couru si le maître lui-
même avait été soumis aux effets de la condamnation et
si le *cognitor* y était demeuré étranger? C'est ainsi que
le mot *enim*, qui figure dans la seconde partie du fragment 317, indique la relation qui existait entre la prestation de la caution *judicatum solvi* et l'attribution de
l'*actio judicati*.

En outre, Salpius invoque en faveur du système qu'il
soutient la loi 6, § 3. D. 3, 4, dont Paul est l'auteur :
« *Actor iste procuratoris partibus fungitur* : *et judicati actio ei ex edicto non datur, nisi in rem suam
factus sit* ». Il fait remarquer que le mot *procurator* a
été substitué dans ce texte au mot *cognitor* et l'explique
ainsi : « *L'actor* joue le rôle de *cognitor* et l'action *judicati*, qui devrait lui être accordée en vertu de l'édit,
lui est cependant refusée comme au *cognitor*, à moins
qu'il n'ait été constitué *in rem suam* ». Bethmann
Hollweg donne une autre interprétation et traduit :
« *l'actor* joue le rôle de *cognitor*, et, en vertu de l'édit,
l'*actio judicati* ne lui est pas donnée, à moins qu'il n'ait
été constitué *in rem suam* ».

Dès lors Bethmann Hollweg se prévaut de l'autorité
de ce texte pour conclure qu'une disposition expresse

de l'édit avait décidé que l'action *judicati* ne serait donnée, ni au *cognitor*, ni à l'*actor civitatis*. Salpius (1) conteste l'exactitude de cet argument en faisant remarquer que l'assimilation de l'*actor*, *procurator* légitimé, à un *cognitor* fut une innovation des temps postérieurs : en conséquence, il est encore moins permis de dire que le refus de l'action *judicati* à l'*actor* provient d'une disposition formelle de l'édit, que de le dire du *cognitor*.

La discussion qui s'élève entre Bethmann et Salpius porte encore sur les termes dont les textes se servent pour désigner l'attribution de l'*actio judicati* faite au *dominus*. Salpius fait ressortir la différence de rédaction qui existe entre ce membre de phrase : « *judicati actio domino aut in dominum datur* » et cet autre : « *judicati actio ex edicto perpetuo ipsi et in ipsum competit* ». Le mot « *datur* » paraît dénoter une attribution faite en vertu de la bienveillance du préteur, tandis que les mots : « *ex edicto perpetuo competit* » font clairement comprendre que l'action *judicati* était donnée au *procurator*, soit en vertu d'une disposition expresse de l'édit perpétuel, soit en raison des principes généraux de procédure contenus dans cet édit. Un autre texte d'Ulpien qui, en apparence du moins, se rapporte à l'hypothèse d'une représentation par *cognitor*, semble aussi indiquer que l'action *judicati* n'est donnée au maître que par une concession du préteur. Ce texte est la loi 28, D. 3, 3 : « *Si procurator meus judicatum solvi*

____

(1) V. dans le même sens, Eisele *l. c.*, p. 109. On comprend donc difficilement l'opinion de Bethmann Hollweg d'après laquelle la caution est exigée du *dominus* lui-même comme une garantie de sa propre obligation éventuelle.

satis acceperit, mihi ex stipulatu actio utilis est, sicuti judicati actio mihi indulgetur ». Enfin Salpius cite la loi 86, D. 46, 3 où Paul, parlant évidemment du *cognitor*, nous dit : « *Hoc jure utimur ut litis procuratori non recte solvatur : nam et absurdum est, cui judicati actio non datur, ei ante rem judicatam solvi posse : Si tamen ad hoc datur sit ut et solvi possit, solvendo eo liberatur* ». Selon Salpius, si Paul se sert de cette expression : « *Hoc jure utimur* », cela prouve qu'il y avait là une nouvelle jurisprudence ; sans cela, il serait appuyé sur une disposition de l'édit ou sur ses consé-quences.

Bethmann Hollweg pense au contraire que toutes ces remarques n'ont pas l'importance qu'on veut leur attri-buer. Il les réfute par la loi 6, § 3, D. 3, 4 : « *Actor iste procuratoris* (lisez *cognitoris*) *partibus fungitur : et judicati actio ei ex edicto datur* ». D'où Bethmann Hollweg conclut que l'*actio judicati* est donnée à l'*actor* en vertu de l'édit et que le mot *datur* était employé pour évoquer une disposition de l'édit. Nous avons dit que Salpius réplique en soutenant que son contradicteur in-terprète et traduit cette loi d'une manière inadmissible et nous avons donné la version que lui-même en donne.

Toutefois, Salpius comprend la nécessité de montrer comment on peut concilier avec sa théorie le fragment du Vatican 331 qui, au premier abord, semble la contre-dire.

Ce texte de Papinien est ainsi conçu : « *Quoniam præsentis procuratorem pro cognitore placuit haberi, domino, causa cognita, dabitur, et in eum, judicati actio* ». Bethmann Hollweg en tire cette conclusion que l'*actio judicati* n'est donnée au *procurator præsentis* que *cognita causa* et non, comme au *cognitor,* par une disposition formelle de l'édit. Cette différence aurait subsisté jusqu'à la loi 7 du Code Théodosien, dans laquelle nous lisons : « *manifestum est, si cognitor, vel præsentis procurator usus fuerit in judicio superiore fortuna, vel eadem reclamante devictus, judicati actionem,* sine ulla cunctatione, *in dominum dari vel in domino* ».

Pour Salpius, au contraire, l'objet de la *causæ cognitio* serait simplement de rechercher si le *procurator præsentis* était *in rem suam* ou *in rem alienam*. Cependant, d'après le fragment 317 du Vatican, une constitution de l'empereur Sévère exigeait du *procurator præsentis* la prestation de la caution *judicatum solvi,* parce que tout *procurator* était soumis à l'action *judicati,* et au contraire, d'après le fragment 331, nous voyons que l'action *judicati* était donnée contre le maître. Comment expliquer cette contradiction, alors surtout que Papinien et Sévère vivaient à peu près à la même époque (190 après J.-C.)? Salpius pense que la solution donnée par Papinien était une innovation que l'empereur Sévère ne voulut pas sanctionner dans la constitution dont nous parle le fragment 317, mais qui triompha définitivement à l'époque de Théodose.

En résumé, l'argumentation de Salpius l'amène à ces deux conclusions :

Premièrement, que la différence entre l'intervention d'un *cognitor* et celle d'un *procurator* portait seulement sur l'effet libératoire de la *litis contestatio* : au contraire, à l'égard des obligations créées par le procès ils étaient sur le même rang : à l'origine, la sentence prononcée contre le représentant d'autrui ne pouvait avoir, en aucun cas, vis-à-vis de lui, un effet moins étendu que vis-à-vis de toute autre personne.

Secondement, au temps de Paul, le *cognitor* du défendeur aurait été dispensé de fournir la caution lorsqu'il n'aurait pas été constitué *in rem suam,* c'est-à-dire dans l'hypothèse, où, en vertu d'une jurisprudence nouvelle, l'action *judicati* était donnée au maître ou contre lui.

Ces deux affirmations sont énergiquement contredites par Bethmann Hollweg : en face de l'autorité incontestable de ces deux auteurs, il est très délicat de se prononcer en faveur du système soutenu par l'un d'eux et de condamner l'autre. A l'égard du point de savoir si, dès l'origine, l'action *judicati* fut donnée activement au maître du *cognitor* et passivement contre lui, nous sommes portés à préférer le système de Salpius. Les arguments qu'il présente à l'appui de son opinion nous paraissent probants ; et surtout, ne serait-il pas bien étrange que dans la représentation par *cognitor,* qui est la plus ancienne, les effets de la condamnation aient été absolument contraires aux principes généraux, et que l'action *judicati* n'ait pas été donnée à la personne même dont le nom figurait dans la condamnation. En outre, remarquons que le *cognitor in rem suam* était, suivant les cas, titulaire de l'action *judicati* ou obligé d'y répondre (Frag. 317). N'est-il pas naturel de penser que le *cognitor in rem alienam* et le *cognitor in rem suam,* qui étaient constitués de la même façon, auxquels la même formule était délivrée, contre lesquels la condamnation était identiquement rédigée, aient été, à l'origine, traités de la même façon au point de vue de l'action *judicati* et que le droit commun leur ait été appliqué à l'un comme à l'autre? Certes, cette conclusion peut paraître impratique ou rigoureuse à l'égard du *cognitor in rem alienam* ; impratique, car celui-là pourra recevoir le montant de la condamnation, qui cependant ne devra pas la conserver ; rigoureuse, parce que le *cognitor* sera obligé de payer une somme à l'occasion d'une obligation dont il n'était pas primitivement tenu. Mais il ne faut pas oublier, d'une part, qu'on est conduit à admettre ces conséquences en raison des principes certains de la *litis contestatio* ; d'autre part, qu'il y a entre le *cognitor in rem alienam* et le *dominus* des rapports de droit qui leur permettront de remédier à ce que ces conséquences peuvent avoir de contraire au but final auquel ils avaient voulu parvenir. Ce serait donc le prêteur qui leur aurait procuré un moyen plus rapide de l'atteindre en délivrant au maître, ou contre lui, une action *judicati* dans laquelle le droit du demandeur sera basé sur ce qui s'est passé dans le procès.

En ce qui concerne le point de savoir si, à l'époque de Paul (commencement du IIIe siècle de l'ère chrétienne), le maître du *cognitor* aurait été dispensé de fournir la caution *judicatum solvi*, nous ne pensons pas que l'opinion de Salpius soit exacte. Bethmann Hollweg rappelle avec raison la loi 166, D. 50, 17 où Paul nous dit : « *Qui rem alienam defendit, nunquam locuples habetur* ». Modestin, contemporain de Paul, professe également la même doctrine dans un texte où le mot *pro-*

curator a été deux fois substitué au mot *cognitor* : ce texte est la loi 10, D. 46, 7. « *Sive ad defendum procurator datus fuerit, satisdare jubetur judicatum solvi stipulatione, quæ non ab ipso procuratore, sed a domino litis interponitur. Quod si procurator aliquem defendat, ipse cogitur satisdare judicatum solvi stipulatione* ». Il y a donc lieu de croire que la caution *judicatum solvi* dut être fournie par le maître, même à l'époque où, contrairement aux principes rigoureux de la procédure, l'action lui fut donnée et fut délivrée contre lui. Dès ce jour, il est bien évident que, dans la majorité des cas, la caution devint sans objet. Il en était ainsi toutes les fois que le *cognitor* était constitué *in rem alienam*. Néanmoins le demandeur avait toujours besoin d'être garanti par une caution, car il n'était jamais certain que l'*actio judicati* lui serait donnée contre le maître. En effet, dans le plus grand nombre des hypothèses, il ignorait si le *cognitor* contre lequel il plaidait était *in rem suam* ou *in rem alienam*. Et alors même que le *cognitor* aurait été *in rem alienam* au début du procès, il pouvait devenir *cognitor in rem suam* au cours du procès, sans que le demandeur le sût. Il était donc utile que le demandeur pût se retourner contre la caution, lorsqu'après la condamnation des difficultés s'élevaient sur la question de savoir si l'action *judicati* devait être donnée au maître ou au *cognitor*.

2° Hypothèse de l'intervention d'un procurator.

Ainsi que le fragment du Vatican 317 nous l'atteste, ce représentant pouvait, en vertu de l'édit, se prévaloir de l'action *judicati* ou devait y répondre. Et il n'y a rien là qui puisse étonner, car le *procurator* ayant été à l'origine le représentant d'un absent et n'ayant jamais été officiellement accrédité auprès de son adversaire, il est assez naturel que le procès n'ait pu avoir de conséquences immédiates, que pour les plaideurs qui ont figuré dans l'instance. Néanmoins, le *procurator* dut chercher les moyens de transporter au maître les droits que le procès lui a attribués ou les obligations dont il a été déclaré tenu. Il put facilement atteindre ce résultat, étant donné que, la plupart du temps, le maître et lui étaient liés l'un à l'autre par le contrat de mandat ou tout au moins par le quasi-contrat de gestion d'affaires. Le *procurator* demandeur fut tenu, par l'action de mandat, soit de rendre compte au maître de tous les profits qu'il a tirés du procès, même de ceux qu'il n'aurait reçus que par une injustice du juge (L. 46, § 4. D. 3, 3 Gaius), soit de lui céder l'action *judicati* (L. 49, § 2. D. 42, 2, Pap.) ; à l'inverse, le *procurator* du défendeur put, soit obtenir par l'action *mandati* tout ce qu'il a payé, sauf la somme dont il aurait augmenté la dette en commettant un délit dans l'accomplissement de son rôle (L. 46, § 5, D. 3, 3), soit obliger le maître à prendre sur lui l'action *judicati* (L. 45, § 5, D. 17, 1 Paul).

Néanmoins le *procurator* put, toujours, poursuivre lui-même par l'action *judicati* l'adversaire condamné, dans le cas où le maître, étant insolvable, ne peut lui rembourser les dépenses qu'il a faites pour diriger le procès (L. 30, D. 3, 3, Paul). Au contraire, Paul nous indique les seuls cas où on doit faire une exception à une jurisprudence qui paraît établie à son époque, et d'après laquelle le *procurator* défendeur ne doit plus être tenu de répondre à l'action *judicati*. Il en est ainsi lorsque le *procurator* est *in rem suam*, et lorsqu'il s'est engagé dans le procès alors qu'il savait qu'il ne devait pas compter sur une ratification du maître (Lois 61, D. 3, 3, Paul, 4, D. 42, 1).

Le *procurator præsentis* fut le seul qui, à l'époque classique, fut traité d'une manière exceptionnelle à l'égard de l'*actio judicati*. Le Frag. 331e du Vat. nous en indique le motif. En raison de la facilité avec laquelle l'adversaire pouvait se renseigner auprès du maître sur la qualité du représentant, on pensa que ce dernier devait être considéré comme un *cognitor*, et, après *causæ cognitio*, c'est-à-dire lorsque ce représentant n'y mettait pas obstacle, on donna l'action *judicati* activement et passivement au *dominus*.

PARTICULARITÉS PROPRES AUX ACTIONS DIVISOIRES.

Ainsi que nous l'avons dit, la *litis contestatio*, qu survenait entre le représentant et l'autre partie, entrai nait cette conséquence que le représentant fût personnellement condamné ou absous comme l'aurait été le plaideur dont il tenait la place. En raison des caractères particuliers des actions divisoires, on s'est demandé s'il était possible à l'un des plaideurs de se faire représenter dans ces actions, et si, dans le cas où cette question devrait être résolue dans le sens de l'affirmative, l'*adjudicatio* pouvait investir ou démunir le *procurator*, aussi bien que le maître lui-même.

Remarquons, en premier lieu, qu'en pur droit civil, il ne devait pas y avoir possibilité de se faire représenter par un *procurator* dans les actions divisoires. Il paraît, en effet, résulter des textes que *l'adjudicatio* ne pouvait être translative de propriété qu'à la condition que toutes les parties, figurant au procès, fussent elles-mêmes copropriétaires. C'est ce qu'on peut déduire par analogie de la loi 17, D. 41, 3 (Marcellus) : « *Si per errorem de alienis fundis, quasi de communibus, judicio communi dividundo accepto, adjudicatione possidere cœperim, longo tempore capere possum.* » L'absence d'un des cohéritiers ou d'un des copropriétaires devait donc rendre impossibles les opérations du partage.

Toutefois, dans certaines hypothèses où la procédure des actions divisoires n'aurait pu avoir lieu, parce que l'une des parties ne pouvait comparaître en personne, nous voyons que le préteur permit d'agir par *procurator*. Comme exemple, nous citerons celui qui est fourni par la L. 48, D. 10, 2 : « *Si familiæ erciscundæ, vel communi dividundo, vel finium regundorum actum sit, et unus ex litigatoribus decesserit, pluribus heredibus relictis, non potest in partes judicium scindi : sed, aut omnes heredes accipere id debent, aut dare unum procuratorem, in quem omnium nomine judicium agatur.* »

Le *procurator*, intervenant dans les actions divisoires, devait-il être, à tous égards, traité comme s'il comparaissait dans une autre action ?

Nous noterons, tout d'abord, brièvement, qu'il devait fournir, en même temps, la caution *de rato* et la caution *judicatum solvi* (L. 15, § 1, D. 3, 3), car, dans les actions divisoires, chaque partie est, en même temps, demanderesse et défenderesse. Au contraire, nous devons insister sur le point de savoir si l'*adjudicatio* devait être prononcée au profit du *procurator*, ou au profit du maître lui-même. On pourrait être tenté de dire que l'*adjudicatio* ne peut dépouiller ou investir la partie, dont les intérêts sont l'objet du procès, qu'à la condition de se référer à cette partie elle-même. Quelque logique que paraisse cette opinion, elle ne doit pas être admise, d'une part, parce que l'adjudication est une partie de la formule qui ne peut concerner que l'une des personnes en cause, d'autre part, parce que l'opinion contraire paraît s'appuyer sur des arguments plus solides. Il est vrai que, lorsqu'on fait valoir combien il serait singulier de séparer l'*adjudicatio* de la *condemnatio* (car celle-ci n'est qu'une soulte de l'*adjudicatio*), on reçoit cette réponse que, si l'*adjudicatio* est prononcée au profit du *procurator*, elle ne sera pas longtemps séparée de la *condemnatio*, puisque les effets de celle-ci pourront être reportés sur le *dominus* par divers moyens. Néanmoins, il suffit qu'il y ait eu séparation lors de la sentence, pour qu'on trouve là une grave dérogation aux règles certaines de la procédure formulaire, et il n'est pas nécessaire de supposer que ce défaut d'harmonie ait jamais existé.

D'ailleurs, l'action *judicati* ne fut donnée au maître, après *causæ cognitio*, que lorsqu'il était resté présent au lieu du procès (Frag. Vat., 331), et ce privilège ne fut pas étendu, d'une manière générale, dans les autres hypothèses.

En outre, plusieurs textes indiquent, d'une façon satisfaisante, que l'adjudication doit être prononcée au nom du *procurator*. De ce nombre est la loi 42, § 6, D. 3, 3. (Paul) : « *Si plures heredes sint, et familiæ erciscundæ*

aut communi dividundo agatur, pluribus eumdem pro-
curatorem non est permittendum dare, si uni coheredi
plures heredes existant. »

Pour comprendre la portée de cette loi, il est nécessaire de rappeler que l'action *familiæ erciscundæ* ne
peut être intentée qu'une fois, et que, si, après elle, un
bien restait indivis, il fallait recourir à l'action *communi
dividundo*. En conséquence, si plusieurs héritiers choi-
sissaient un même *procurator*, et, si le juge adjugeait à
ce *procurator* les parts qui reviennent à chaque partie
qu'il représente, une confusion de propriétés s'opérerait
en la personne de ce *procurator*, et le juge aurait manqué à son office, qui est de ne rien laisser dans l'indivi-
sion. On comprend donc facilement le texte de Paul,
dans l'hypothèse où l'adjudication est faite au *procurator* ; au contraire, on ne le comprendrait plus dans l'hypothèse inverse, car, si l'adjudication pouvait être faite
directement à la personne que représente le *procurator*,
il n'y aurait plus de motif pour qu'un même *procurator* ne pût représenter plusieurs parties. En outre, la loi
23, C. 2, 13 nous apprend que la mort du mandant, sur-
venant après la *litis contestatio*, ne rompt pas l'instance;
or, cette loi ne fait aucune distinction entre les actions
divisoires et les autres : il est donc permis d'en conclure
que, dans une action divisoire, l'adjudication peut avoir
lieu au nom du *procurator*, qui est devenu *dominus
litis* par la *litis contestatio*.

Cette dernière opinion est donc celle qui doit prévaloir. Toutefois, nous devons mettre en évidence que
l'intervention d'un *procurator*, dans une action divisoire, est de nature à modifier les effets habituels de

l'*adjudicatio*. Lorsque le *judicium* est *legitimum*, et lorsque les copartageants ou cohéritiers sont propriétaires, l'effet de l'*adjudicatio* est de transporter d'une partie sur l'autre la propriété quiritaire de certains biens, et de donner à chacune d'elles la revendication. Au contraire, cet effet ne peut avoir lieu lorsqu'une des parties est représentée par un représentant : celui-ci n'étant pas propriétaire, le juge n'a pu le désinvestir d'une propriété qu'il n'avait pas, puis, la transporter aux autres parties: il est donc probable, qu'en pareille circonstance, le juge ne transportait qu'une propriété bonitaire. Quelle était donc alors l'action donnée aux parties par cette adjudication ? On pourrait penser à l'action publicienne, mais, en général, cette action ne pouvait leur être d'aucun secours, car, pour l'exercer, il faut avoir eu la possession. ce qui n'est pas habituel dans notre hypothèse. Il est préférable de supposer que le prêteur leur donnait la revendication utile.

Notons enfin une particularité dans le cas où la personne, qui a agi comme représentant, n'aurait reçu aucun mandat, et où le maître n'aurait point ratifié. Dans une instance ordinaire, la condamnation pourrait, en principe, être exécutée contre le *falsus procurator*. Au contraire, en cas d'action divisoire, la condamnation ne pouvant atteindre, ni dépouiller un *dominus*, qui est resté étranger au procès, les adjudications faites par le juge ne peuvent subsister, et les condamnations qui les accompagnent doivent tomber. Le maître pourra donc, même après l'*adjudicatio*, exercer une revendication ou une *petitio hereditatis* relativement aux objets héréditaires. Les autres parties au procès auront, d'ailleurs, la faculté de se retourner contre le *falsus procurator,* en raison de la *cautio de rato* qu'il a dû fournir.

EXCEPTIONS COGNITORIÆ ET PROCURATORIÆ.

Ainsi que Gaius nous l'atteste (Comm. IVᵉ, § 84), celui-là seul peut, en principe, être *procurator* auquel la partie qu'il représente a donné mandat d'agir en justice ; et les personnes même, qui peuvent agir sans mandat, ne doivent pas obtenir l'action, lorsqu'il est évident qu'elles agissent contre la volonté de celui pour qui elles interviennent (L. 40, § 3, D. 3, 3).

L'autre partie, ayant un très grand intérêt à connaître ce mandat, nous devons étudier la manière dont la preuve dut en être fournie. Il en était de ce point comme de tous ceux sur lesquels le magistrat ne pouvait faire la lumière avant la délivrance de la formule, et qu'il chargeait le juge d'éclaircir.

A cet effet, l'adversaire devait faire insérer dans la formule une exception, en vertu de laquelle la preuve du mandat devait être faite devant le juge. C'est ce qui résulte implicitement des lois 57 D. 3, 3 (Ulpien), 48, D. 3, 3 (Gaius) et 62, D. 3, 3 (Pomponius).

Quoiqu'elle apparaisse comme un moyen de droit tendant à faire rejeter la défense du *dominus,* cette exception présente des caractères particuliers qui la distinguent des autres exceptions.

Disons tout d'abord, qu'en faisant insérer dans la formule les exceptions que les textes appellent *cognitoriæ* et *procuratoriæ,* l'adversaire peut poursuivre deux buts différents. Son intention peut être, soit de faire apparaître que l'autre partie n'avait pas le droit de constituer un représentant, ou ne pouvait choisir tel représentant (1), soit de faire établir que le représentant n'est pas réellement revêtu d'un mandat.

Ces deux catégories d'exceptions, bien que désignées par un même nom, ne doivent, cependant, pas être confondues, notamment au point de vue de la charge de la preuve.

On connaît le principe de droit : « *reus in excipiendo fit actor* ». Il reçoit une application dans l'hypothèse où l'adversaire du représentant conteste à celui-ci le droit de le poursuivre, et excipe, soit que l'autre partie n'avait pas la capacité de constituer un *procurator*, soit qu'elle a donné sa confiance à quelqu'un auquel la loi ne permettait pas d'être représentant. Dans ce cas, Ulpien nous dit que la charge de la preuve incombe à celui qui soulève l'exception (L. 19, § 2, D. 22, 3) ; et, en effet, l'incapacité de l'autre partie, ou l'indignité de celui qui se présente comme représentant, dépendent de faits matériels faciles à apprécier, et dont la preuve peut être faite.

Au contraire, il y a controverse sur le point de savoir si le fardeau de la preuve incombe à la partie qui conteste l'existence du mandat par l'exception *procuratoria*. Les uns soutiennent la négative, en alléguant que la partie qui soulève l'exception ne peut être tenue de faire la preuve de l'inexistence du mandat, car ce serait là prouver un fait négatif, chose irréalisable par conséquent. D'au-

---

(1) Nous exposerons plus loin quelles sont les incapacités légales qui enlevaient la faculté de constituer un représentant ou celle d'exercer en justice l'action d'autrui.

tres, soutenant que, dans le cas qui nous occupe, on n'a
pu suspendre l'application du principe « *reus in excipiendo fit actor* », pensent que l'exception *procuratoria* tendrait à prouver le retrait ou la nullité du mandat
donné, fait positif dont la preuve est possible.

Cette dernière opinion est professée par Wetzel (1),
dont nous exposerons les arguments. Le point de départ
de sa théorie est que, de tout temps, on a repoussé le
simple gérant, car, de tout temps, celui, qui se présente
pour agir en justice au nom d'autrui, dut prouver le
mandat qu'il devait avoir reçu de la partie à laquelle il
prétend se substituer : le seul but de la *cautio de rato*
serait de garantir l'adversaire de la reprise ou de la
cessation du mandat, qui peuvent avoir eu lieu entre le
moment où il a été donné et la *litis contestatio* : telle
serait l'indication fournie par le 333ᵉ fragment du Vatican : « *absentis procuratorem satisdare debere de rato
habendo, recte reponsum est: multis enim casibus, ignorantibus nobis, mandatum solvi potest, vel morte, vel
revocato mandato. Cum autem certum est mandatum
perseverare, id est cum præsens est dominus, satisdationis necessitas cessat.*» De plus, ce système expliquerait,
mieux que tout autre, quel serait le privilège créé en
faveur de certaines personnes favorisées, qui, par exception à la règle, n'ont pas à prouver qu'elles ont reçu
mandat d'agir. La teneur de l'exception *procuratoria*,
insérée dans la formule, serait donc : « si le mandat n'est
pas nul, ou bien si le mandat n'est pas repris, juge,
condamne. »

La grande majorité des auteurs n'a pas reconnu à

____

(1) *System der ordentlichen Civil process*, p. 137 et suiv.

ces arguments une autorité décisive. En effet, on fait remarquer que l'exception *procuratoria*, fondée sur l'absence de mandat, est bien antérieure au 333ᵉ fragment du Vatican dont Papinien est l'auteur : elle est mentionnée dans des textes de Julien (L. 23, D. 46, 8), d'Africain (L. 78, § 1, 3, 3), de Pomponius (L. 62, D. 3, 3), de Gaius (L. 48, D. 3, 3) : il n'y a donc pas lieu d'établir de relation entre le but de l'exception et l'innovation formulée par le Fragm. Vat. 333.

L'exception *procuratoria* existait donc déjà, à l'époque où on exonéra de la caution le *procurator præsentis*, parce qu'on pouvait vérifier sa qualité, mais, seule et sans la caution, elle n'aurait pu suffire à préserver l'adversaire contre l'inexistence du mandat.

D'ailleurs, en dehors du système de Wetzel, on peut très bien expliquer quel avantage le préteur procura à certaines personnes, en les admettant à plaider au nom d'un tiers, sans exiger d'elles, préalablement, la preuve d'un mandat donné par le maître. En effet, alors même que, par la création de l'exception *procuratoria*, les représentants durent, en général, prouver le mandat, on peut penser que les personnes auxquelles nous faisons allusion furent exemptées de cette charge. C'est d'ailleurs ce qu'on peut déduire de la loi 12, C. 2, 13 (231 ap. J.-C.), « *Exigendi a filio tuo mandati, qui se defensioni tuæ offerebat, duplici ratione necessitas non fuit: aut, quod defenderé quis, sive libertus, sive extraneus sit, sine mandato potest, satisdatione tamen pro defensione præstita et alia proculdubio observatione subjecta: aut, quod filius, etiamsi ultro actionem patris nomine dirigat, mandatum probare non cogitur, etc....* » Si le privilège, accordé au fils de famille, consiste dans ce fait qu'il n'est pas tenu de prouver le mandat, on peut dire avec certitude que les autres *procuratores* sont, sur ce point, placés dans une situation inverse.

Il paraît donc démontré que c'est le *procurator* lui-même qui doit établir sa qualité devant le juge. Toutefois, on peut s'étonner que le nom d'exception soit donné au moyen de défense par lequel le défendeur exige que le demandeur établisse sa qualité. Voici, croyons-nous, l'explication qu'on peut en donner : il est possible, qu'à l'origine, la formule délivrée ait été conçue en ces termes : « juge, s'il apparaît que la prétention du demandeur soit vraie, excepté s'il n'y a pas eu mandat, condamne ».

Il y aurait eu là une véritable exception à l'ordre de condamnation, à laquelle le demandeur aurait répliqué, qu'en telle circonstance, il avait reçu un mandat, l'habilitant à agir (1).

Peu à peu, l'exception et la réplique se seraient confondues, au point que la formule précédente aurait pu être remplacée par celle-ci : « juge, s'il apparaît que la prétention du demandeur soit vraie et s'il y a eu mandat, condamne. »

En présence de cette rédaction, on peut dire qu'une condition fut ajoutée à celle qui constitue l'*intentio*, et, que le demandeur dut en faire la preuve, comme celle de l'*intentio* elle-même.

---

(1) Arg. L. 48, D. 3, 3 : *Itaque, si hoc specialiter mandatum est, tunc excipienti eo, cum quo agitur : Si mihi non mandatum sit, ut a debitoribus peterem ; actorem ita replicare debere : aut, si mihi mandatum est ut a te peterem.*

La caution *de rato* n'est pas la seule promesse qui puisse être exigée du *procurator*. Il doit, dans certains cas, s'engager à défendre celui au nom duquel il demande à agir. L'origine de cette condition paraît remonter à l'époque où le préteur admit un tiers à exercer les actions d'un absent. Celui qui se présentait pour l'absent, et demandait à agir en son nom, appuyait vraisemblablement sa demande sur cette affirmation qu'il avait reçu un mandat général de l'absent. Pour que, dans la suite, il ne pût se soustraire aux obligations du mandat dont il se prévalait, le préteur l'obligea à promettre de défendre l'absent dans les demandes reconventionnelles qui pourraient être intentées contre ce dernier. (L. 33, § 3, D. 3, 3).

Cette promesse fut rigoureusement exigée de tous les *procuratores*, des personnes qui pouvaient représenter un de leurs parents sans avoir reçu de lui un mandat formel (1), et même du *procurator* constitué *apud acta* (2). En inscrivant cette règle dans l'édit, le préteur n'avait donc pas fait ce raisonnement, que celui, qui avait véritablement reçu mandat du maître, serait le seul qui consentirait à prendre l'engagement prescrit : en un mot, il n'avait pas entendu mettre à l'épreuve la sincérité de celui qui se présentait comme mandataire d'un tiers; mais il avait voulu pourvoir à la protection des intérêts du mandant, dans le cas où celui-ci serait actionné en son absence, et il lui avait paru juste d'imposer leur

(1) L. 85, D. 3,.3.
(2) Arg. : L. 1, C., de Satisdando.

défense à celui, qui, en se présentant pour exercer une action au nom de l'absent, et en se faisant fort d'être ratifié par lui, paraît être investi de sa confiance (1).

La volonté du préteur se présente comme munie d'une sanction efficace, car l'action doit être refusée à celui qui ne consentirait pas à fournir la promesse exigée (L. 43, § 4, D. 3, 3).

Défendre, c'est faire, de bonne foi (L. 77, D. 3, 3), ce que le maître lui-même ferait (L. 35, § 3, D. 3, 3), s'il était poursuivi par une action quelconque (L. 35, § 2 et 39. D. 3, 3), même par une de celles qui ne sont pas données contre les héritiers de la personne qui en est tenue (L. 37. D. 3. 3).

Toutefois, le *procurator* ne paraît pas tenu de défendre le *dominus* dans le cas où il lui faudrait, pour cela, sortir de la province dans laquelle il se trouve (L. 33, § 2, D. 3, 3) (2).

(1) L. 33, § 4, D. 3, 3.; Frag. Vat. 330.
(2) Sur la matière de cet appendice, V. Pothier, *Pandectæ Justinianæ*, Liv. III, T. III.

TROISIÈME PARTIE.

PROCÉDURE EXTRAORDINAIRE.

Pour achever notre travail, il nous reste à exposer quelles modifications subirent les règles en vigueur, lorsqu'une constitution (1) de Dioclétien et Maximin supprima le système de procédure formulaire, et le remplaça par le système usité dans les *cognitiones extra ordinem*. Sans entrer dans des détails sur les caractères de cette nouvelle procédure, on peut dire que ce qui la distinguait de l'ancienne, était l'obligation faite, en principe, aux présidents de provinces ou aux *judices pedanei*, de retenir par devers eux les affaires qui leur seraient présentées, et de les juger sans les renvoyer à aucun autre juge.

Nous devons étudier spécialement les points de savoir quelles preuves les représentants durent fournir du mandat dont ils se prévalaient pour paraître au procès ; à quel moment de l'instance cette preuve leur fut demandée ; et quelles étaient les conséquences du procès dans le cas ou elle n'était point faite.

Rappelons, préalablement, qu'à la fin de la procédure formulaire, certains *procuratores* sont, relativement à la preuve du mandat, traités comme des *cognitores* ; les

(1) Promulguée en 294 pour l'Empire d'Orient et en 305 pour l'Empire d'Occident.

autres *procuratores* sont soumis à l'exception *procura-toria* et doivent prouver leur qualité *in judicio*. C'était là une condition ajoutée à celle, qui leur était imposée, d'établir l'exactitude des propositions contenues dans l'*intentio*.

Le changement des règles générales de procédure eut une influence inévitable sur l'exception *procuratoria*, puisque, d'une manière générale, l'exposé complet du fond de l'affaire et de l'exception dut être fait devant le magistrat.

Les textes, qui nous sont parvenus sur la législation de cette époque, ont donné lieu à des commentaires nombreux, qui diffèrent sous plus d'un rapport. Tous, cependant, mettent en évidence que, dès le début du procès, on attacha une importance toute nouvelle à la vérification des pouvoirs du représentant : et il n'y a rien là qui puisse nous causer un très vif étonnement : car, du moment que la preuve du mandat n'était plus classée parmi les opérations qui devaient avoir lieu postérieurement à la constitution du procès, c'est-à-dire *in judicio*, elle devenait évidemment le premier point sur lequel devait porter l'examen de l'adversaire et du juge.

Néanmoins, les textes et leurs commentateurs ne sont absolument d'accord, ni sur la nécessité de cet examen primordial, ni sur ses conséquences. Le document principal, dont il y a lieu de déterminer exactement le sens, est la loi 3 C. Théod. *de Cogn.* et *Proc.* (424 après J.-C.). Elle est ainsi conçue : « *In principio quœs-tionis persona debet inquiriri* et utrum (1) *ad agendum*

______

(1) Ainsi que le fait remarquer Eisele, ces mots « *et utrum* » ne prou-

*negotium mandato utatur accepto. Quibus rite et so-
lenniter constitutis, potest esse sententia : præteritis
autem his, nec dici controversiæ solent, nec potest esse
judicium.* »

Eisele a étudié, d'une manière très approfondie, cette
constitution et les diverses interprétations qu'en ont
données les jurisconsultes postérieurs. Après lui, notre
rôle se bornera, presque, à exposer les conclusions qu'il
a adoptées, car son travail est trop consciencieux et trop
savant pour qu'on y puisse ajouter quelque chose d'es-
sentiel. A cette époque, contrairement à la législation
préexistante, il n'aurait plus suffi pour la légitimation
du demandeur que celui-ci prouvât qu'il a reçu mandat ;
on lui imposa de prouver le maintien du mandat, et ce
fait fut présumé résulter de la transcription du mandat
sur les actes publics. On trouve, en faveur de cette opinion, des arguments dans une lettre de Symmaque (1),
dans la *Consultatio veteris Icti*, et dans les Institutes
de Justinien.

vent-ils pas qu'il devait y avoir, dans le texte primitif, une autre
alternative exprimée dans la loi 3, peut-être un membre de phrase que
nous ne possédons pas ?

(1) Symmaque, ep. 39, § 3 (V. Bethmann Hollweg, *Civil process.*, t. III,
supplément) : « *Tunc defensionis partis adversæ negavit stare personam
cujus procurationem superioris gesta judicii non tenerent. Contra, neque
exactam mandati recitationem et inter partes tribulum procuratori bene-
ficium reparationis aiebant. Huic parti, longius quam oportuit, immorata
conventio est. Sed quia prior cognitor, ut justo, defensori restitueral tem-
porum cursum, qui per actores non poterat impetrari et procuratio legebatur allegata judicio, hæc quoque prescriptio conquievit.* » Ce texte
fait allusion à 3 formalités : 1° l'original ou la copie du mandat doit être
inséré au dossier (*quod mandatum neque gestis allegatum fuerit, aut gestis epistola mandati non legitur allegata*) ; 2° la constatation ne doit pas
être renvoyée au *judicium* (*negavit stare personam cujus procurationem
superioris gesta judicii non tenerent*) ; 3° le jugement lui-même doit faire
mention de la formalité (*Et procuratio legebatur allegata judicio*). Symmaque vivait de 340 à 416 après J.-C.

La loi 3 C. Théod. contient donc un principe général qui ne s'applique pas seulement aux *procuratores*, mais à tous les représentants du demandeur. Tous durent faire leur légitimation au début du procès. Le plaideur présent dut venir en justice confirmer le mandat qu'il avait donné à son *procurator*.

En conséquence, la constitution d'un *cognitor*, accomplie par paroles solennelles adressées à l'adversaire, tendit à devenir inutile et moins usitée, car, il était plus simple, soit de faire transcrire soi-même sur les actes publics le mandat qu'on donnait à son représentant, soit de remettre à celui-ci un écrit, qui constatait ce mandat, et que le représentant lui-même faisait insinuer. Ainsi s'expliquerait ce fait, que le *cognitor* a presque disparu dans les textes postérieurs.

En résumé, si la loi 3 C. Théod. était le seul document qui nous fût parvenu de tous ceux qui décrivaient la législation de cette époque, on pourrait dire que, dès le début du procès, le *procurator* dut prouver son mandat, et que, si cette condition n'était pas remplie, la procédure ne pouvait être poursuivie : et en effet, à la différence de ce qui avait lieu au temps de l'*exceptio procuratoria*, les mots « *persona debet inquiriri* » paraissent indiquer que ce ne fut plus seulement l'adversaire qui dut réclamer la preuve du mandat, mais que le juge, lui-même, dut prendre l'initiative d'examiner la qualité du représentant.

Par suite, étant donné que la preuve du mandat devait résulter de la présentation d'actes authentiques et que la procédure ne devait pas être continuée si cette exhibition n'était point faite, on pourrait en conclure que la caution *rem ratam* aurait dû disparaître.

Au contraire, d'autres textes de la même époque ou postérieurs montrent, qu'en fait, l'état de la législation n'était pas celui qu'on aurait pu prévoir d'après la loi 3 C. Théod., que l'usage de la caution se maintint, et que la procédure suivie put, dans certains cas, être déclarée nulle, ce qui n'avait jamais lieu au temps de la procédure formulaire.

C'est ce qui résulte de quelques paragraphes de la *Consultatio veteris Icti* (1), et d'un commentaire de la loi 24, C. 2, 13.

Les passages de la *Consultatio*, que nous allons reproduire, font allusion aux motifs pour lesquels un procès, dans lequel un représentant a figuré, doit être annulé en raison de l'inaccomplissement des formalités nécessaires :

« *Tertio loco vel capite, interrogandum me specialius censuisti, utrum contra judicium iri possit, quod adversus maritum in causa mulieris prius datum est eo quod mandato usus fuerit uxoris suæ, et in causa ipsa victus abscesserit, et contra eum judicium prolatum fuerit. Addisti etiam quod mandatum neque gestis fuerit allegatum, nec satisdatorem dedisset ille ipse procurator ab uxore factus, et sic causam dixisset. Quod si verum est, illud judicium dici non potest : sed nec judices sine verecundia et turpitudine erunt, qui personam in ipso litis initio non inquisierunt, sicut est legum, nec fecerunt ut satisdatorem daret procu-*

____

(1) V. Bæckingius, *Corpus juris romani antejustiniani*, fasciculus I, p. 895.

*rator, quod et consuetudinis est, et legaliter observatur :
ac præterea, si hoc factum non est, nullam personam
habuit litigandi, sed nec illi poterunt in causa proferre
judicium ubi fuit ludificatoria, inanis et nulla persona.
Quid potest esse miserius, quid abjectius, quid legibus
sic contrarium ut ingrediatur audientiam, sedentibus
judicibus, ille qui nullam habet in se firmitatem et,
citra legum solemnia, vanas actiones intendat. Respice
leges subter adjectas, intelliges quod qui mandato uti-
tur, satisdatorem dare debet. Sed in illo mandato hoc
futurum est, ubi, aut verbo mandatur, aut gestis epistola mandati non legitur allegata. Ergo testimonium
legum sicut jam dictum est sequentium diligiter
attendite. Sic agnoscetis stare non posse ubi ad agendum solemnis persona, id est solemniter ordinata,
ingressa non fuerit. »* Il cite : *Sentences* de Paul,
liv. I, tit. III, §§ 3, 4, 5, 6 et le Frag. Vat. 336, où
il est dit que le représentant doit fournir les cautions
rem ratam et *judicatum solvi.* Puis il poursuit :
*« Quid apertius quam quod leges supra declarant,
quod nulla actio per procuratorem sine satisdatione
intendi potest et proponi. Ergo, si actio non datur
illi procuratori, qui satis non dederit, quomodo poterit
dici aut nominari judicium, ubi satisdationis vestigium
nullatenus invenitur ? Quid testificantur principes per
constitutiones innumeras, nisi nulla esse debere judicia
ubi procurator satisdationem non dederit. Attentus
audi quid loquitur lex subter adjecta : tunc intelliges
cadere judicia, quæ sine procuratoris satisdatione
fuerint omnino prolata ».* Il cite 1° la loi 2 C. Théod. *de
cogn.* et *proc.* (364 ap. J.-C.) où il est dit qu'on peut agir

pour les absents à condition de fournir la caution *rem ratam* ou la caution *judicatum solvi*, suivant les cas ; 2° la 3, C. T. (382).

On aperçoit nettement que la pratique (*consuetudinis est*) avait maintenu la caution *rem ratam*, bien que, d'après la loi (*legum est*), le juge dut, dès le début du procès, vérifier si celui qui se présentait comme représentant était apte à plaider.

De plus, Thalélaüs, contemporain de Justinien, indique une autre raison d'être de la caution, même en présence de la loi de Gratien : elle serait, pour le défendeur, une garantie du dommage que lui cause une absolution non valable. « *Quæstio, anne cautio de rato post hanc constitutionem superflua est ? Vel enim procurator mandatum habet et rem in judicium deducit, eamque consumit, nec amplius reveremur dominum, lite semel consumpta ; vel non habens mandatum, falsus est procurator neque tunc valet judicium et sententia, neque quidquam mihi nocet, quia irrita est sententia adversus me lata, prorsus non valeat, tamen falsus procurator me manifeste lœdit obnoxium me reddens solvendis litis sumptibus, quamvis irrita sit sententia pro eo data. Itaque... necessaria est dicta satisdatio... sed etiam aliam ob rationem. Sæpe enim accidit ut qui, falso, procurator conventus est, in lite superior fiat, et mea postquam victor evasi intersit, ne porro eadem lite vexer. Nunc autem convenior petoque, id quod interest. Utique enim mea interest verum fuisse procuratorem, et sic valere sententiam pro me latam* » (1).

---

(1) Scholie de la loi *licet* (Basil. Loi 98, Liv. 86. 2), Heimbach, t. I, p. 415.

La loi 3 C. Th., la *Consultatio*, enfin Thalélaüs exposent donc, sous des aspects différents, l'état de la législation après l'an 424 (ap. J. C.).

D'après la loi, le procès est nul si la qualité du représentant n'est pas solennellement vérifiée.

D'après la *Consultatio*, la loi veut que, par une procédure préparatoire on vérifie si le mandat existe, ou, ce qui revient au même, si le mandat a été insinué : si cette preuve n'est point faite, le représentant ne peut plaider qu'à la condition de fournir caution.

Enfin, d'après Thalélaüs, le procès est valable toutes les fois que le représentant, qui a plaidé, avait mandat à cet effet, alors même, qu'en fait, il n'aurait pas donné caution ; l'examen solennel de la question de savoir s'il a mandat, a donc pour effet de supprimer la nécessité de la caution. C'est dans ce sens que se prononcent aussi les Institutes, L. IV, t. 11, § 3.

Il est facile de voir que ces trois propositions diffèrent notablement entre elles. Eisele pense, cependant, que l'interprétation donnée par la *Consultatio* ne doit pas être rejetée, mais qu'elle a voulu seulement mettre la loi 3 à l'unisson de ce que la pratique exigeait, car, cette constitution, appliquée strictement, aurait eu des conséquences que son auteur, lui-même, n'avait peut-être pas prévues.

De ce fait que la caution existe même après la loi 3 C. Théod., Eisele conclut qu'elle dut servir à valider le procès conduit par un *negotiorum gestor*. A la fin de la procédure formulaire, il est certain qu'elle avait cette utilité : la *rati habitatio* équivalait au mandat : L. 56, D. 5, 1 (Ulpien). « *Licet verum procuratorem in judicio rem deducere verissimum est, tamen et si quis cum*

*procurator non esset, litem sit contestatus, deinde ra-
tum dominus habuerit, res videtur retro in judicium
recte deducta* ».

La loi 3, C. Théod. aurait donc eu une portée singulièrement restrictive, si on devait considérer comme
absolue la nullité qu'elle pose, et si on n'avait plus permis au *negotiorum gestor* de plaider à condition de
donner caution.

Eisele ne pense pas qu'en pratique il en ait jamais
été ainsi.

D'ailleurs, à un autre point de vue encore, le texte de
la loi 3 et la pratique ne sont pas en harmonie. En effet,
d'après la loi et la *Consultatio*, l'interrogation du représentant sur son mandat paraît constituer pour le juge
un véritable *officium*, dont l'inaccomplissement empêche la continuation des débats et vicie la procédure ;
au contraire, d'après Symmaque (*ep.* 39, § 3) et Thalélaüs (1) nous voyons, qu'en fait, lorsque le défendeur
n'élève aucun doute contre la qualité du *procurator*, la
procédure peut se poursuivre, quand même le *procurator*
n'a pas de mandat.

En présence de ces faits, la loi 3 aurait eu pour objet
d'insister sur l'idée contraire, à savoir que le procès est
nul lorsqu'un faux *procurator* a comparu, alors même
que le défendeur n'a pas fait faire la lumière sur la qualité du *procurator*.

Tel serait le sens de la loi 3, C. Théod. et aussi celui
de la loi 24, C. J. 2, 13 : « *Licet in principio quœstionis*

____

(1) *L. c.* « *Immo si, per totum litis decursum, nulla hoc nomine exceptione
contra ipsum allegata usque ad sententiam, falso isti procuratori jus dici
toleratum fuerit.* »

*persona debeat inquiriri procuratoris an ad agen-
dum negotium mandatum a domino litis habeat : si
tamen falsus procurator inveniatur, nec dici contro-
versiœ solent, nec potest esse judicium* » (363 ap. J.-C.) (1).

Ayant ainsi déterminé l'utilité et la portée de la loi
3, C. Théod. et de la loi 24, C. J., Eisele cherche à expliquer la forme de cette dernière constitution. Elle est
singulière, car les deux membres de phrase qui la par
tagent ne sont pas en harmonie avec le mot : *licet.*

Pour justifier cette incorrection, Eisele propose l'explication suivante : Les compilateurs du Code auraient
eu devant eux, non seulement la loi 3, mais une autre
loi postérieure, qui disposait que, en dehors de telle ou
telle circonstance (2) (par exemple, en dehors du cas
où une caution aurait été fournie), la procédure ne vau-
drait rien, si un *falsus procurator* avait plaidé : les compilateurs auraient mélangé les deux lois : de celle dont
on suppose l'existence proviendrait le mot *licet* et le
membre de phrase : *si tamen*, etc..., le reste aurait été
emprunté à la loi 3.

Ce qui donne au raisonnement d'Eisele une grande
présomption de vérité, c'est la forme de la loi 24 dans les
Basiliques. Thalélaüs la reproduit d'une manière différente de celle sous laquelle elle apparaît au Code, et la
donne ainsi : « *Licet ante litem contestatam de procu-*

_____

(1) Bethmann Hollweg, *Versuche*, p. 227, paraissait assez embarrassé,
d'expliquer cette loi d'une manière plausible : il émettait l'opinion qu'elle
avait probablement interdit l'admission d'un *negotiorum gestor* au lieu
et place du demandeur.

(2) Eisele admet cette hypothèse, en raison de la première scholie de
Thalélaüs pour notre loi : « *Is falsus procurator, licet in initio litis de mandato exhibendo non compellatus sit, postea tamen recle cogitur mandatum
exhibere, etc... »*

ratoris persona inquisitum non sit : si tamen falsus procurator inveniatur, et irritum, et nullum sit judicium. »

Dès lors, ainsi que le fait remarquer Eisele, si l'absence d'inquisition sur la qualité du *procurator* résultait de ce que le défendeur n'avait soulevé aucune exception sur ce point, il se pourrait que notre loi eût voulu simplement décider, comme les *Basiliques* semblent le démontrer, que, lorsqu'un faux *procurator* a comparu, le procès est nul, alors même que le défendeur n'aurait pas fait faire la lumière sur l'existence du mandat.

En résumé, que ressort-il de tous les documents qui nous sont parvenus sur la législation de cette époque ? Quelles conclusions générales doit-on en tirer ? Nous croyons qu'elles peuvent être ramenées à celles-ci : en vertu des nouvelles règles de procédure, l'exception *procuratoria* devant être soulevée au début du procès, c'est à ce moment que doit être faite la preuve du mandat, ou que le demandeur doit fournir caution, s'il est simple *negotiorum gestor*. Si, néanmoins, le défendeur ne met pas en question la qualité du demandeur, puis vient à s'apercevoir que son adversaire n'avait pas de mandat, la procédure peut être déclarée nulle.

A ce point de vue, la législation avait donc subi une modification remarquable, car, sous la procédure formulaire, les effets de la *litis contestatio* étaient si énergiques, que les liens de droits qu'elle établissait entre les deux plaideurs ne pouvaient être rompus, alors même que les faits auraient démontré que le représentant n'avait pas de mandat.

D'ailleurs, les effets de la *litis contestatio* tendent à

disparaître. Sous la procédure extraordinaire ce fut un autre fait, l'*impetratio actionis*, qui investit les plaideurs du *dominium litis* et de ses conséquences. Du jour où une constitution impériale (L. 2. C. 2, 58, an 428) eût supprimé l'*impetratio actionis*, le *dominium litis* dut aussi disparaître ; et alors, il y a lieu de se demander si, à cette époque, les effets des actes accomplis par le représentant ne se produisirent pas immédiatement en la personne représentée. Il en fut probablement ainsi, car on ne voit plus en vertu de quel principe, ou en vertu de quel acte, la condamnation aurait été prononcée au profit du représentant, ou à son détriment. On peut donc dire que, dans le dernier état du Droit romain, il y eut possibilité pour un plaideur de se substituer dans un procès une tierce personne, dont le rôle était de figurer dans les débats judiciaires, sans que son intervention eût pour conséquence de détourner de la personne du représenté les effets normaux de la décision judiciaire.

APPENDICE

En dehors des conditions de forme que nous avons
décrites, il faut, pour que la constitution des *cognitores* et des *procuratores* soit valable, que certaines conditions de capacité se trouvent réunies, soit dans la
personne de celui qui sera représenté, soit dans celle
qui jouera le rôle de représentant. Nous indiquerons
brièvement, quelles personnes ont la capacité juridique
de donner ou de recevoir mandat *ad litem* (1).

QUI PEUT CONSTITUER UN COGNITOR OU UN PROCURATOR.

§ 1. **Esclaves.** — Il est évident que les esclaves ne
pouvaient se faire représenter en justice, alors qu'ils
ne pouvaient agir pour leur propre compte. « *Cum servo
nulla actio est* » nous dit Gaius (L. 106, D. 50, 17). Toutefois, nous noterons une particularité qui est la conséquence des principes appliqués dans les procès relatifs à la liberté. Nous savons que lorsqu'un *assertor* se
présentait et revendiquait l'esclave comme homme libre,
l'effet immédiat de la *causa liberalis* était de faire jouir
de la liberté, pendant la durée du litige, celui dont l'état
était l'objet d'une contestation (L. 25, § 2, D. 40, 12). La

(1) Sur ce point, V. la compilation de Pothier : *Pandectæ Justinianæ*
L. III, T. III.

fiction était si forte qu'il pouvait, pendant cette période, actionner son maître et être actionné par lui (L. 24, pr. et § 1, D. 40, 12), et même actionner des tiers (L. 24, § 4, D. 40, 12) ; d'après le témoignage d'Ulpien, il peut constituer un mandataire pour diriger ces procès comme il le ferait lui-même. (L. 33, § 1, D. 3, 3).

§ 2. **Fils de famille.** — A l'origine, aucune action ne put naître dans la personne des fils de famille, puisqu'ils n'ont pas de patrimoine. Celles-là même qui ont pris naissance en leur personne appartiennent au *pater-familias*. Cependant, une exception fut faite à ce principe par la constitution du pécule *castrense*, pour l'administration duquel le fils de famille put intenter, même contre le gré du père de famille, une action quelconque comme s'il eût été *sui juris*. (L. 4, § 1, D. 49, 17). De plus quand le père est absent ou fou, le fils, victime d'une injure, eut la faculté d'exercer lui-même ou par *procurator*, l'action qui en résultait, à la condition, toutefois, que le *procurator* du père ne voulut pas agir. Au temps de Paul et d'Ulpien, le fils n'avait encore que quelques actions, que ces auteurs nous citent (Lois 9 et 13, D. 44, 7) ; mais, pour celles-là, il lui était permis de se substituer un *procurator* (L. 8, D. 3, 3).

§ 3. **Fille de Famille.** Elle put constituer un *procurator*, soit seule, s'il s'agit d'une action d'injures, soit avec le consentement du père, s'il s'agit de réclamer sa dot, à moins, toutefois, que celui-ci ne fut absent ou dissolu (L. 8, D. 3, 3).

§ 4. **Femmes.** — Les femmes pouvaient constituer un *procurator*, sans recourir pour cela à *l'auctoritas tutoris* (Frag. Vat. 325 et 327).

§ 5. **Mineur.** — Le mineur devait, pour constituer valablement un *procurator*, être habilité par son tuteur ou obtenir le consentement de son curateur. Ceux-ci ne trouvaient pas, dans les pouvoirs que leur conférait la tutelle ou la curatelle, la capacité de constituer un *procurator* (L. 11, C. 2, 13).

§ 6. **Infâmes.** — Enfin l'édit du préteur L. 1, § 6, D. 3, 1, déclarait incapables de se faire représenter dans un procès tous ceux qui avaient encouru la peine de l'infamie. Cette incapacité fut supprimée par Justinien (Inst. L. IV, T. XIII, § 11).

QUI PEUT ÊTRE CONSTITUÉ COGNITOR OU PROCURATOR.

§ 1. — On doit répondre en excluant, d'abord, celui qui n'est pas capable de plaider pour son propre compte, notamment celui qui n'a pas atteint l'âge de dix-sept ans, ou qui est sourd et muet (L. 2, D. 50, 17, L. 1. § 2, D. 3, 1).

§ 2. — Mais, entre les personnes qui peuvent plaider pour elles-mêmes, nous devons encore faire des distinctions. Les aveugles peuvent exercer leurs actions, mais non celles d'autrui, pour ce motif étrange qu'il leur est impossible de voir et d'honorer du regard les insignes du magistrat (L. 1, § 5. D. 3, 1).

§ 3. **Femmes.** — Elles ne pouvaient, en règle générale, plaider au nom d'un tiers, parce qu'ainsi elles eussent rempli un office réservé aux hommes (L. 1, § 5, D. 3, 1). L'édit dut les empêcher de sortir de la réserve que leur sexe leur commande de garder, car une certaine Carfania

avait importuné les magistrats de ses demandes irrespec=
tueuses. Toutefois, cette interdiction comportait certaines
exceptions. C'est ainsi que les femmes pouvaient représenter dans le *liberale judicium* l'individu dont elles
étaient la mère, la fille, les sœurs, les *cognates,* ou l'é-
pouse, et, en outre, à la condition que personne ne se
présentât pour défendre celui dont la liberté était l'objet
du litige (L. 3, § 2, D. 40, 12). Enfin le magistrat pouvait,
à la suite d'une *causæ cognitio*, leur donner le droit d'a-
gir en justice au nom de leurs parents, qui en étaient
empêchés par la maladie ou par l'âge, et qui, en fait, n'a-
vaient pu trouver d'autres représentants (L. 41. D. 3, 3).

§ 4. **Militaires.** — A l'inverse, les liens de parenté ne
relevaient pas les militaires de l'interdiction qui leur
était faite de se charger d'un mandat *ad litem* (L. 54,
D. 3, 3) ; et nous savons que cette prohibition était fondée sur l'intérêt public (L. 7, C. 2, 13). Il est en effet
nécessaire que les militaires puissent se rendre immédiatement là où les appelle un danger public, sans qu'ils
aient, pour cela, à abandonner le soin d'affaires importantes, auxquelles leur absence serait préjudiciable. En
raison de cette considération, il est naturel que les vé-
térans, qui sont libérés du service militaire, soient affranchis de l'incapacité qu'il entraîne (L. 8, § 2, D. 3, 3).
Toutefois, dans un procès, l'admission d'un militaire au
nom d'un des plaideurs n'est pas une telle infraction à
l'ordre public que la procédure doive être annulée ; en
conséquence, si l'adversaire n'a pas récusé le *procurator*
militaire avant le *litis contestatio* et n'a pas fait insérer
d'exception *cognitoria* ou *procuratoria* dans la formule,
l'instance n'en demeure pas moins valablement engagée,

et le *procurator* doit conserver le rôle qu'il a pris au début de l'affaire (L. 13, C. 2, 13). Cependant un militaire pouvait défendre en justice la liberté de ses proches parents (L. 3, § 1, D. 40, 12).

§ 5. **Infâmes**. — L'édit les divisait en deux catégories : dans la première sont placés ceux que le préteur qualifie de « *turpitudine notabiles* » et qu'Ulpien nous énumère, (L. 1, § 6, D. 3, 1). Ils ne peuvent plaider pour autrui, si ce n'est pour ceux dont ils ont la tutelle ou la curatelle : ceux qui ne sont pas placés dans cette catégorie peuvent plaider pour quelques parents désignés dans l'édit, ou dans d'autres sources du droit, comme les sénatus-consultes. Ulpien nous en donne la liste dans deux passages qui montrent que le préteur se départit peu à peu de sa rigueur (L. 1, § 8, 11, D. 3, 1). Les infâmes furent cependant capables de jouer en faveur de toute personne le rôle d'*assertor libertatis*, quoique le magistrat eut, à leur égard, un pouvoir discrétionnaire, et put toujours refuser le droit de plaider à l'infâme dont l'intervention lui parut suspecte (1). On comprend facilement le motif de cette sévérité : le préteur voulut maintenir la dignité de son tribunal en excluant des procès des mandataires sans moralité (L. 1, pr. D. 3, 1). A l'égard de ces personnes la prohibition fût d'ordre public, et la nullité, qui résultait de leur admission, ne put être couverte par le consentement de la partie adverse. (L. 7. D. 3, 1, *Sentences* de Paul, L. 1, tit. 2, § 1). Cette incapacité fut supprimée par Justinien (Inst., L. IV, T. XIII, § 11).

───────

(1) Frag. Vat. 324.

TABLE DES MATIÈRES

DROIT FRANÇAIS

DES

AUTORISATIONS DE PLAIDER

NÉCESSAIRES

AUX COMMUNES ET AUX ÉTABLISSEMENTS PUBLICS

INTRODUCTION HISTORIQUE

Les législateurs de notre siècle n'ont pas créé de toutes pièces les textes des lois modernes qui soumettent, à l'approbation d'une autorité supérieure, les délibérations des corps municipaux relatives à la gestion du patrimoine communal. Ils ont trouvé le principe de ces dispositions dans des actes gouvernementaux qui datent de la fin du XVIIe siècle. Ils les ont seulement modifiées ou étendues. Quel est le caractère des règles qu'ils ont ainsi maintenues ? Quelle sanction s'attache à leur inobservation ? C'est une question que nous aurons fréquemment à nous poser au cours de ce travail, et sur laquelle les auteurs et les tribunaux ont émis des opinions très diverses. Avant de rechercher quelle est celle d'entre elles qui, à notre époque, doit être considérée comme préférable, il nous paraît utile de retracer brièvement dans quel esprit ont été conçus les anciens édits, et de déterminer en quels points, et pour quels motifs, ils diffèrent, sous ce rapport, des lois municipales contemporaines.

Si l'on parcourt, à travers les six derniers siècles, l'histoire des communes de France, elles apparaissent à l'origine comme de petits États, qui se sont affranchis de l'autorité seigneuriale.

Sans vouloir faire ici l'exposé des causes du mouvement communal, ce qui nous entraînerait en dehors de notre sujet, nous rappellerons seulement que les circonstances, dans lesquelles se formèrent et se développèrent les libertés communales, furent très diverses. A titre d'exemple, nous en citerons quelques-unes : Dans le midi de la France, on doit faire une part importante au réveil des idées romaines : un grand nombre de villes, dans lesquelles les souvenirs des municipes romains n'étaient pas complètement oubliés, se rendirent assez facilement indépendantes. Plus au Nord, les chartes communales apparaissent, tantôt comme conquises par une de ces révoltes si fréquentes dans ces temps troublés qui furent ceux des croisades, tantôt comme acquises à prix d'or ou en échange d'un service rendu : ailleurs encore, les efforts des villes furent lents et peu fructueux ; elles durent se contenter de quelques exemptions, de quelques franchises qui se transformèrent et s'augmentèrent petit à petit; enfin, à mesure qu'on se rapproche de la Germanie, en Flandre notamment, on constate l'influence des anciennes associations barbares et des corporations de marchands et d'artisans, qui, au douzième siècle, avaient déjà réussi à obtenir des privilèges.

Cependant, les communes ne conservèrent pas longtemps les libertés qu'elles avaient désirées. Impuissantes à se défendre contre les ennemis du dehors, troublées par de fréquentes querelles intestines, elles furent bientôt contraintes de s'incliner devant une nouvelle autorité.

Lorsqu'après la guerre de Cent Ans la Royauté se trouva fortifiée par sa victoire, les villes durent supporter l'établissement d'un impôt permanent, destiné à entretenir en tous temps une armée qui pût s'opposer à un nouvel envahissement du territoire. Il est incontestable qu'elles perdirent par là, au profit de la monarchie, une partie de leur indépendance. Mais, dès lors, les progrès de la centralisation vont rapidement s'accentuer. Au XVIe siècle, les villes sont soumises aux dispositions d'ordonnances générales, qui assurent à l'autorité royale une part considérable dans le choix des officiers municipaux, réglementent l'administration des finances et de la justice, assurent la police et diminuent ainsi les pouvoirs dont les autorités locales avaient joui en vertu des chartes.

Mais on ne peut reprocher à la royauté d'avoir uniquement songé à affirmer sa puissance, en organisant ce qu'on appelle aujourd'hui les grands services publics. Lorsque l'influence des officiers royaux dans l'administration des villes lui fut un gage que son autorité serait respectée, elle s'attacha à la conservation des biens communaux et des jouissances locales, qui, en favorisant la population et l'agriculture, font la force réelle et la principale richesse des nations.

Dès le milieu du XVIe siècle, l'approbation des repré-

sentants du Roi devint nécessaire pour l'accomplissement de certains actes concernant des biens communaux (1). Au mois de février 1554, un édit soumit à l'ac-
cession des grands maîtres la validité des aliénations
entre les seigneurs et les habitants. En effet, un grand
nombre de seigneurs s'étaient fait délivrer le tiers des
terrains dont les communes jouissaient, sous prétexte
qu'ayant la plus forte part dans cette jouissance, concur-
remment avec les habitants, leur droit devait bien équivaloir à la propriété du tiers.

D'un autre côté, la royauté s'inspira aussi d'une jurisprudence déjà suivie au temps de Beaumanoir et de
Boutillier, et, d'après laquelle, les villes et communes,
lorsque certains contrats avaient tourné à leur désavan-

(1) Henrion de Pansey dans son ouvrage : *Biens communaux*, cite deux
textes qui prouvent, qu'à la fin du XIII⁰ et du XIV⁰ siècle, les biens des
communes étaient sous la garde des seigneurs, nᵉ pouvaient être aliénés
que pour des motifs sérieux, et, qu'après aliénation, ils pouvaient être
repris par les communes, lorsque l'intérêt de celles-ci le commandait.

— Beaumanoir, *Coutume de Beauvoisis*, chap. I (1270), pose les principes
suivants : « Aucune fois l'on secours les bonnes villes de quémunes en
aucun cas comme l'enfant sous âgé. Chacun sire, qui a sa bonne ville des-
sous li, ès quelle il a quémune, doit savoir l'état de la ville et comment
elle est démenée et gouvernée par leurs mayeurs et par cheux qui sont
établis pour la garder et pour la maimbournir.

« Si il advient qu'une ville doit plus qu'elle a vaillant, peuvent-ils avoir
déport par le seigneur souverain pour que la ville ne se depiesche et dé-
fasse de tout, et ne pourquant ce ils ont tant vaillant, et que ils puissent
tenir leur convenanche, lesquelles sont à tenir sans que la ville soit tant
dégatée, ils doivent être contraints à ce faire. »

— De même Boutillier, *Somme rurale*, chap. XLVII, parlant de l'ache-
teur d'un bien communal s'exprime ainsi : « Supposez que, à celui titre
d'achat, il eut acquis prescription de longtemps, si l'achat n'est trouvé
trop légitime et que ce ait été converti au très grand profit de la communauté, que si autres officiers viennent après et prouvent ce serait profit
pour la communauté ravoir leur chose, ravoir la doivent ; car commune
a toujours restitution, quiconque achète de commune bien se garde, si aura
la commune, s'il n'était confirmé du prince souverain et que ce ait été pour
leurs clairs et évidents profits. »

tage, étaient admises à user de voies de restitution analogues à celles que le Droit civil accorde aux mineurs.

A la fin du XVIe siècle, et pendant la première partie
du XVIIe siècle, pendant cette période si troublée par
les guerres de religion et par des dissensions intestines, des édits sont promulgués dans le but de faire rentrer les communes dans la propriété des biens dont elles
s'étaient dessaisies. Le législateur remarque qu'elles y
ont été contraintes par la force ou par la détresse finan-
cière ; il constate les désastres et entend remédier aux
conséquences funestes qu'ils ont entraînées.

C'est ainsi que les communes obtiennent de Henri IV
la faculté de reprendre les usages qu'elles ont été forcées d'aliéner pour payer les tailles et autres grosses
sommes levées sur elles pendant les guerres de religion.
Toutefois, elles sont obligées de rembourser, dans un
délai de quatre ans, le prix qui se trouverait payé lors
de la promulgation de l'édit (mars 1600, art. 37).

L'édit de 1659 est pris en faveur des communautés
de Champagne « qui ont été portées à vendre à des personnes puissantes comme seigneurs des lieux, juges,
magistrats municipaux, leurs biens, bois, usages communaux, ce qui ne leur était pas loisible de faire sans
permission du roi et de justice ». Il veut « qu'elles aient
le secours qui leur est dû comme étant mineures » et
les remet de plein droit dans les usages et biens aliénés, à charge de restituer le prix dont elles auront profité.

Le 10 mars 1662, Louis XIV nomma une commission
qui fut chargée de vérifier ces dettes, de recevoir les
oppositions sur les dettes déjà vérifiées, de régler les

budgets des dépenses des communes et de corriger les abus qui s'y seraient introduits. Les commissaires durent aussi connaître l'actif des communes, les procès qu'elles auraient à intenter ou à soutenir. Lorsqu'ils eurent terminé leur enquête, le roi déclara que leurs décisions auraient force d'arrêts de cours souveraines, et publia l'ordonnance d'octobre 1662 qui rendait son autorisation nécessaire pour toute dette nouvelle à contracter.

Les dispositions protectrices de l'édit de 1659 ramenèrent bientôt la prospérité au sein des communes qu'il concernait : en conséquence, Louis XIV prend le parti d'aider toutes les communes du royaume à reconstituer leur patrimoine. Il promulgue l'édit de 1667 qui leur rappelle l'incapacité où elles sont d'aliéner leurs biens, « sinon dans les cas singuliers et toujours à faculté de regrès », décide qu'elles rentreront dans les biens par elles vendus depuis 1620, en payant le prix principal des aliénations faites pour cause légitime, et qui aura tourné au bien et profit desdites communautés. Tous les habitants doivent contribuer, au prorata de leurs biens, à former les sommes nécessaires, et nul ne pourra jouir des biens sans avoir payé sa contribution.

De telles mesures, quelle que fut d'ailleurs l'utilité de leur objet, ne pouvaient cependant avoir que le caractère de dispositions exceptionnelles.

Le pouvoir royal se lasse de secourir ses bonnes villes par voie de restitution ou de rescision des contrats qu'elles ont passés inconsidérément; il comprend la nécessité de remédier autrement au mal qui l'a contraint de promulguer les édits que nous avons rapportés. Il

consent encore à retirer les communes de la détresse où
les ont plongées les ventes, les emprunts ou procès
qu'on a fait en leur nom ; mais il veut dorénavant prévenir le retour de pareils désastres. D'ailleurs, à cette
époque, leur patrimoine n'est plus seulement destiné à
entretenir la prospérité locale, il aide les habitants à
supporter les contributions qu'ils doivent payer pour
subvenir aux dépenses générales. Les actes qui le modifient ne peuvent donc plus laisser le pouvoir central
indifférent. Celui-ci est directement et personnellement
intéressé à ce que la fortune des communes demeure
prospère, de même que l'heureux développement des
racines d'un arbre est une condition essentielle de la
vigueur du tronc et des branches. La royauté, en vertu
de la puissance publique dont elle était investie, se considéra donc comme en droit et en devoir d'exiger que
tous les actes, qui pouvaient compromettre gravement
les intérêts communaux, ne pussent être accomplis en
dehors des hypothèses qu'elle détermina, et à l'encontre
de formalités qu'elle prescrivit. Déjà l'édit de 1659 exprimait la volonté « qu'à l'avenir les communautés ne pussent aliéner leurs usages, sinon en conséquence de la
permission des officiers royaux », peu après l'édit de
1667 va plus loin : il fait « défense aux habitants d'aliéner
leurs usages et communes sous quelque prétexte que ce
puisse être, et nonobstant toute permission qu'ils pourront obtenir ; à peine, contre les consuls, échevins, syndics, qui auront passé les contrats et assisté aux délibérations, de 3.000 livres d'amende (au profit) de laquelle ils seront solidairement contraints au profit des
hôpitaux des lieux, de nullité des contrats, et de perte

du prix contre les acquéreurs, qui sera pareillement délivré aux hôpitaux ». Le roi entend donc couper le mal
dans sa racine ; la défense qu'il fait est formelle et munie
de sanctions qui lui donnent le caractère d'une prohibition d'ordre public.

Les villes retrouvent leur prospérité ; la royauté se
déclare donc encouragée à poursuivre la voie dans laquelle elle est entrée et trace pour l'avenir les formalités
que les villes devront suivre dans l'accomplissement des
actes juridiques autres que les ventes. C'est ce qui résulte du préambule et du dispositif de l'édit d'avril 1683 :
« Quoique nous ayons la satisfaction de voir la plus
grande partie des généralités de notre royaume jouir du
bien que nous leur avons procuré par la liquidation et
l'acquittement de leurs dettes, nous voulons porter nos
soins plus avant et les empêcher de retomber dans le
désordre dont nous les avons tirées, en restreignant, par
un bon règlement, la liberté trop grande que les villes
ont eue de s'endetter par le passé. En conséquence, les
grosses villes telles que Amiens, Soissons, etc... ne
pourront vendre ou aliéner les biens communaux, ni em-
prunter, qu'en cas de peste ou de logement des troupes (1). »

En ce cas, l'édit veut que les habitants soient assem-
blés de la manière accoutumée ; que la proposition soit

____

(1) Il est fait défense aux communautés qui ne sont ni villes ni gros
bourgs de faire aucun emprunt, vente et aliénation sous quelque prétexte
que ce puisse être. (La peste et le logement des troupes y étaient-ils incon-
nus ?)

L'édit déclare toutes les obligations, contrats, transactions et autres actes
concernant les dits emprunts nuls et de nul effet, faisant défense aux parties de s'en aider, à tous les juges d'y avoir égard et aux officiers de justice de les mettre à exécution.

faite par les maires et échevins ; que l'acte d'emprunt passe à la pluralité des voix. L'acte doit être signé par la plus grande et la plus saine partie des habitants..... » L'inaliénabilité est donc la règle posée : dans les deux hypothèses où il y est fait exception, aucun acte d'autorisation n'est exigé, parce que la peste est une calamité heureusement rare, et le logement des troupes un service public, auquel il est urgent de pourvoir. De plus l'édit prévoit l'éventualité d'un procès, il poursuit donc le but indiqué dans le préambule « en faisant défense aux créanciers desdites communautés d'intenter contre elles aucun procès, qu'après qu'ils en auront obtenu la permission par écrit des sieurs intendants, à peine de nullité de toutes les procédures et des jugements rendus en conséquence » : il fait pareillement « défense aux maires, échevins, syndics, d'intenter aucune action, ni de commencer aucun procès, tant en cause principale que d'appel, sans en avoir obtenu le consentement des habitants, dans une assemblée générale, dont l'acte de délibération sera confirmé et autorisé d'une permission par écrit du sieur commissaire départi en la généralité. »

Tel est le premier acte gouvernemental (1) qui con-

----

(1) Un arrêt de la Cour du Parlement de Provence, 25 juin 1670 (Boniface, t. 4, l. X, titre III, chapitre II), prouve que, dès la fin du XVI⁰ siècle, des règlements locaux imposaient aux communautés l'obligation de se munir d'avis et d'autorisation avant d'intenter aucun procès.

« La question s'est présentée en la grande Chambre, en la cause des sieurs de Gombert et Crudi, avocat et médecin, contre les consuls et communauté de la ville de Sisteron, en vuidant le partage fait en l'audience du jeudi 19 du même mois, si les dits de Gombert et Crudi ayant donné requête à la Cour pour faire dire entre autres choses que, conformément aux règlements faits et autorisés par la dite Cour en 1591, pendant qu'elle avait sa séance à Sisteron, à cause du mal contagieux d'Aix, inhibition et défense seraient faites aux dits consuls et communauté d'intenter aucun pro-

tienne le germe des articles des lois modernes. imposant
aux communes l'obligation de demander, aux agents du
pouvoir central, l'autorisation d'agir en justice. Ainsi que
nous venons de le voir, le législateur, au XVIIe siècle,
ne pouvant prohiber tout procès comme il cherchait à
prohiber toute vente, voulut exercer sur eux une surveillance efficace.

En ce qui concerne les actions, l'édit de 1683 est
renouvelé : une première fois, en 1687, à l'égard des
paroisses et communautés qui ne sont ni villes ni gros
bourgs, et qui, en conséquence, prétendent que les dernières dispositions de l'édit de 1683 ne leur sont pas
applicables ; une seconde fois, en 1703, car les administrateurs des communautés, contrevenant aux déclara-
tions précédentes, les engagent (1) chaque jour dans des
procès, qui, intentés sans cause légitime, les consument
en frais, et sont toujours jugés, à leur désavantage.
L'édit du 2 octobre déclare qu'en agissant ainsi ils abu-

cès, soit en demandant soit en défendant, sans avis de trois avocats qui
serait après proposé au Conseil pour être exécuté.

Par arrêt du dit jour 25 juin, séant M. le Président d'Oppède, publié à
la barre, la Cour déclara la délibération qui avait été faite par la communauté nulle et ordonna qu'à l'avenir lesdits consuls ne pourraient délibérer
sur aucun procès touchant l'intérêt de la communauté sans délibération
préalable. »

De même, on trouve dans Boniface, t. IV, l. X, titre III, chap. V, un arrêt du Conseil d'État du 12 avril 1678 « faisant défense à toutes les communautés de faire des députations que les maires, échevins ou consuls n'en
aient valablement fait connaître les raisons et le besoin aux commissaires
et intendants départis dans les provinces, car ils se font taxer des sommes
considérables pour leurs frais de voyage et de longs séjours, qu'ils font, le
plus ordinairement, pour leurs affaires particulières, dont les villes sont
gravement surchargées et endettées, ce qui cause leur ruine. »

(1) Le 8 août 1713, le roi, en son conseil, ordonne que les formalités, prescrites aux maires pour intenter des procès sous le nom des communautés,
seront observées par eux dans les instances dans lesquelles elles seront
défenderesses.

sent de leur pouvoir. La formalité de l'autorisation de plaider, venant confirmer le consentement donné par les habitants aux actes des officiers municipaux, apparaît donc comme devant compléter les mesures prises pour prévenir la ruine des villes et communautés. Un mauvais procès peut être plus onéreux qu'une vente à vil prix, qu'un emprunt à trop gros intérêts. La loi interdit donc aux maires, échevins et syndics d'agir en justice, sans avoir obtenu des officiers du roi une approbation analogue à celle dont ils doivent déjà se munir pour passer les contrats. Le caractère de l'autorisation dans ces diverses hypothèses est identique, et il est aisé de le connaître, en considérant les sanctions formulées par les édits pour assurer l'observation des règles qu'ils tracent.

De même que les contrats passés par les maires, en violation des dispositions des édits, ne sont pas déclarés annulables dans le cas seulement où ils auraient entraîné des résultats fâcheux, mais bien nuls de plein droit et *ab initio* : de même, sont entachés d'une nullité absolue les actes de procédure accomplis par les maires non autorisés, et les jugements rendus en conséquence. Les nullités encourues ne résultent donc pas de la lésion possible des intérêts communaux, mais de la simple contravention à des prohibitions faites personnellement aux administrateurs de ces intérêts, et sanctionnées par des peines pécuniaires lorsqu'elles ont été enfreintes.

Dans toutes les hypothèses la commune reste en dehors de la procédure suivie : jusqu'au jugement, les maires non autorisés « doivent être condamnés en leurs propres et privés noms aux frais desdits procès, sans espérance de répétition, sous quelque prétexte que ce soit, et aux dommages-intérêts des communautés. »

Les premiers juges qui n'auraient pas prononcé cette condamnation, mais auraient passé outre au jugement, les procureurs qui en pareille circonstance auraient occupé dans l'affaire, sont responsables de la nullité du jugement rendu et devront répondre, en leur propre nom, des dommages-intérêts « des parties ».

Il est donc bien certain, qu'à cette époque, la législation ne reconnaissait aucune valeur présente ou éventuelle aux actes que les officiers municipaux auraient faits sans y être régulièrement habilités. Il n'était pas dans leurs attributions de décider si la commune devait plaider ; c'était là un droit réservé aux habitants : ceux-ci l'exerçaient en donnant ou en refusant leur consentement dans une assemblée générale, qui, indiquée préalablement au prône, se tenait ensuite à l'issue de la messe de paroisse. D'autre part, cette délibération ne pouvait constituer pour l'officier un mandat valable, qu'à la condition d'être confirmée par l'intendant. S'il plaide sans avoir observé toutes les formalités prescrites, il est réputé avoir commis « un abus de pouvoir » ; il est en faute, car il a violé une défense formelle qui lui était faite, aussi est-il considéré comme agissant sans caractère représentatif, et comme responsable des conséquences fâcheuses que peuvent avoir entraîné ses actes nuls. Les procureurs et juges qui, dans les limites de leurs attributions respectives, n'ont pas mis obstacle à l'accomplissement de ces actes, encourent de ce chef une véritable peine ; car, ils répondent, en leurs propres et privés noms, des dommages et intérêts des parties. A l'égard des maires, juges

et procureurs, ces dispositions peuvent paraître d'une
sévérité exceptionnelle ; à l'égard des intérêts des communautés, elles peuvent paraître assez formalistes, parce
qu'elles ne permettent pas de ratifier une procédure,
engagée, il est vrai, sans autorisation, mais qui aurait
tourné à l'avantage de la communauté : toutefois, on sera
moins porté à critiquer la rigueur de l'édit de 1703, si
l'on remarque que les maires n'avaient tenu aucun
compte des édits de 1683 et de 1687, lesquels n'avaient
mis aucune sanction à la violation « des défenses » qu'ils
avaient faites.

L'édit de 1764, contenant règlement pour l'administration des villes et principaux bourgs (1) du royaume,
déclare (art. 43), « que les édits et ordonnances précédemment édictés seront exécutoires en leurs formes et te-
neurs (2) » : nous devons cependant faire observer que,
dans ces localités importantes, ce n'est plus à l'assemblée générale des habitants qu'il appartient de décider
si la commune doit agir : ce rôle appartient à une assemblée des notables, en laquelle sont appelés les officiers du
roi et des seigneurs. Aussi, pour que le plus grand nombre de personnes possible soit intéressé à l'observation

____

(1) Les édits de 1687 et de 1703 s'appliquaient à toutes les communautés,
même à celles dont le chiffre de population était minime. En ce qui concerne ces dernières, le préambule de l'édit de 1764 s'exprime ainsi « et si
nous avons cru devoir ne nous expliquer que sur celles des villes et bourgs
dont le nombre des habitants rendait cette administration plus importante,
nous espérons que leur exemple influera sur les autres, et rendra leur administration plus avantageuse, en attendant que nous jugions nécessaire
d'y donner attention. »

(2) Néanmoins, il ajoute une formalité nouvelle à celles qui étaient précédemment exigées ; il dispose que les autorisations ne pourront être accordées que sur une requête, accompagnée d'une consultation d'avocats, qui
sera annexée à l'ordonnance d'autorisation, à peine de nullité (art. 43).

des formalités prescrites, le législateur décide-t-il que
« dans tous les cas où l'autorisation sera nécessaire, faute
par les officiers municipaux de l'avoir obtenue, les dépens,
qui seraient prononcés contre les villes et bourgs, ne
pourront être répétés sur leurs biens et revenus, mais
seront payés par les délibérants, en leurs propres et privés noms (art. 45).

En résumé, on peut dire que toutes les dispositions
de 1683, 1703 et 1764 témoignent que le législateur ne
se préoccupait nullement du point de savoir si le maintien des actes accomplis en dehors des formes légales
aurait pu être avantageux pour les communautés : il pro-
nonçait indistinctement leur nullité ; il entendait faire
respecter, en pratique, ce principe que leurs administrateurs ne devaient pour aucune raison agir sans un mandat, et avant que le délégué du pouvoir royal ait été
appelé à le vérifier. Il nous semble donc, qu'à cette époque, l'adversaire de la ville ou commune, actionné illé-
galement par l'officier municipal, pouvait en tout état de
cause, même après tout jugement, se prévaloir de la nullité prononcée par la loi ; car, en pareille hypothèse, les
juges qui avaient rendu le jugement lui devaient des
dommages et intérêts (1).

---

(1) Les dispositions de l'édit de 1764 qui concernent la passation des
contrats présentent les mêmes caractères.

Art. 19. — Les lettres patentes qui permettront lesdites aliénations et
les arrêts d'homologation portés par les articles précédents prescriront en
même temps l'emploi des deniers qui en proviendront, à peine de nullité :
faisons défense aux officiers municipaux de les distraire à peine d'être des-
titués et d'être condamnés à la restitution en tels dommages-intérêts qu'il
appartiendra.

Art. 21. — Voulons que tous les contrats ou actes qui seraient passés
à l'avenir pour construction, vente, aliénations, emprunts, à l'égard desquels
les formalités prescrites n'auraient pas été observées dans leur entier,

En 1789, l'Assemblée Nationale Constituante organisa
sur de nouvelles bases le régime municipal : elle appela
les corps municipaux à remplir deux espèces de fonctions : 1° les unes propres à l'administration générale
de l'État, et déléguées par elle aux municipalités ; 2° les
autres, propres au pouvoir municipal, mais qui, néanmoins, ne devaient être remplies que sous la surveillance et l'inspection des assemblées administratives :
parmi ces dernières se trouvait la mission de délibérer
sur les procès à intenter, et même sur les procès à soutenir, dans le cas où le fond du droit serait contesté (art.
49, 50, 54 et 56, D. du 14 déc. 1789).

Si l'on parcourt le décret et l'instruction qui le suit,
il nous semble qu'on doit faire les deux remarques suivantes : 1° Le législateur n'a plus prononcé la responsabilité pécuniaire des agents municipaux en cas de violation des articles ci-dessus énoncés. La raison en est
peut-être qu'il exigeait d'eux le serment de maintenir
de tout leur pouvoir la constitution du royaume, d'être
fidèles à la nation, à la loi et au roi, et de bien remplir
leurs fonctions. Il se considérait peut-être ainsi comme
assuré de leur exactitude à se conformer aux formalités
prescrites. 2° Le décret ne déclare pas nuls les actes
accomplis en dehors des formes légales ; et l'instruction,
qui est jointe à ce décret, indique pour quel motif on
maintient la nécessité de la surveillance des corps administratifs. « Ces fonctions sont propres au pouvoir

*soient et demeurent nuls de plein droit, sans qu'il soit besoin de lettres de
restitution ou de rescision,* sans que les acquéreurs ou prêteurs puissent
exercer aucun recours contre les corps desdites villes, sauf à l'exercer
contre les officiers et autres délibérants qui auraient signé lesdits actes,
ou les délibérations qui auraient autorisé à les passer.

municipal, parce qu'elles intéressent directement et particulièrement chaque commune que la municipalité
représente. Les membres des municipalités ont le droit
propre et personnel de délibérer et d'agir en tout ce qui
concerne les fonctions vraiment municipales. La Constitution les soumet seulement, dans cette partie, à la surveillance et à l'inspection des corps administratifs, parce
qu'il importe à la grande communauté nationale que
toutes les communes particulières, qui en sont les éléments, soient bien administrées ». Si l'on compare ces
mots et les préambules des anciens édits, il nous semble qu'on peut remarquer, dans les intentions des législateurs des deux époques, une dissemblance notable,
dissemblance, qui est de nature à justifier le caractère
que la jurisprudence actuelle reconnaît aux instances
poursuivies par des maires non autorisés, et aux jugements obtenus par eux.

Le but principal, direct, et immédiat des anciens édits
était d'empêcher d'une manière certaine et absolue les
officiers municipaux d'accomplir les actes de gestion du
patrimoine communal, sans qu'ils se fussent munis de
pouvoirs réguliers. De là dérive, en ce qui concerne la
nullité de la procédure, la responsabilité des maires,
juges et procureurs, une série de dispositions qui ont pu
paraître rigoureuses.

Au contraire, le législateur de 1789 pose en principe
que les municipalités ont le droit propre et personnel
d'agir et de délibérer en tout ce qui concerne les fonctions vraiment municipales ; et, relativement à ces
fonctions, il ne les soumet à la surveillance et à l'inspection des corps administratifs, que parce qu'il importe

à la grande communauté nationale qu'elles soient bien administrées.

En donnant cette seule raison d'être à la formalité qu'il maintient, le législateur n'indique-t-il pas qu'il envisage le résultat de l'acte accompli par l'officier municipal, et non plus uniquement le point de savoir si celui-ci s'est préalablement muni de l'autorisation requise?

Si l'on joint les considérations précédentes à cette remarque que les textes nouveaux ne prononcent expressément, ni la responsabilité des procureurs qui auraient occupé dans l'affaire, des juges qui auraient rendu le jugement, des maires qui auraient agi en dehors de la surveillance administrative, ni la nullité des actes qui n'auraient pas été préalablement approuvés par elle, on est porté à croire que, sous l'empire de la nouvelle constitution, le défaut d'autorisation n'est plus une cause péremptoire et absolue de nullité. L'Assemblée Constituante a maintenu, en principe, la nécessité de l'inspection des corps administratifs, « parce qu'il importe à la grande communauté nationale que les communes soient bien administrées » : dès lors, pour apprécier si les actes accomplis sans autorisation doivent être maintenus ou annulés, comme faits en violation d'un texte prohibitif, ne doit-on pas seulement se demander s'ils ont été, pour la commune, des actes de bonne gestion ?

Enfin, depuis 1789, aucun des textes, qui imposent aux communes l'obligation de demander l'autorisation de plaider, ne porte plus la mention « à peine de nullité ». Au contraire, l'arrêté du 17 vend. an X et la loi du 5 avril 1884 (art. 124), lorsqu'ils prescrivent à celui qui veut actionner une commune, l'un d'obtenir la permission par écrit du Conseil de préfecture, l'autre de déposer à la préfecture un mémoire, ajoutent: « à peine de nullité ».

Cette différence de rédaction, qui n'existait pas dans l'édit de 1683, ne prouve-t-elle pas que, depuis 1789, la commune et son adversaire ne doivent pas être traités de la même manière, en cas d'inobservation des formalités auxquelles ils sont respectivement soumis? Ne peut-on pas en déduire que les actes, ainsi accomplis par la commune, ne sont pas entachés d'une nullité originelle et définitive?

Nous exposerons, au cours de notre travail, les manières différentes dont les auteurs et la jurisprudence ont, à notre époque, déterminé les conséquences du défaut d'autorisation ; nous avons cru qu'il était intéressant de rechercher comment cette question était résolue dans l'ancien Droit, et, en même temps, de rappeler quelles ont été les origines du principe de l'autorisation.

CHAPITRE PREMIER

Ainsi que nous venons de le voir, dans le chapitre précédent, notre législation renferme, depuis plus de deux
siècles, le principe que les communes doivent, pour
exercer valablement une action en justice, obtenir une
autorisation préalable des agents du pouvoir central. A
notre époque, cette disposition n'a rien perdu de l'utilité
qui l'avait fait autrefois adopter. Les représentants des
communes intenteraient encore bien souvent des procès
sans motifs sérieux, s'ils n'en étaient empêchés par une
autorité sur laquelle les passions locales ont peu ou
point d'influence.

Quelquefois aussi, ils se laisseraient arrêter par la
crainte de compromettre, par un procès maladroit, les
intérêts qui leur sont confiés, et demeureraient, peut-être,
dans une inaction regrettable, si la loi ne désignait une
assemblée de jurisconsultes, à laquelle ils peuvent
demander d'approuver ou de désapprouver le parti qu'ils
veulent prendre.

Nous ne devons donc pas nous étonner de ce qu'au
cours des débats parlementaires, qui ont précédé le vote
de la loi du 5 avril 1884, aucune discussion ne se soit
élevée sur le point de savoir si on maintiendrait le principe ancien.

Seul, **M.** Cunéo d'Ornano avait présenté un projet de loi municipale dans lequel cette nécessité était supprimée, mais invité par le président, lors de la discussion de l'article 121, à prendre la parole pour soutenir sa proposition, il recula devant cette tâche, et répondit simplement que la commission ayant repoussé l'innovation qu'il avait soumise à son examen, il ne croyait avoir aucune chance de la faire adopter par la Chambre (Séance du 29 oct. 1883).

La loi du 18 juillet 1837 disait qu'une commune ne peut, sans être autorisée, introduire une action en justice,...... ni, en aucun cas, y défendre.

Au cas où la commune est demanderesse, la jurisprudence avait tiré de l'expression « introduire une action en justice », employée par l'article 49, cette conclusion, que l'autorisation n'est nécessaire à la commune que dans les cas où elle fait en justice une demande introductive d'instance.

C'était interpréter d'une manière rationnelle le vœu du législateur ; en effet, les demandes, qui ne sont pas introductives d'instance, peuvent être souvent considérées comme des conséquences nécessaires des demandes principales. C'est surtout lorsqu'il s'agit de ces dernières qu'il est indispensable d'exercer une surveillance sur les conseils municipaux, pour les empêcher de commencer des procès qui n'offriraient pour les communes que peu de chances de succès, ou un intérêt insuffisant. Mais, lorsque le Conseil de préfecture leur a accordé la faculté de le faire, il est sensé avoir prévu la marche de l'instance ; la commune est dès lors capable d'accomplir toutes les procédures, qui, tout en ne modifiant pas l'instance engagée, sont nécessaires pour obtenir le jugement demandé.

La loi de 1884, en énonçant simplement que la commune ne peut ester en justice sans autorisation, n'a pas modifié le principe de la législation antérieure. Nous reviendrons plus tard sur les exceptions qui y ont été apportées ; mais il faut maintenir la manière dont la jurisprudence avait interprété l'article 49 de la loi du 18 juillet 1837. Il est donc utile de rappeler rapidement les conséquences pratiques qu'elle en avait tirées.

Elle avait, à juste titre, dispensé d'autorisation, comme étant intimement liées à l'action principale, les demandes incidentes d'intérêt, les restitutions de fruits et les exceptions de procédure.

Demandes reconventionnelles. — A leur égard, on ne peut poser une règle unique, car, il faut faire des distinctions suivant les différentes hypothèses dans lesquelles elles peuvent se présenter.

En effet, la demande reconventionnelle peut naître de l'action principale et présenter avec elle une connexité d'origine ; elle est alors une demande incidente qu'une commune peut, par conséquent, former sans autorisation du Conseil de préfecture.

Boncenne a donné, de ce genre de demande, un exemple qui est devenu classique : c'est l'hypothèse où un locataire se défend contre l'action en paiement du prix d'un loyer, en demandant au tribunal de condamner, préalablement, le propriétaire à faire les réparations nécessaires pour rendre le local habitable. Il en serait de même si une commune opposait à son adversaire la compensation judiciaire, car c'est un moyen de défendre à l'action principale, quoiqu'il n'y ait entre elles aucune connexité d'origine.

Intervention. — La commune doit évidemment être autorisée pour intervenir dans un procès engagé entre deux autres parties (1); en pareil cas, sa demande, bien que formée par requête d'avoué à avoué, et non par un ajournement, est, néanmoins, une demande principale. D'autre part, si un tiers intéressé dans une instance n'intervient pas, la commune, craignant que ce tiers n'attaque par voie de tierce-opposition le jugement qui sera rendu, mettra ce tiers en cause, et l'assignera en déclaration de jugement commun ; dans ce cas, aussi, il nous semble qu'il peut y avoir obligation pour elle de se conformer préalablement aux formalités prescrites par l'article 121. En effet, la demande, qui a pour but cette intervention forcée, conclut à ce que la décision du litige soit rendue contre le tiers qu'elle met en cause, en même temps que contre la partie qui y est déjà. La nécessité d'une nouvelle autorisation dépendra donc de l'étendue de la première.

Désaveu. — De même, si la commune voulait désavouer, même au cours d'une instance pendante, l'avoué qui a procédé pour elle, nous croyons que le maire ne pourrait, sans autorisation spéciale, faire au greffe la déclaration exigée par les articles 352 et suivants du Code de procédure : ester en jugement de désaveu nous paraît équivaloir à entamer une procédure d'un caractère exception-

---

(1) Les deux parties étant déjà en cause, et ayant chacune un avoué, les auteurs du Code de procédure ont pensé qu'il était plus expéditif de former l'intervention par une requête d'avoué à avoué que par une assignation à personne ou domicile, laquelle eût rendu nécessaire l'observation du délai des distances.

nel, sortant du cadre des procédures d'instruction dont le Conseil a pu prévoir l'accomplissement, lorsqu'il a autorisé la commune à faire les actes propres à établir le bien fondé de sa cause.

Procédures dénouant l'instance. — On sait, qu'indépendamment du jugement qui termine normalement une instance engagée, il existe d'autres procédures par lesquelles elle peut se dénouer, notamment en cas de désistement, d'acquiescement ou de péremption d'instance.

La commune, déjà autorisée au début de l'instance, a-t-elle pleine capacité pour accomplir toutes ces procédures, ou, au contraire, dans ces différentes hypothèses, a-t-elle besoin d'autorisations spéciales, et, s'il en est ainsi, à quelles autorités doit-elle les demander?

Désistement. — En répondant à ces questions, lorsqu'une commune veut se désister, les auteurs ont manifesté des opinions très diverses.

Certains d'entre eux ont proposé de distinguer suivant que le désistement, par ses conséquences indirectes et finales, compromet le fond du droit, ou qu'il n'entraîne qu'un abandon de l'instance (1). Dans le premier cas, disent-ils, il est « un acte de gestion qui évite les éventualités de la décision judiciaire ». Ce raisonnement consacre la validité du désistement donné par celui qui figure en nom dans l'instance, quelles que soient les conditions imposées pour intenter l'action, ou pour y défendre. Le maire ne fera donc qu'exercer le droit que l'autorisation du Conseil de préfecture lui a conféré au début

____

(1) Boncenne, *Procédure civile,* t. V, p. 677. — Chauveau et Tambour, *Code d'Instruction administrative,* t. II, n° 1075.

du procès, s'il se désiste de l'instance, ou accepte le désistement signifié.

En s'attachant ainsi, non pas à la nature de l'acte, mais à ses effets, les auteurs précédemment cités se trouvent embarrassés pour répondre à la question posée, dans le cas où l'effet du désistement est d'amener l'anéantissement du droit lui-même : par exemple, dans le cas où une prescription s'étant accomplie pendant le cours de l'instance, les choses ne peuvent être remises dans le même état que s'il n'y avait pas eu d'instance. Ils refusent alors au maire la capacité de procéder seul : mais quelle sera l'autorité compétente pour la lui donner? M. Boncénne ne se prononce pas explicitement. M. Chauveau (*l. c.* n° 1076) dit que « le plus sûr serait de s'adresser d'abord au Conseil de préfecture, pour qu'il autorisât le désistement, et au préfet, pour qu'il l'approuvât. » On comprendra mieux ses hésitations lorsque nous aurons exposé les systèmes adoptés par les auteurs qui obligent le maire à se munir, dans tous les cas, d'une autorisation.

Ceux-ci soutiennent, comme l'a fait la Cour de cassation (5 mars 1845, D. 1, 171), qu'il résulte de la combinaison des divers textes réglant les conditions d'exercice des procès de la commune, que le sort de ces procès ne dépend exclusivement, ni du maire, ni du Conseil municipal; qu'elle est libre de ne pas agir mais que, si elle a utilisé la faculté que le Conseil de préfecture lui a accordée, elle ne peut en user que dans le but pour lequel elle a été autorisée, c'est-à-dire pour que le pouvoir judiciaire prononce sur le différend. Lors donc qu'elle croit avoir des motifs pour terminer autrement le procès, elle doit obtenir une autorisation spéciale. Mais les partisans

de ce système se divisent encore sur le point de savoir
à quelle autorité elle doit s'adresser.

Les uns (1), disent que le Conseil de préfecture est
compétent en matière d'autorisation de plaider, parce que
la loi lui a « expressément et exceptionnellement conféré
cette mission de tutelle, qui, en thèse générale, aurait
dû appartenir à l'administration proprement dite, c'est-
à-dire au préfet : qu'en l'absence de texte qui attribue
compétence au Conseil de préfecture, il faut rentrer dans
les principes ordinaires. » Ils se sont cru autorisés à dire
que le désistement est une transaction sur procès, et doit
être précédé des formalités imposées pour cet acte.

Est-ce bien envisager le désistement dans son véritable caractère ? Certes, c'est ainsi que le considérait l'ora-
teur du Tribunat, lorsqu'il disait, au moment de la discussion du Code de procédure civile, que le désistement
« est un hommage rendu à la justice et à la vérité qui
ne laisse après lui aucune crainte de voir renaître l'instance dont il est l'objet. » Mais il ne faut pas trop s'attacher à cette définition, car, ainsi que nous avons déjà
eu l'occasion de le dire, le désistement remet les choses
dans l'état où elles étaient avant la demande ; il n'est
donc, plutôt, qu'un abandon de la procédure commencée,
et, par conséquent, il laisse, en général, la voie ouverte
à une nouvelle action. S'il en est autrement, la cause doit
en être attribuée à l'accomplissement d'une prescription
étrangère au désistement lui-même.

Entre la transaction et le désistement n'y a-t-il pas
une différence profonde? dans la transaction, chaque plaideur abandonne une partie de ses prétentions ; or on ne

(1) Reverchon, *Traité des Autorisations de plaider*, 2ᵉ éd., p. 258.

peut dire que ce caractère se retrouve nécessairement dans le désistement. M. Boncenne prévoit l'objection de ceux qui soutiendraient que le désistement emporte aliénation des avantages qui pourraient résulter de l'instance; « mais, leur répond-il, quel est l'acte de simple administration qui ne comporte pas l'idée d'une aliénation plus ou moins importante. Le bail pourrait à la rigueur être considéré comme une aliénation de la jouissance de la chose ; mais tel n'est pas son objet direct, car il ne tend pas à l'aliénation, à la transmission des biens. »

Nous croyons donc qu'il est préférable de dire que, dans le cas où le concours de plusieurs volontés est nécessaire pour engager une instance, ce concours sera encore nécessaire et suffisant pour la dénouer (1), et pour apprécier s'il est opportun de le faire, étant donné les conséquences qui peuvent en résulter. L'article 14 du D. du 6 novembre 1813 a fait une application de ce raisonnement, en disant que « les titulaires des cures ne pourront plaider, soit en demandant, soit en défendant, lorsqu'il s'agira des droits fonciers de la cure, soit même se désister, sans l'autorisation du Conseil de préfecture, auquel sera renvoyé l'avis du Conseil de fabrique.

Ce système est en conformité parfaite avec la pratique admise par le Conseil d'État statuant au contentieux. Celui-ci admet la validité des désistements de pourvois faits par le maire habilité seulement par le conseil municipal, c'est-à-dire faits dans les conditions où les pourvois ont été formés. M. Reverchon a essayé de concilier cette

---

(1) Serrigny, *Compétence administrative*, t. I, n° 402. — Trolley, t, I, p. 330. — Rodière, *Compétence de procédure civile*, t. I, p. 459. — Batbie, *Droit administratif*, t. V, § 321.

pratique avec le système qu'il a adopté après la Cour de cassation. Il dit que, devant le Conseil d'État, la dispense des formalités des transactions peut s'expliquer par ce motif, que le Conseil d'État est assez habituellement associé à la tutelle des communes, pour que son examen offre toute garantie contre les craintes de collusions. C'est là une argumentation dont nous reconnaissons l'entière justesse ; mais nous repoussons, pour un motif analogue, la théorie des auteurs qui exigent, que les communes, accomplissent, pour se désister, les formalités des transactions, dans la crainte qu'elles ne cherchent, par là, à cacher une aliénation sous la forme d'un procès fictif. En effet, lorsque nous aurons exigé d'une commune, pour se désister, l'autorisation d'un Conseil de préfecture, il nous semble que toute crainte de cette nature sera par là même écartée ; car, il est exagéré de redouter que le Conseil de préfecture profite de la mission que la loi lui a confiée pour fournir à la commune le moyen de se soustraire à une autre prescription de la loi.

Acquiescement. — Les mêmes théories ont été reproduites pour l'acquiescement. Cela est assez naturel lorsqu'il se produit en cours d'instance, car il n'est alors que le désistement de la commune défenderesse. Peut-être est-il nécessaire de donner quelques explications pour le cas où il se produit après le jugement ou l'arrêt, et entraîne renonciation au droit de saisir le degré supérieur de juridiction. Pour la validité d'un tel acte, la Cour de cassation (D. 1873, 1, 54) exige que la commune accomplisse les formalités de la transaction. Dans une autre opinion (1), on réserve cette solution à l'hypothèse

(1) Fusier Herman, *Répertoire général,* au mot acquiescement, § 146.

où l'acquiescement n'est donné que sous la condition d'avantages ou de concessions qui ne sont pas dans le jugement. On reconnaît au contraire au Conseil de préfecture le pouvoir d'approuver l'acquiescement pur et simple donné au jugement ; on invoque à l'appui de cette distinction que ce conseil a la faculté de contraindre la commune à un acquiescement forcé, en lui refusant la faculté de faire appel d'un jugement qui la condamne.

Il nous semble, au contraire, qu'un tel acquiescement est véritablement une transaction, qui a pour objet d'éteindre le procès d'appel qui pourrait naître. En pratique, l'acquiescement soustrait le gagnant à l'obligation de signifier le jugement, et évite ainsi à la commune condamnée les frais que cette signification entraînerait pour elle. Il y a donc, dans cet acte, échange de concessions réciproques. C'est donc bien au préfet qu'il appartient de l'approuver.

Péremption. — Le maire peut évidemment se porter demandeur en péremption sans autorisation nouvelle ; car, il ne tend par là qu'à faire mettre la commune défenderesse hors de cause ; il ne fait, par conséquent, qu'exécuter la mission qu'il a reçue d'une manière implicite, lorsque la commune a été autorisée à défendre par le Conseil de préfecture.

Appel principal. — Le paragraphe 2 de l'article 121 de la loi du 5 avril 1884 a maintenu les dispositions de la loi de 1837, en décidant qu'une commune ne pourrait se pourvoir devant un degré supérieur de juridiction, sans obtenir une autorisation nouvelle du Conseil de préfecture. En tant qu'elle s'applique à l'appel, cette règle était déjà formulée par l'édit de 1683. Dès cette époque, le législateur a cru nécessaire que l'autorité administrative fût appelée à décider s'il est de l'intérêt de la commune de s'exposer aux chances d'une nouvelle instance, lorsqu'elle a perdu son procès devant les premiers juges. Aujourd'hui encore, le Conseil de préfecture doit s'éclairer des motifs placés à l'appui du jugement rendu, examiner si l'appel offre des chances de succès qui soient en rapport avec les frais que la nouvelle procédure peut entraîner, car, aujourd'hui comme autrefois, il serait à craindre que les communes ne se laissassent trop facilement entraîner à user de la faculté d'appel, si elles demeuraient libres de prendre le parti qui leur convient.

Toutefois, c'est à la commune qu'il appartient de décider, en premier lieu, si elle entend former appel. D'après l'article 122, le maire peut, à titre conservatoire, interjeter appel sans autorisation préalable, c'est dire qu'il est dispensé pour cela d'attendre l'autorisation du Conseil de préfecture. Le législateur s'est rendu compte que l'autorisation du Conseil, nécessaire à la commune lorsqu'elle veut saisir le deuxième degré de juridiction, ne pourrait, en général, intervenir avant l'expiration du délai d'appel ; il a donc donné au maire la faculté de lancer l'acte d'appel avant que le Conseil de préfecture se soit prononcé sur l'opportunité d'une nouvelle instance.

Appel incident. — Des difficultés se sont élevées, dans la pratique, au sujet de l'appel incident.

Nous avons énoncé les raisons par lesquelles on justifie la nécessité de l'autorisation pour l'appel principal. Certains auteurs (1), regardant la commune qui interjette un appel incident comme demanderesse de ce chef,

____

(1) Notamment, Reverchon, *l. c.*, p. 85.

semblaient exiger qu'elle se munît d'une autorisation du
Conseil de préfecture. D'autres soutenaient que, si la
commune a besoin d'autorisation pour soumettre un
droit quelconque aux tribunaux, il doit en être de même,
à plus forte raison, lorsque ce droit lui a été dénié par
un jugement (1).

Le 1ᵉʳ mars 1848 (D. 1848, 1, 37), un arrêt de la Cour
de cassation était ainsi motivé : « attendu que pour réduire
dans leur importance et simplifier les procès en appel,
et aussi pour faciliter leur conciliation, l'article 443 (C.
de proc.) accorde à l'intimé le droit d'interjeter appel en
tout état de cause ; que l'autorisation dont les communes
ont besoin pour plaider est d'intérêt général et d'ordre
public...etc.» Cet arrêt cassait un arrêt de la Cour d'Agen
refusant à une commune un délai pour se faire autoriser
à interjeter appel incident. Le refus était motivé par ce
fait, que l'appel principal avait été interjeté un an après
l'appel incident ; la commune avait donc eu tout le temps
nécessaire pour se faire autoriser : dans ces circonstances, la Cour d'Agen avait cru qu'elle pouvait refuser le
délai demandé par la commune, bien que, d'après la jurisprudence alors en vigueur, cette décision entraînât la
non recevabilité de l'appel incident.

La Cour de cassation reconnaissait donc implicitement
que cet acte devait être précédé d'une autorisation nouvelle. Depuis, elle a constamment abandonné cette manière de raisonner.

Dans un arrêt du 2 juillet 1862 (S. 1862, 1, 1042) elle

____

1) Serrigny, *Compétence administrative*, t. I, n° 393. Il cite en ce sens
deux décisions des Cours de Limoges, 11 février 1862 et Dijon, 17 novembre 1843.

disait : « Attendu qu'on ne doit pas considérer comme
ayant besoin d'une autorisation nouvelle la commune
qui, ayant gagné en première instance sur la plus grande
partie des chefs de conclusions posés par elle, est inti-
mée en appel, et interjette appel incident à l'égard des
chefs qui lui font grief. Que l'appel principal remettant
tout en question, la commune, en se rendant incidem-
ment appelante, ne fait qu'opposer tous ses moyens de
défense, et qu'une autorisation nouvelle et spéciale ne
lui est pas nécessaire. » Cet arrêt est le point de départ
d'une nouvelle jurisprudence que la Cour de cassation
a maintenue à différentes reprises. Elle ne semble donc
pas admettre le système, d'après lequel la réponse à
faire pourrait dépendre des hypothèses, et qui conduirait
à distinguer, suivant que l'objet de l'appel incident rentre
d'une manière directe dans la contestation sur laquelle
porte l'appel principal, ou suivant qu'il n'y rentre pas.
M. Chauveau Adolphe (1), qui adoptait ce système, posait
l'exemple suivant : « Une commune demande en première instance la destruction d'ouvrages qui lui ont causé
des dommages, et elle conclut à ce qu'il lui soit alloué
une somme de 20.000 francs en réparation de ces dommages. Le tribunal alloue une somme de 10.000 francs,
mais il refuse d'ordonner la destruction des ouvrages.
Si l'adversaire de la commune relève appel du chef qui
le condamne à payer 10.000 francs, la commune pourra,
sans autorisation, former appel incident à l'effet d'obtenir que la condamnation soit portée au chiffre de 20.000
francs, qu'elle avait demandé. Mais elle aura besoin d'une
autorisation nouvelle, si son appel incident est relatif

(1) *Code d'instruction administrative*, t. II, § 1072.

au chef du jugement qui refuse d'ordonner la démolition des ouvrages. »

En repoussant une telle distinction, la jurisprudence de la Cour de cassation nous semble d'ailleurs être absolument conforme à l'esprit et au texte de la loi, qui n'oblige la commune à se munir d'une autorisation nouvelle, que dans les cas où elle saisit du procès une nouvelle juridiction. Lorsqu'elle interjette appel incident, il n'en subsiste pas moins que ce n'est pas elle qui a saisi du procès les juges du second degré.

Défense à l'appel. — Les travaux préparatoires de la loi de 1884 ne laissent aucun doute sur le point de savoir si la commune peut défendre à l'appel d'un jugement rendu à son profit.

Le texte de l'article 121 § 2 proposé par la Commission portait : « après tout jugement intervenu la commune ne peut plaider devant une autre juridiction qu'en vertu d'une nouvelle autorisation..... » M. Batbie fit observer que, si l'on conservait cette rédaction, elle aurait pour conséquence qu'une commune, qui aurait gagné son procès en première instance, ne pourrait défendre en appel sans autorisation. La Commission reconnut la justesse de cette observation, et le mot « plaider » fut remplacé par le mot « se pourvoir ». La loi de 1884 sanctionne donc la jurisprudence antérieure, rendue en conformité de l'article 44 de l'édit d'août 1764.

Pourvoi en Cassation. — La loi de 1837 avait employé dans son article 49 une expression, qui a donné lieu à de vives discussions entre les auteurs, mais entre les auteurs seulement. Elle avait dit que : « après tout jugement, la commune ne peut se pourvoir devant un autre degré de juridiction sans une autorisation nouvelle du Conseil de préfecture ».

Interpréter cette disposition en disant qu'une autorisation nouvelle est nécessaire pour se pourvoir en Cassation, c'était, d'une part, en tirer une règle contraire à la jurisprudence antérieure, d'autre part, appliquer au recours en cassation une règle édictée *ex terminis* pour plaider devant un nouveau degré de juridiction, alors que cette Cour n'a pas ce caractère. Aussi, l'article 44 de l'édit d'août 1764 dispensait-il la commune de l'autorisation administrative devant le Conseil du roi. On en avait conclu qu'elle n'était pas nécessaire pour se pourvoir devant cette Cour, devant laquelle on suivait encore la procédure organisée par d'Aguesseau pour les instances devant le Conseil du roi (Cass., 1er floréal, an IX, Cons. d'Ét., 1er nov. 1826, commune d'Istres).

Il est donc assez naturel, qu'après la promulgation de la loi de 1837, des auteurs se soient plu à soutenir que l'autorisation n'était pas nécessaire. M. Laferrière (1), parlant du recours en cassation, disait : « Il ne s'agit pas ici d'un nouveau degré de juridiction, mais de l'appréciation du jugement ou de l'arrêt sous le rapport de la légalité ; les communes ne peuvent donc être forcées de subir un jugement qui violerait la loi ou les formes protectrices de procédure » ; de même, M. Cormenin (2), écrivant en 1840, rappelait seulement l'ordonnance du 1er novembre 1826, citée plus haut, indiquant par là que pour lui, la loi de 1837 était restée entièrement étrangère à la question. C'était montrer au législateur combien il

____

(1) *Droit administratif*, t. II, p. 608.
(2) *Droit administratif*, t. I, p. 404.

doit être précis dans les expressions dont il fait choix, surtout lorsque son intention est de changer la législation existante.

Le projet présenté, en 1833, à la Chambre des députés portait : « la commune ne peut, à peine de nullité, se pourvoir, soit en appel, soit en cassation, qu'en vertu d'une nouvelle délibération du conseil municipal, laquelle sera exécutoire de plein droit ». M. Podenas proposa d'ajouter à ces mots « et d'une nouvelle autorisation du Conseil de préfecture ». Son amendement fut voté à la suite d'un discours où il montra l'utilité de cette nouvelle autorisation, soit pour l'appel, soit pour le pourvoi. Que la Chambre, lors de la discussion définitive, ait entendu maintenir le principe admis lors de la discussion du projet de loi, cela résulte évidemment des explications échangées entre le Président Dupin et M. Persil, rapporteur. Il faut donc dire, qu'en équité, la jurisprudence ne pouvait s'attacher d'une façon rigoureuse aux termes employés par la loi de 1837.

La question était donc résolue, en pratique, avant la loi du 5 avril 1884. Bien que celle-ci ait reproduit dans son article 121 le texte de la loi de 1837, il est certain qu'elle a sanctionné formellement la pratique antérieure, en déclarant, (art. 122, § 2), que le maire ne peut suivre sur l'appel ou le pourvoi en cassation, qu'il peut former à titre conservatoire, tant qu'il ne se sera pas muni d'une nouvelle autorisation.

Requête civile. — A ne considérer que les termes de l'article 121, d'après lesquels la commune n'a besoin d'autorisation que pour se pourvoir devant un autre degré de juridiction, et ceux de l'article 122, qui ne parle

que de l'appel et du pourvoi en cassation, on serait
amené à conclure que cette formalité ne doit pas être
remplie par la commune, lorsqu'elle veut attaquer, par la
voie de la requête civile, un jugement ou un arrêt rendu
contre elle. Cependant le Conseil d'État (1) et les auteurs
sont tombés d'accord pour décider que l'esprit de la loi
n'était pas que la commune pût entamer, seule, une procédure aussi grave par l'amende, les frais, les dommages-
intérêts qu'elle peut entraîner. C'est donc uniquement
dans le but pratique d'empêcher les communes de se
lancer inconsidérément dans une procédure coûteuse,
que la jurisprudence et les auteurs ont imposé aux communes une obligation qui ne résulte pas expressément
de la loi. Ils ont ensuite cherché à appuyer leur manière
de voir sur un raisonnement de droit : ils ont alors
assimilé la requête civile, les uns à une action en annulation de jugement, les autres à une voie de recours
ouverte par la loi contre un jugement ou arrêt, telle que
l'appel ou le pourvoi en cassation, mais qui, par suite
de la nature des moyens qu'on invoque à son appui, et
des conditions dans lesquelles elle est organisée, doit
être portée devant le tribunal qui a déjà statué. Cette
divergence d'opinion entraîne, comme conséquence nécessaire, une solution différente sur le point de savoir
si une commune doit être autorisée pour défendre à une
requête civile. M. Reverchon (2) adopte l'opinion de
Merlin d'après laquelle « l'adversaire faisant renaître
par la requête civile un procès éteint par un jugement

____

(1) 18 novembre 1851. (*Recueil des Arrêts du Conseil*, année 1851, 1er supplément.)

(2) *Autorisations de plaider*, p. 48.

en dernier ressort, c'est la même chose, de sa part, qu'intenter un procès qui n'existe pas encore ». Par conséquent, il devrait remplir les formalités prescrites par l'article 124, et la commune obtenir l'autorisation de défendre à cette action.

Peut-être serait-il plus juridique de dire, comme certains auteurs, que la requête civile n'est pas « introductive d'instance », ce qui explique qu'elle est dispensée du préliminaire de conciliation, mais bien « le complément d'une ancienne procédure » (1), une voie de rétractation accordée dans le cas où l'on peut penser que le tribunal a été surpris ou trompé (2). On invoque, pour exiger l'autorisation, « le texte et l'esprit de la loi » (3) ; mais, d'une part, le texte est muet sur cette procédure, d'autre part, l'esprit de la loi nous paraît être que la commune puisse défendre sans autorisation, lorsque le tribunal ou la Cour lui ont déjà donné gain de cause. C'est en ce sens que la Cour de cassation s'était prononcée en 1828, en se fondant sur ce que les communes ont toute liberté de défendre aux appels ou aux pourvois. Dans les lois rendues depuis cette époque, nous ne voyons aucune disposition qui rende cette interprétation inadmissible. Nous ne comprenons donc pas bien le motif qui conduit M. Reverchon à dire que cet arrêt ne peut plus servir de règle depuis la loi de 1837. Cette loi et la loi de 1884 n'ont pas modifié le principe que les communes peuvent défendre sans autorisation aux appels ou aux pourvois formés contre elles. La question

(1) Bioche, t. V, *Requête civile*, § 189.
(2) Boitard et Colmet Daage, t. II, p. 110.
(3) Arguments du pourvoi en cassation rejeté par arrêt du 25 nov. 1828, D. 1829, 1, 31.

se réduit donc seulement à savoir si la requête civile
doit être considérée comme une action nouvelle, détachée
du procès antérieur : nous ne croyons pas qu'on puisse
le dire absolument.

Actions en responsabilité intentées contre les communes. — La loi du 5 avril 1884 a reproduit, dans son
article 106, le principe de la responsabilité des habitants
des communes, lorsque, sur leur territoire, des crimes ou
délits sont commis à force ouverte, ou par attroupement
ou rassemblement à main armée. Elle a, toutefois, supprimé la procédure sommaire et rapide organisée par le
titre V de la loi du 10 vendémiaire an IV. D'après cette
loi, le ministère public pouvait, d'office, exercer une pour
suite en réparation et en dommages-intérêts sur le vu
des procès-verbaux que les agents municipaux devaient
dresser dans les 24 heures. Le tribunal devait statuer
dans un délai de décade, à partir de l'envoi de ces pro
cès-verbaux. Ces délais étant très restreints, les auteurs
s'étaient séparés sur le point de savoir si cette procédure
n'entraînait pas, pour la commune, dispense d'obtenir
l'autorisation de défendre, lorsqu'elle était poursuivie
par le ministère public. Le doute était très plausible ; en
dernier lieu la Cour de cassation avait affirmé cette dispense, et, en se fondant sur l'esprit de la loi, l'avait
étendue au cas où l'inaction du Parquet obligeait les
particuliers à poursuivre eux-mêmes la réparation qui
leur était due (D. 1876, 1, 73).

La loi de 1884 a complètement anéanti ces controverses, en abrogeant le titre V de la loi du 10 vendé
miaire an IV : le ministère public ne peut plus agir que,
personnellement, contre les auteurs des crimes et délits :

quant à la commune, par suite de la suppression de
l'amende prononcée au profit de l'État, elle ne doit plus
de réparation qu'aux parties lésées. Cette réparation a
perdu tout caractère pénal, puisque les tribunaux ne
sont plus, comme autrefois, tenus de l'évaluer d'après
une appréciation légale, mais d'après les règles du droit
commun. Il n'y a donc plus de raison de douter, qu'en
cas de procès, résultant de l'article 106, les règles générales de l'autorisation doivent être appliquées.

Matières criminelles et correctionnelles. — La commune, bien que personne morale, peut être victime d'un
délit relevant de tribunaux criminels ou correctionnels ;
elle a donc le droit, soit simplement de porter plainte
contre celui qu'elle présume être l'auteur de l'acte ré-
préhensible, soit de se porter partie civile au cours de
l'instance criminelle, soit de le citer directement devant
les tribunaux correctionnels.

Quelle est, pour l'exercice de ces différents droits, la
capacité de la commune ? Au sujet de chacun d'eux on
a émis des opinions contraires. Les uns déclarent que,
dans toutes ces hypothèses, l'autorisation est nécessaire
« puisqu'aucune exception n'est faite dans la loi, et que
la commune est exposée à des frais et à des condamnations qui peuvent compromettre ses intérêts ». Il y a
accord général en ce qui concerne la constitution de partie
civile. Mais d'autres (1) dispensent la commune d'autorisation, lorsqu'elle dépose une plainte sans se porter
partie civile, « car, disent-ils, elle n'intente par là aucune
action, et ne peut éprouver aucun préjudice du jugement

____

(1) Serrigny, *Compétence administrative*, t. I, n° 408.

à intervenir sur cette plainte » (1). La première de ces considérations nous paraît seule incontestable ; il nous semble, au contraire, que le plaignant peut être condamné à des dommages-intérêts envers le prévenu, lorsque le tribunal a reconnu que le fait ne constituait, ni délit, ni contravention (art. 159 et 191, C. Inst. crim.). Cette remarque une fois faite, nous rejetterons, néanmoins, le système d'après lequel la commune devrait être autorisée pour pouvoir déposer une plainte, car la loi municipale n'impose pas l'autorisation du Conseil de préfecture pour tous les actes qui peuvent engager la responsabilité de la commune, mais pour ceux qui entraînent, comme conséquence directe, et certaine, l'ouverture d'une instance.

La commune peut être appelée devant les tribunaux correctionnels, comme responsable de faits commis par ses agents. La jurisprudence, constatant, qu'en pareil cas, il ne s'agit, par la force des choses, que d'un intérêt purement civil qui peut être transigé, n'admet la commune à défendre qu'en vertu d'une autorisation du Conseil de préfecture (2). Dalloz incline à penser que la loi de 1837 est inapplicable à toute action en responsabilité, se déroulant devant une juridiction correctionnelle. Il se fonde sur le besoin de simplicité des formes et l'économie de frais, sur l'intérêt de la vindicte publique qui ne doit pas souffrir de retards qui peuvent durer jusqu'à quatre mois en cas de recours au Conseil d'État, sur l'usage antérieurement suivi et dont l'abrogation ne ressort pas de la loi nouvelle.

---

(1) Dalloz, *Com.*, nº 1528. — Foucart, t. III, § 1627.
(2) V. Rennes, 29 mai 1839, D. 1839, 2, 230. — Cass., 13 déc. 1839. D. 1840, 1, 389.

Aux considérants d'un arrêt rendu par la Cour de cassation en 1820 (D. 1821, p. 171), et dans lequel l'auteur que nous citons a trouvé le dernier argument qu'il invoque, nous opposerons l'avis de Merlin, qui peut encore être reproduit pour approuver la jurisprudence actuelle (1).

« Que l'on consulte, dit-il, toutes les lois tant anciennes que nouvelles, qui défendent aux communes d'intenter aucun procès, de suivre aucune action, de plaider sans l'autorisation du Conseil de préfecture, on ne trouvera pas l'ombre de distinction entre les matières criminelles et correctionnelles ou de simple police et les matières purement civiles : il est de principe que, là où la loi ne distingue pas, les magistrats ne doivent pas distinguer non plus. »

Règlements d'indemnités en cas d'élargissement des chemins vicinaux. — Il est une procédure, organisée par l'article 15 de la loi du 15 mai 1836, pour le cas où, à la suite d'une dépossession ordonnée par arrêté préfectoral pour élargissement d'un chemin vicinal, la commune et les propriétaires ne s'accordent pas sur la valeur des terrains. L'indemnité, ne pouvant être, alors, réglée amiablement, doit l'être par le juge de paix, sur rapport d'experts. On a soutenu qu'il n'y avait pas là de procès à proprement parler, mais un règlement d'indemnité auquel la commune ne pouvait pas ne pas être partie, et que, d'ailleurs, il y avait eu autorisation de l'autorité administrative par l'arrêté du préfet, portant reconnaissance et fixation de la largeur du chemin ; qu'en conséquence, la commune peut agir dans ce cas, sans demander d'autorisation au Conseil de préfecture. C'est là déplacer la

____

(1) *Questions* Communes, § VI.

question et la porter hors du terrain légal. Le seul point
à examiner est de savoir si le juge de paix, en ce cas, statue comme juge; s'il en est ainsi, la commune este en
justice dans le cas qui nous occupe, et doit y être autorisée par le Conseil de préfecture, qui seul a compétence
à cet effet. Le comité de législation du Conseil d'État,
en 1840, a reconnu que les contestations, relatives aux
indemnités dues ou à leur quotité, ont le caractère judiciaire, tout aussi bien que les contestations sur le droit
même de propriété. Ce qui a pu amener un doute dans
l'esprit de certains auteurs (1), c'est que la sentence du
juge de paix est précédée d'une expertise, qui ne paraît
pas constituer un acte judiciaire (2). Ils avaient alors
pensé que le juge de paix n'intervenait que pour homo-
loguer le rapport des experts. Or, il n'en est pas ainsi :
ce rapport est un acte préliminaire, obligatoire, qui doit
éclairer le juge de paix, mais qui ne le lie pas. Celui-ci
peut faire usage des autres moyens de preuve qu'il est
autorisé à employer dans les affaires de sa compétence
ordinaire; sa décision reste soumise à l'appel et au pourvoi en cassation ; il n'y a donc aucun motif pour que
cette instance judiciaire ne soit pas précédée des formalités prescrites par l'article 121.

Nous avons ainsi passé en revue les différentes hypothèses dans lesquelles une commune doit, en vertu de
l'article 121, demander au Conseil de préfecture l'autorisation d'entamer une procédure, et celles dans lesquelles un doute peut s'élever.

Nous exposerons maintenant dans quels cas la com-

(1) V. *Journal des Communes*, t. XCIV.
(2) Cass., 25 juin 1878. D. 1879, 1, 24.

mune est dispensée de cette formalité, soit par la loi, soit
par la jurisprudence.

PROCÉDURES POUR LESQUELLES L'AUTORISATION
N'EST PAS NÉCESSAIRE.

Actions possessoires. — Avant 1837, l'autorisation du
Conseil de préfecture était nécessaire aussi bien pour
l'exercice des actions possessoires, que pour celui des
actions pétitoires : les textes n'avaient fait, jusqu'alors,
entre elles, aucune distinction. Pour la première fois, en
1837, la Commission, chargée d'élaborer la loi municipale, pensa qu'il y avait lieu de modifier, sur ce point, la
législation antérieure ; elle proposa donc l'article 55, qui
forme le premier paragraphe de l'article 122 de la loi de
1884. Bien que sa rédaction ait soulevé plusieurs controverses, son but était d'affranchir la commune de la
nécessité de l'autorisation du Conseil de préfecture, lorsqu'elle doit intenter ou soutenir une action possessoire.
Les motifs, donnés par le rapporteur à l'appui de cette
innovation, étaient que « la marche de l'action possessoire est nécessairement rapide, car l'action repose sur
des faits de possession fugitifs, dont la preuve est fugi-
tive ; que, par conséquent, le sursis nécessaire pour l'autorisation pourrait compromettre gravement les intérêts
de la commune ». Après ces explications, il ne faut donc
pas s'attacher aux mots « sans autorisation préalable »
pour soutenir, comme on l'a fait (1), que l'autorisation du
Conseil de préfecture, si elle n'est pas nécessaire au maire

(1) *Journal des Conseillers municipaux*, t. V, p. 359.

pour que son action soit recevable, doit, du moins, être obtenue avant la fin de l'instance.

En effet, en 1837, M. Caumartin avait proposé un amendement dont le but était de permettre au maire d'agir sans attendre l'autorisation du Conseil de préfecture, mais après l'avoir demandée. Cet amendement fut repoussé. L'observation de ce député méritait, cependant, d'entraîner, dans la rédaction de l'article, une modification destinée à en rendre plus évident encore le changement qu'on faisait subir à la législation antérieure. Si le texte avait été précisé, les hésitations, dont nous parlons, ne se seraient probablement pas produites.

Des termes légèrement ambigus de cet article, est née une théorie, qui, à l'inverse de la précédente, conduirait à permettre au maire d'exercer seul les actions possessoires, sans avoir à prendre, pour cela, l'avis du conseil municipal (1), et sans tenir compte de la volonté de ce conseil si elle était contraire à la sienne.

On est arrivé à cette conclusion en raisonnant ainsi : l'article 55 de la loi de 1837 donne au maire la faculté d'exercer l'action possessoire sans autorisation préalable, comme il lui permet de faire les actes conservatoires, par conséquent, sans prendre l'avis du conseil municipal. La loi considère donc que l'exercice de ces actions est un acte d'administration et de conservation des propriétés communales. Leur but est, en effet, absolument conservatoire et ne peut entraîner directement l'aliénation du domaine de la chose. C'est donc un acte rentrant dans la catégorie de ceux que le maire peut faire seul, sous la surveillance, toutefois, de l'administration

(1) Dalloz, t. X, n° 1500.

supérieure (art. 90, 1. 1884). On ajoutait que cela était,
non seulement logique, mais nécessaire, car les motifs
d'urgence et de célérité, qui avaient fait affranchir l'exercice de ces actions de l'autorisation du Conseil de préfecture, se présentaient, avec la même force, pour faire
écarter la délibération du conseil municipal. A différentes reprises, ces arguments ont paru concluants aux
tribunaux et aux Cours d'appels, mais la Cour de cassation (1) s'est constamment prononcée en sens contraire.

Elle s'est fondée, avec raison, sur ce que l'action possessoire est une demande en justice, aussi bien que l'action pétitoire. Dans les unes comme dans les autres, le
maire représente la commune (art. 10, § 8), il ne doit
agir que comme mandataire de celle-ci, car la loi de 1837
appelait le conseil municipal à délibérer sur les actions
judiciaires (art 19, § 10), et la loi de 1884 reproduit, évidemment, ce principe quand elle dit, d'une façon générale, que le conseil municipal règle par ses délibérations
les affaires de la commune (art. 61). Il faut donc dire
que la dispense d'autorisation signifie, uniquement, dis
pense d'obtenir l'avis favorable du Conseil de préfecture. Dans tout le chapitre qui concerne les actions judiciaires des communes, le mot « autorisation » ne s'applique qu'à cet avis. Du reste, on ne peut pas dire de la
délibération du conseil municipal, qu'elle autorise le
maire à agir, mais bien qu'elle l'y habilite, et lui donne
mandat à cet effet ; de plus il n'y a véritablement aucune
impossibilité matérielle à ce qu'elle intervienne très
promptement : le délai de convocation du conseil mu-

(1) 28 déc. 1863, S. 1864, 1, 41 ; 2 mars 1880, D. 1, 208.

nicipal est de 3 jours (art. 48). Il peut même être abrégé en cas d'urgence par le préfet ou le sous-préfet.

Appel et pourvoi en matières possessoires. — Des controverses se sont encore élevées sur le point de savoir si la commune peut faire appel de la sentence du juge de paix, et se pourvoir en cassation, en matière possessoire, sans recourir à l'autorisation du Conseil de préfecture.

Quelques auteurs (1) avaient cherché à soutenir que la dispense d'autorisation ne s'appliquait qu'au cas où le maire intente l'action possessoire ou défend à cette action intentée contre lui, mais qu'il n'y a aucune raison pour étendre la dispense au cas d'appel ou de pourvoi. Plus tard, la jurisprudence et la majorité (2) des auteurs distinguèrent entre l'appel et le pourvoi en cassation et n'exigèrent l'autorisation que pour le recours suprême. Comment comprendre leur raisonnement? Ils se fondaient sur ce que le pourvoi, à la différence des instances devant le juge de paix et en appel, qui sont sommaires, urgentes et peu coûteuses, « est une procédure qui peut entraîner des lenteurs et des frais considérables, à laquelle les raisons d'ordre public, qui ont fait exiger l'autorisation préalable, s'appliquent nécessairement ». Comment pouvaient-ils s'appuyer sur l'article 49 pour lui faire dire que l'autorisation est nécessaire pour le pourvoi, alors que, d'une part, on n'invoque pas cet article pour l'appel, et que, d'autre part, le pourvoi

---

(1) Circ. du Ministre de l'Intérieur, 18 juillet 1840. Serrigny, t. I, p. 567.
(2) Ministre de l'Intérieur, en 1857. V. *Journal du droit administratif*, t. V, p. 522. Reverchon, *l. c.*, p. 69. — Foucart, *l. c.*, 4ᵉ éd., t. III, p. 533 — C. E. 30 déc. 1843, commune de St-Laurent.

en cassation, avant 1837, était absolument libre pour toute action ? Si l'article 49 ne s'applique pas aux actions possessoires en ce qui concerne l'appel, comment peut-il s'appliquer en ce qui concerne le pourvoi ? C'est pour ces motifs que le Conseil d'État déclare que ce n'est pas la procédure devant tel ou tel juge, mais l'affaire, qui est mise, par l'article 55, en dehors de l'approbation administrative (1).

Référés. — La loi donne au maire la faculté de faire tous les actes conservatoires. Les auteurs et la jurisprudence sont d'accord pour en conclure que le maire peut, sans autorisation, introduire un référé; car, si le législateur n'a pas voulu maintenir les formalités habituelles de l'autorisation dans les cas où elles pourraient occasionner un retard funeste, il n'a pu interdire aux communes l'accès libre de la seule juridiction qui puisse, dans certaines hypothèses, conjurer le danger qui les menace; alors surtout qu'aucun intérêt ne peut être lésé devant cette juridiction, puisqu'il n'y est jamais statué qu'au provisoire, sans porter préjudice au fond (art. 809, C. de Proc.). Le président a donc tout pouvoir pour apprécier l'urgence et admettre le référé du maire, sans que le défendeur soit admis à exciper du défaut d'autorisation.

On sait que la décision du président est susceptible d'appel; lorsque la matière le comporte le maire peut évidemment appeler de cette ordonnance, à titre conservatoire, comme de toute décision judiciaire, mais faut-il appliquer, ici, le paragraphe 2 de l'article 122 et dire qu'il

______

(1) C. E. 17 nov. 1865, commune de Courçon ; 30 nov. 1868, ville de Bourges.

ne pourra suivre sur son appel sans une décision du Conseil de préfecture, ou dire que l'affaire conserve, en appel un caractère d'urgence qui l'en dispense. On a fait remarquer que le motif de dispense peut être plus impérieux pour l'appel que pour le premier degré de juridiction. Ou bien, la commune s'est vu refuser une mesure provisoire qu'elle avait sollicitée, et alors le préjudice que cette mesure aurait eu pour effet de combattre, ira en s'aggravant: ou bien, c'est un tiers qui a réclamé une mesure provisoire que la commune repoussait, et alors l'exécution de l'ordonnance obligera la commune à se hâter (1).

Appelée à statuer sur ce point, la Cour de Chambéry (2) ne s'est pas laissée influencer par ces considérations, et décida qu'il y a lieu de distinguer entre le 1er et le 2e degré ; « que la possibilité de citer d'heure à heure, l'interdiction de la voie d'opposition, l'exécution sur minute nécessitée par l'urgence d'une mesure provisoire, caractérisent la procédure devant le premier juge : mais, qu'après la décision de celui-ci, les règles ordinaires reprennent « en partie » leur empire : qu'en conséquence, le maire doit, pour suivre sur son appel, se pourvoir de l'autorisation du Conseil de préfecture ». Ces mots « en partie » que la Cour de Chambéry a été obligée d'introduire dans ses considérants nous semblent être la base de la condamnation de son système. Exiger l'autorisation, ce serait enlever à la commune la faculté de se servir d'une partie de la procédure organisée en

---

(1) Bazot, *Ordonnances sur référé*, p. 377.
(2) 12 août 1873, *Recueil spécial de Grenoble et Chambéry*, 1873, p. 61.

faveur du plaideur qui succombe en référé : ainsi la faculté d'appel immédiat, corollaire de l'exécution par provision, sans caution, de la sentence, serait illusoire pour les communes. En effet le législateur a voulu qu'on pût par l'appel, faire très rapidement tomber les effets de l'ordonnance du Président : le maire ne pourrait atteindre ce but par l'appel à titre conservatoire, puisque l'appel n'est, et ne peut être, suspensif en cette matière : les délais que nécessite l'autorisation rendraient ineffi-cace, pour la commune, les dispositions que le législateur a édictées en faveur de celui qui appelle d'une décision de référé.

Instances administratives. — Enfin nous rappellerons rapidement que, d'après une pratique constante, l'au-torisation du Conseil de préfecture n'est pas exigée dans les instances qui doivent être portées devant les juridic-tions administratives. L'Édit d'août 1764 l'avait déjà décidé ainsi pour le pourvoi à former devant le Conseil du Roi. L'article 1032 du Code de procédure civile, et l'article 121 de la loi de 1884 n'exigent d'autorisation que pour les demandes en justice, expression qui ne comprend que les actions portées devant les tribunaux judiciaires. On rappelle que les instances administra-tives entraînent peu de frais, que l'autorisation donnée par le Conseil de préfecture aurait un caractère singu lier s'il s'agissait d'une affaire de sa compétence : elle serait incompatible avec l'ordre de la hiérarchie des juridictions, s'il s'agissait d'un pourvoi à former devant le Conseil d'État. Pour qu'il n'y ait aucun doute sur ce point, M. Clément, lors de la discussion de l'article 122 au Sénat, a obtenu du rapporteur cette déclaration, que la commission entendait ne rien changer à la jurisprudence antérieure.

Fixation des indemnités en cas d'expropriation. — Il est hors de doute, qu'en cas d'expropriation pour cause d'utilité publique, la commune puisse, sans autorisation, se présenter devant le jury d'expropriation. Il résulte, en effet, de l'esprit de la loi de 1841 et de la procédure qu'elle organise, que le jury ne peut avoir à connaître d'aucune contestation juridique, mais d'un simple désaccord sur une question de prix. Le maire qui, en vertu des articles 13 et 26, peut accepter amiablement les offres avec l'autorisation du Conseil municipal, pourra aussi, en cas de désaccord, exercer les récusations de jurés au nom de la commune (art. 34), et présenter au jury les observations qu'il jugera convenables (art. 37, L. 3 mai 1841).

Il doit en être de même, bien que ce point ait été contesté (1), dans le cas où, l'administration n'ayant pas poursuivi la fixation de l'indemnité dans les six mois du jugement d'expropriation, la commune userait de la faculté qui lui est accordée par l'article 55 de la loi du 3 mai 1841, et exigerait qu'il fut procédé à cette fixation. Le maire pourrait, sans autorisation du Conseil de préfecture, présenter requête au tribunal de la situation des lieux pour la désignation du magistrat directeur, et, pour la désignation des jurés, s'adresser à la Cour ou au tribunal, suivant la distinction posée par l'article 30 de cette loi. En effet il n'est pas tenu, pour cela, d'appeler la

____

(1) C. E. 6 juillet 1858, ville de Saverne. (Le Ministre des Travaux publics soutenait que la commune n'avait pas qualité pour requérir directement, et en son nom, la convocation du jury: qu'elle devait assigner le préfet devant le tribunal par une action ordinaire pour le faire condamner à procéder à la fixation de l'indemnité.)

4

partie expropriante (1), et la Cour et le tribunal, en déférant à sa requête, accomplissent une simple mesure d'ordre, et non point un acte de leur juridiction.

Oppositions aux états de recouvrements dressés par le maire. — Parmi les contestations judiciaires dans lesquelles la commune peut figurer sans autorisation du Conseil de préfecture, l'article 121 place celle qui est prévue par l'article 154. On sait que le recouvrement des taxes municipales, dues par les habitants en vertu des lois et usages locaux, se fait dans la forme établie pour le recouvrement des contributions et revenus publics. Mais il y a d'autres recettes municipales pour lesquelles ce mode ne peut être applicable, par exemple, le prix d'une vente immobilière, d'une location, l'exécution d'actes passés par la commune comme propriétaire, et autres recettes pour lesquelles les lois et règlements ne prescrivent pas un mode de recouvrement spécial. Elles s'effectuent sur des états dressés par le maire, et rendus exécutoires par le visa du préfet ou du sous-préfet. Les débiteurs peuvent faire opposition devant les tribunaux ordinaires. Dans ce cas, le législateur a pensé que le visa du sous-préfet était une garantie suffisante du bon droit de la commune, pour que celle-ci put défendre à l'opposition, sans autorisation du Conseil de préfecture. Cette dispense s'étend-elle au cas où la commune, succombant sur l'opposition, veut interjeter appel de la décision? La Cour de cassation (2) a été appelée à se prononcer sur la question : elle a décidé que la dispense est générale, et s'applique, aussi bien au 1er degré, qu'à l'appel. L'arrêt

(1) Même solution. Cassation, 12 juin 1860. D. 1861, 1, 130.
(2) V. Dalloz, 1874, 1, 435.

ne donne pas les motifs qui ont porté la Cour à étendre le droit accordé à la commune de « défendre à l'opposition ». Si l'on s'en tient aux termes de l'article 154, on pourrait donc considérer la dispense comme spéciale au cas où la commune est défenderesse. On serait assez porté à raisonner ainsi, si l'on remarque que le rapporteur de la loi de 1837 appuyait uniquement cette dispense sur la présomption de légalité donnée à l'état de recouvrement par le visa du sous-préfet. N'est-il pas vrai que, lorsque la commune succombe, cette présomption tombe; par suite, n'est-il pas convenable qu'on réfère de la question au Conseil de préfecture. Toutefois, on peut rappeler que, d'après l'article 463 du Code de procédure, les appels des jugements rendus en matière sommaire sont portés à l'audience sur simple acte, et sans autre procédure. Les frais seront donc minimes. D'autre part, les oppositions sont des incidents à la poursuite, quelquefois à la saisie, l'urgence ne permet donc pas plus de demander et d'attendre l'autorisation devant le juge d'appel, que devant le tribunal.

Contestations civiles relatives à l'application d'un tarif d'octroi. — D'après la jurisprudence de la Cour de cassation, il est une hypothèse où le maire pourrait agir en justice, dans l'intérêt de la commune, sans être obligé de se munir, ni de l'autorisation du Conseil de préfecture, ni même de celle du Conseil municipal. C'est l'hypothèse où s'élève, entre un particulier et la commune, une contestation civile sur l'application d'un tarif d'octroi, ou sur la quotité du droit réclamé. Elle est portée devant le juge de paix, et, en appel, devant le tribunal.

L'article 81 de l'ordonnance du 27 décembre 1814 dispose, « qu'en pareil cas, le porteur ou le conducteur devra, avant tout, consigner entre les mains du receveur le droit exigé, faute de quoi il ne pourra introduire dans le lieu l'objet qui aura donné lieu à la contestation, sauf à lui à se pourvoir devant le juge de paix du canton. Il ne pourra être entendu qu'en représentant au juge de paix la quittance de la dite consignation, lequel prononcera sommairement et sans frais, soit en premier ressort, soit à charge d'appel, suivant la quotité du droit réclamé ».

La Cour de cassation (1) a pensé que, les contestations devant être soumises au juge de paix à quelque chiffre qu'elles pussent monter, il y avait là organisation d'une procédure spéciale, dans le but de terminer rapidement, et sans frais, les contestations : qu'en conséquence, dans ces contestations, le maire demandeur ou défendeur, soit devant le juge de paix, soit en appel, n'avait besoin de se munir d'aucune autorisation, qu'il se conformait aux vœux du législateur, en comparaissant sur l'avertissement délivré en vertu de la loi du 25 mai 1838, et en consentant à être jugé sans citation.

En résumé, ces contestations, en raison de leur nature, ne seraient donc, en aucune façon, soumises aux règles habituelles qui régissent les procès des communes. Sur ce point, la jurisprudence de la Cour de cassation se montre de plus en plus favorable à laisser tout pouvoir au maire.

En 1848, elle déclarait que la « commune » est dispensée d'autorisation pour défendre devant le juge de

(1) 22 février 1848. D. 1848, I. 59.

paix et pour appeler de la décision du juge de paix, ce qui impliquait que le maire devait agir après délibération du Conseil municipal : cette décision était assez logique, puisque la Cour pensait que la procédure organisée dispensait l'adversaire de la commune du dépôt du mémoire préalable, prescrit par l'article 124. Il y a, en effet, une corrélation intime entre la remise de ce mémoire et la dispense de l'autorisation du Conseil de préfecture.

En 1884, la Cour de cassation (1) décide que l'article 19 § 10 de la loi du 18 juillet 1837 n'est pas applicable en cette hypothèse, pour laquelle est organisée une procédure spéciale, qui doit être intentée et suivie dans les formes déterminées ; qu'en conséquence, l'article 81 de l'ordonnance du 9 décembre 1814 n'impose au maire l'obligation de se pourvoir de l'autorisation du Conseil municipal, ni devant le juge de paix, ni devant le tribunal d'appel.

Il est indiscutable que cet article ne fait qu'indiquer l'autorité compétente pour connaître du procès et les conditions spéciales imposées au débiteur pour qu'il puisse introduire dans la commune l'objet soumis aux droits. Mais on doit remarquer, aussi, qu'il ne porte aucune exception aux règles ordinaires de représentation communale. Si, donc, on croit qu'il existe des raisons pratiques assez sérieuses pour que, dans ce cas, le maire puisse agir suivant sa seule volonté, le législateur de 1884 n'aurait-il pas dû les reconnaître dans un texte explicite ?

____

(1) D. 1884, 1, 472.

CHAPITRE II

L'autorisation du Conseil de préfecture intervient
pour compléter la capacité de celui qui, suivant les hypothèses, est chargé de représenter la commune en justice. Ce rôle appartient, en principe, au maire (art. 90. L.
1884). Il est, dans certains cas, dévolu, soit à un adjoint,
soit à un conseiller municipal, suivant les distinctions
posées par les articles 83 et 84 de la loi.

Il y a, cependant, des cas où l'action communale peut
être exercée par d'autres personnes que les représentants
habituels de la commune; les conditions, dans lesquelles
l'autorisation doit être donnée, subissent, dans ces hypothèses, des modifications que nous devons indiquer.

Ces personnes sont le préfet ou un contribuable de la
commune.

Préfet. — § 1. Il est un genre de propriétés communales dont la gestion appartient directement au préfet.
Nous voulons parler des chemins vicinaux de grande
communication. L'ensemble de la loi du 21 mai 1836,
loin d'indiquer qu'il faille considérer ces chemins
comme faisant partie des propriétés départementales,
prouve, au contraire, qu'ils doivent être compris dans le
domaine des différentes communes qu'ils traversent :

les dépenses, qui les concernent, sont à la charge des communes : elles peuvent recevoir des subventions sur les fonds départementaux (art. 1 et 8), et le sol, en cas de déclassement, revient aux communes. Cependant, à cause des difficultés et du défaut d'harmonie qu'on introduirait nécessairement dans l'administration de ces chemins, si on la laissait aux maires des différentes communes, « la loi de 1836, article 9, a placé ces chemins sous l'autorité du préfet ; par l'effet de cette attribution, le préfet centralise les pouvoirs qui, selon les règles habituelles, appartiendraient à chacun des maires des communes intéressées à la ligne vicinale (1). »

Nous citerons, comme exemple de ces contestations, un procès relatif à des dons et legs, à des subventions, ou à des travaux faits pour la construction ou l'entretien de ces chemins. Toutefois, les pouvoirs du préfet, en cette matière, ne peuvent être aussi étendus que ceux qui lui appartiennent pour les routes départementales : il n'agit que comme représentant des communes, et, comme tel, doit se faire autoriser par le Conseil de préfecture pour l'exercice des actions.

Dans ces hypothèses, la demande du préfet doit-elle être accompagnée des délibérations des conseils municipaux des communes intéressées ? En règle générale, le maire ne doit solliciter l'autorisation de plaider que lorsque le conseil municipal s'est prononcé sur l'opportunité du procès. Dans l'espèce actuelle, on doit partir d'un autre principe : c'est pour maintenir, dans l'administration de ces chemins, l'unité nécessaire à leur bon entretien, que le préfet est appelé à exercer les actions,

(1) Circulaire du Ministre de l'Intérieur du 18 février 1889.

et à accomplir les autres actes juridiques qui les concernent. Or, ce but ne pourrait être atteint s'il était nécessaire de consulter tous les conseils municipaux, et si le
Conseil de préfecture devait tenir compte de leurs délibérations.

Un auteur critique l'attribution faite au préfet en cette
matière, et pense qu'on devrait appliquer à ces actions
le mode de procéder organisé lorsque des communes
possèdent des biens ou des droits indivis (1).

Suivant une circulaire du Ministre de l'Intérieur du
18 février 1839, « il n'y aurait lieu à l'exercice de l'action
par le préfet que pour les intérêts collectifs de ces chemins, pour ceux qui ne pourraient être exercés par chacun des maires des communes intéressées ». Cette opinion, dont la justesse est contestée par Serrigny (2), pour
ce motif que l'on ne met plus exclusivement à la charge
d'une commune les frais d'achat de terrains compris
dans les limites de son territoire (C. E. 8 mai 1861), a
été abandonnée pour une doctrine d'après laquelle, les
communes étant copropriétaires par indivis du sol de
ces chemins, les actions concernant ces chemins, quelles
qu'elles puissent d'ailleurs être, doivent être centrali-
sées aux mains du préfet.

A l'égard des chemins vicinaux d'intérêt commun,
aucune disposition de loi ne les plaçant sous l'autorité
du préfet, il semblerait que le maire dût, seul, représenter la commune et recevoir pour être capable de le faire
l'autorisation du Conseil de préfecture. La jurispru-

(1) Chauveau Adolphe, *Code d'instruction administrative*, 5ᵉ édition, t. I,
p. 62.
(2) *Compétence administrative*, t. I, p. 575.

dence du Conseil d'État et celle de la Cour de cassation s'accordaient sur ce point jusqu'en 1876 (Cass., 4 février 1876. D. 1876, 1, 154 et C. E. 1er décembre 1876). Depuis lors, le Conseil d'État (1) décide que le préfet trouve, dans les articles 44 et 46 de la loi du 10 août 1871, le droit de représenter les communes en ce qui concerne les chemins vicinaux d'intérêt commun.

Ces articles appellent le Conseil général à opérer la reconnaissance, à déterminer la largeur, à prescrire l'ouverture et le redressement des chemins d'intérêt commun, à désigner les communes, qui doivent concourir à la construction et à l'entretien des dits chemins, enfin à fixer le contingent annuel de chacune d'elles.

Néanmoins, la Cour de cassation (2) maintient « que, si ces articles ont enlevé aux communes au profit des Conseils généraux une partie de leurs attributions en ce qui concerne ces chemins, ils ne leur ont, cependant, conféré aucune de celles que les lois en vigueur confèrent aux maires et aux Conseils municipaux ; que, notamment, le droit de représenter les communes dans les actions appartient toujours aux maires » ; l'arrêt se termine par ces mots : « attendu qu'il est constaté par le jugement attaqué que le chemin vicinal dont on a ordonné l'élargissement est un chemin vicinal d'intérêt commun ; qu'ainsi le maire de la commune avait qualité pour la représenter dans l'instance en règlement d'indemnité engagée à l'occasion du dit chemin, qui passait sur son territoire, etc. ».

---

(1) C. E. 12 janvier 1877, Préfet de l'Aude. — 9 mars 1877, Hachette. — 25 mars 1881 et 5 août 1881, Préfet de la Nièvre. — 4 mai 1883, Préfet du Lot.
(2) 8 décembre 1885, *Sirey*, 1886, I. 179,

Une telle divergence d'opinion, entre les deux juridictions suprêmes de l'ordre administratif et judiciaire, est de nature à rendre singulièrement délicate pour le Conseil de préfecture l'exécution de la mission dont la loi l'a chargé. Il ne peut, sans excès de pouvoir, donner une autorisation qui lui est demandée par tout autre que le représentant légal de la commune, à la suite d'une délibération régulière du Conseil municipal.

Quel rôle tiendra-t-il donc si la Cour de cassation et le Conseil d'État ne peuvent se mettre d'accord pour déterminer si, dans l'hypothèse qui nous occupe, il y a exception aux règles générales de la représentation communale ?

§ **2.** Tandis que la loi du 21 mai 1836 appelle le préfet à exercer certaines actions communales, à l'exclusion des représentants habituels de la commune, la loi du 6 décembre 1850, relative au partage des terres vaines de Bretagne, lui ouvre la faculté de revendiquer les droits de propriété que les communes pourraient avoir sur des terres dont la propriété leur a été reconnue par l'article 10 de la loi du 28 août 1792, mais est restée indivise depuis lors entre elles et des tiers.

Il faut remarquer que la loi de 1850 a conservé le principe de la loi de 1836 et n'a pas donné au préfet plein pouvoir pour exercer, à son seul gré, l'action communale. Mais, dans cette hypothèse, ce n'est plus au Conseil de préfecture qu'il doit demander l'autorisatien d'agir : il doit obtenir l'avis favorable de trois jurisconsultes désignés conformément à l'article 467 du Code civil, c'est-à-dire par le procureur près le tribunal de première instance.

Le même avis est nécessaire au préfet pour interjeter appel ou pour se pourvoir en Cassation.

§ **3.** Il est une autre hypothèse dans laquelle tous les auteurs paraissent (1) maintenant d'accord pour recon-

(1) Avant la loi de 1884, le Ministre de l'Intérieur soutenait déjà que le préfet tenait cette faculté de l'article 15 de la loi de 1837, reproduit textuellement par l'article 85 de la loi de 1884. Certains auteurs, au contraire, pensaient que le préfet ne pouvait se substituer au maire que dans les cas où celui-ci refusait ou négligeait d'exécuter un acte qu'il accomplit comme délégué du pouvoir central et non dans ceux qu'il accomplit comme chef de l'association communale : peut-être, en effet, le législateur de 1837 n'avait-il entendu viser que ceux-là. M. Vivien disait en 1837 : « Il faut que le préfet ne puisse user de ce droit que pour les actes formels exigés par la loi, et, qu'à l'aide de ce droit, il ne puisse annuler l'autorité municipale. Pour éviter toute incertitude, nous avons effacé de l'article tous les mots qui présentaient une signification vague, et nous limitons ce droit aux seuls cas où le maire a refusé de faire un acte prescrit par la loi. » Supprimer toute incertitude est un but que le législateur croit trop souvent atteindre.

Toutefois, sur le point qui nous occupe, c'est un reproche qu'on ne peut adresser au législateur de 1884 : à son insu, peut-être, il a anéanti la controverse.

En lisant les lignes que nous allons rapporter, on verra quels motifs conduisent maintenant les adversaires de l'ancienne jurisprudence à abandonner le débat. L'un d'eux, M. Ducrocq (Études sur la loi municipale de 1884, p. 40) s'exprime ainsi : « Nous nous sommes ralliés à l'interprétation donnée par le Ministre de l'Intérieur à l'ancien article 15 de la loi de 1837. Le législateur nous paraît avoir emprunté ce texte à la législation antérieure en lui donnant la portée que lui reconnaissait la jurisprudence du Ministère de l'Intérieur. La place donnée par la loi nouvelle avant tous les articles qui traitent des diverses attributions du maire, et spécialement avant celles qui lui appartiennent comme chef de l'association communale, ne permet plus une distinction entre ces attributions diverses.

Il suffit donc qu'il s'agisse d'un acte formel, précisément exigé par la loi, car il n'y a plus à distinguer entre les attributions propres au pouvoir municipal, et celles que l'article 50 de la loi du 14 décembre 1789 sur les municipalités déclare propres à l'administration générale de l'État, déléguées par elle aux municipalités.

Le texte, qui impose au maire l'obligation légale de cet accomplissement des actes de la vie civile de la commune, régulièrement votés par le conseil municipal, n'est autre que l'article 90 § 10 : « le maire est chargé d'une manière générale d'exécuter les décisions du conseil municipal ».

C'est un devoir que ce texte lui impose ; l'exécution des décisions du conseil municipal devient un acte formel, précisément exigé par la loi.

Ce qu'il y aurait de choquant au premier abord à voir un acte de la vie civile de la commune exécuté par le préfet ou son délégué, est atténué et

naître au préfet ou à son délégué le droit de représenter la commune en justice. C'est celle où le maire, après en avoir été requis, refuserait d'exécuter la délibération du Conseil municipal, soit en n'adressant pas la demande d'autorisation au Conseil de préfecture, soit en n'engageant pas l'instance, lorsque ce Conseil lui en a donné la faculté et que le Conseil municipal a exprimé sa volonté que l'action fût suivie.

Toutefois, il faut bien remarquer que, dans ce cas, il ne doit en rien être dérogé aux règles et aux conditions ordinaires de l'autorisation de la commune. Le préfet se substitue au maire qui néglige de faire un acte prescrit par la loi, et assure l'exécution de la délibération régulière du conseil municipal. Mais il tient tous ses pouvoirs de cette délibération : par suite, le rôle du Conseil de préfecture et les conditions de son autorisation doivent rester absolument les mêmes que si la commune était représentée par son maire.

Contribuable. — La loi de 1837, dans les 3e et 4e paragraphes de son article 49, avait créé une innovation en accordant aux contribuables d'une commune, sous la réserve de certaines formalités, le droit d'exercer les actions communales lorsque le Conseil municipal refuserait ou négligerait de le faire. Les travaux préparatoires de la loi indiquent qu'on avait pensé « qu'il est tels droits qui, bien que communaux, intéressent spéciale-

disparaît, car il s'agit d'assurer l'exécution d'une délibération régulière à laquelle le maire refuse de procéder. L'article 85 se trouve donc, dans ce cas, un moyen d'assurer l'exécution de la loi et de faire triompher la volonté du conseil municipal de la résistance du maire. Loin donc de porter atteinte à ces franchises, elle a pour but, dans ce cas, d'assurer l'exécution de la loi qui consacre ces franchises.

ment un simple habitant de la commune, et, pour l'exercice desquels il ne doit pas être entravé par le mauvais vouloir du Conseil municipal ». A plus forte raison doit-il en être de même lorsqu'il intente une action communale dans un but personnellement désintéressé, ou sans y avoir plus d'intérêt que les autres contribuables de la commune.

La loi de 1884 a conservé cette faculté aux contribuables, car l'usage qu'ils en ont fait depuis 1837 prouve que le rapporteur de la loi de 1837 ne s'était pas trompé, en la présentant comme devant offrir de réels avantages, tant aux contribuables, qu'aux communes (1).

On a donc, au premier abord, peine à comprendre pour quel motif, lors de la discussion de la loi de 1884, M. Jules Roche, membre de la Chambre des députés (2), proposa de supprimer cette disposition. Il y était amené parce qu'il considérait comme injuste qu'une commune, au cas où elle a refusé d'agir, pût, par l'effet d'une mise en cause forcée, se trouver contrainte de subir un jugement défavorable pour elle, alors qu'elle avait sainement prévu les conséquences du procès.

Le rapporteur lui répondit « que la mise en cause de la commune était indispensable pour que les questions litigieuses ne restassent pas indéfiniment en suspens à son égard, et qu'on avait une garantie que la commune ne serait pas conduite en justice, sans que l'affaire ait été

(1) Le Ministre de l'agriculture, lors de la discussion de l'article 85, a montré qu'il y a des exemples de connivence coupable entre des conseils municipaux et les adversaires de la commune. Lorsque le conseil municipal refuse alors d'agir, l'administration centrale invite un contribuable à sauvegarder par une action judiciaire le patrimoine communal.

(2) Séance du 26 février 1883.

sérieusement examinée ». En effet, le contribuable, pour pouvoir exercer l'action de la commune, doit obtenir l'autorisation du Conseil de préfecture. Or ce sera le rôle de ce Conseil de peser les motifs que le contribuable invoque à l'appui de sa demande, et de décider si, au point de vue des intérêts communaux, ils l'emportent sur ceux qui ont déterminé le Conseil municipal à rester dans l'inaction.

L'utilité de cette garantie a été si bien comprise que, dans la discussion de la loi de 1884 au Sénat (1), il a été explicitement exprimé : 1° que le contribuable ne pourrait se passer de cette autorisation, même quand il s'agirait de porter l'action de la commune devant un tribunal administratif ; — 2° que le contribuable ne pourrait se considérer comme autorisé à agir, tant que le Conseil de préfecture, statuant sur sa demande, ne l'aurait pas expressément habilité, autrement dit que l'innovation, créée par le paragraphe 3 de l'article 121, restait spéciale au cas où la commune était représentée par son maire, et ne pouvait, dans le silence de l'article 123, être étendue au contribuable.

Le Conseil de préfecture pourra se prononcer en toute connaissance de cause ; en effet, à l'appui de sa demande, le contribuable produira un extrait du procès-verbal des décisions du Conseil municipal comme justification du refus de celui-ci (2).

Le Conseil de préfecture, à qui cette demande est faite, doit se livrer à la vérification de trois conditions qu'il convient d'étudier. Elles sont indiquées par l'article 123 :

(1) 12 mars 1884.
(2) C. E. 15 novembre 1871. Valette.

1º Il faut que le demandeur soit un contribuable inscrit au rôle de la commune. — C'est là une condition de rigueur, qui ne peut avoir pour équivalent, ni la qualité d'habitant, ni celle d'électeur. Il ne peut y avoir doute sur ce point, après les observations échangées entre le rapporteur de la loi de 1884 et M. Jules Roche, député.

En présence des mots « tout contribuable » figurant dans l'article 123, nous nous demanderons si le Conseil de préfecture peut donner l'autorisation de plaider à tout étranger inscrit au rôle de la commune, même à celui qui n'a pas été autorisé à établir son domicile en France. M. Morgand (1), bien qu'il reconnaisse que la question puisse faire doute, répond affirmativement, et, étant donné la généralité du texte, c'est donner là, probablement, la meilleure solution. On doit espérer que les Conseils de préfecture veilleront avec soin à ce que le droit communal ne soit pas compromis par le fait d'un étranger qui, étant retenu dans la commune par des attaches moins solides que tout autre contribuable, pourrait plus facilement les rompre, et se soustraire aux conséquences fâcheuses que la perte du procès entraînerait pour les autres contribuables.

Toutefois, si, d'une part, on observe que la faculté d'exercer les actions de la commune a été accordée aux contribuables comme un avantage et comme une faveur, et si, d'autre part, on remarque que les étrangers, non domiciliés en France, ne sont pas admis à profiter de toutes les prérogatives communales dont jouissent les nationaux (2), on peut regretter que le législateur ne se

(1) *Loi municipale*, t. 2, p. 247.
(2) L'aptitude des étrangers à profiter de certains droits de jouissance

soit pas exprimé d'une manière catégorique à l'égard des contribuables non Français.

2° L'article 123 dit que le contribuable a le droit d'exercer l'action « à ses frais et risques ».

Dalloz (Comm. n° 1725) paraphrase cette disposition en ces termes : « Il ne devra être autorisé qu'autant qu'il se soumettra à cette obligation, soit expressément, soit en déclarant qu'il veut agir dans les termes de l'article 49, et, en conséquence, qu'autant qu'il sera dans une situation qui lui permette de faire face à ces frais et risques, car il ne peut être permis à personne de compromettre les droits d'autrui dans un procès ».

Supposons que le Conseil de préfecture ait des doutes sur le point de savoir si le contribuable est ou non dans « cette situation ». Il importe que l'autorisation ne soit pas donnée à « un contribuable peu solvable que la

communaux a été l'objet de controverses :

En matière d'affouage, à l'époque où l'article 105 primitif du Code forestier était en vigueur, la Cour de cassation (22 février 1860, D. 1, 180) avait cru pouvoir admettre les étrangers habitant dans la commune à participer à l'affouage, car, disait-elle, la loi du 10 juin 1793 qui exige la qualité de Français est ici sans application, ses dispositions se réfèrent uniquement au partage des biens communaux et laissent en dehors la simple jouissance, ainsi qu'il résulte de l'article 15 de la section 3. On a dit aussi que le droit des étrangers à la jouissance peut résulter de ce que les revenus des biens communaux doivent servir, d'abord, à acquitter les dépenses de la commune. D'où il suit que tous ceux sur qui pèsent ces dépenses ont droit à se rembourser sur les jouissances des biens communaux. La jurisprudence du Conseil d'État s'était prononcée en sens contraire (26 avril 1808 et 16 juillet 1810). Le droit d'affouage fut explicitement refusé aux étrangers non domiciliés par les lois du 25 juin 1874 et 23 nov. 1883. Pour l'obtenir, il est donc nécessaire qu'ils aient été autorisés à établir leur domicile en France. Le rapporteur de la loi de 1874, exposant les formalités nombreuses auxquelles cette autorisation est soumise, disait que l'étranger qui la demande manifeste ainsi une intention sérieuse de se fixer dans la commune : que dès lors on n'a plus à craindre que ce soit un individu désireux de profiter des avantages accordés aux nationaux, mais pouvant s'y soustraire, si les charges deviennent trop lourdes.

commune mettrait en avant pour éviter les conséquences d'un procès douteux (1) ».

. Quels sont, dans ce cas, les droits du Conseil de préfecture.

Le Ministre de l'Intérieur, dans une circulaire, les déterminait en ces termes : « Aucune disposition de loi ou de règlement ne s'oppose à ce que le Conseil de préfecture subordonne son autorisation à des réserves, et ne l'accorde au contribuable que sous la condition du dépôt préalable du montant présumé des frais, sauf à ce contribuable à se pourvoir devant le Conseil d'État, dans la forme administrative, contre une décision qu'il ne trouverait pas suffisamment justifiée » (2). Cette circulaire a été vivement critiquée pour des raisons qui ne nous semblent pas fondées. On a dit que le Conseil de préfecture ne pouvait, dans ce cas, que refuser l'autorisation ; qu'agir comme le Ministre de l'Intérieur l'indique, serait exiger du contribuable français une véritable caution *judicatum solvi*, et que la décision d'un Conseil de préfecture, contenant une telle disposition, serait susceptible d'être attaquée devant le Conseil d'État pour excès de pouvoir (3). N'est-ce pas là mal apprécier le caractère du rôle du Conseil de préfecture. En autorisant le contribuable, il ne rend pas un jugement comme le fait le tribunal dans le cas de l'article 167 du Code de procédure civile : il fait acte de puissance publique, ayant un pouvoir discrétionnaire pour apprécier si le contribuable doit être admis à exercer l'action communale. Après

(1) Rapport de M. Vivien, 1ᵉʳ mai 1836.
(2) V. *Journal du droit administratif*, t. V, p. 316.
(3) Chauveau Adolphe et Tambour, *Code d'instr. admin.* nᵒˢ 1096 et 1099.

examen, il lui apparaît qu'une des conditions prescrites par la loi n'est pas remplie, et, en effet, on ne peut pas dire que celui-là plaide à ses risques et périls qui est, probablement, insolvable. Pourquoi ne pourrait-on pas offrir au contribuable le moyen de faire tomber, par une consignation préalable, un doute qui serait de nature à entraîner un refus d'autorisation. Si on contraint le Conseil de préfecture à prononcer purement et simplement ce refus, on l'obligera à motiver son arrêté ; or, si l'action est fondée, il y a utilité pour la commune à ce qu'elle soit exercée, et le Conseil ne pourrait, à l'appui de son refus, qu'alléguer l'insolvabilité du contribuable. En quel point la situation de celui-ci sera-t-elle, alors, préférable à celle que voulait lui faire le Ministre de l'Intérieur ? Il ne sera même pas en situation de savoir si le Conseil de préfecture n'a pas fait une évaluation exagérée des frais éventuels du procès. Quoi qu'il en soit, nous ne pensons pas que le contribuable, au cas où le Conseil de préfecture lui aurait imposé l'obligation de fournir caution, « puisse plaider sans tenir aucun compte de cet accessoire » (1). Ce serait aller complètement à l'encontre des raisons pour lesquelles, ainsi que M. Vivien l'expliquait, on a exigé du contribuable l'autorisation du Conseil de préfecture (2).

(1) Chauveau Adolphe et Tambour, *l. c.*, § 1099.

(2) Pour soutenir l'opinion contraire on s'est appuyé sur la première rédaction de l'article 47 du projet. « Dans tous les cas, l'autorisation doit être accordée si plusieurs habitants offrent, sous caution, de se charger personnellement des frais du procès, de répondre des condamnations qui seraient prononcées contre les communes. Le Conseil est juge de l'insuffisance de la caution. » Si l'article définitif, a-t-on dit, ne fait plus mention de cette caution, c'est qu'elle ne peut plus être exigée. — Nous pensons que le projet a été modifié parce qu'il faisait, au Conseil de préfecture, une obligation d'autoriser le contribuable qui offrait caution, et bornait son

3° Il faut que la commune, préalablement mise en demeure de délibérer sur l'action que le contribuable croit appartenir à la commune, ait refusé ou négligé d'agir.

Nous avons déjà vu que cette délibération peut éclairer le Conseil de préfecture dans la décision qu'il doit prendre, mais que ce n'est pas là le seul but dans lequel elle est exigée. Elle est, pour le contribuable, une condition essentielle mise à l'ouverture du droit d'exercer les actions communales ; aussi, la jurisprudence est-elle fondée à exiger avec rigueur l'accomplissement de cette formalité (1). Le Conseil d'État adopte, de préférence à tout autre, ce moyen de nullité, lorsqu'il s'en présente plusieurs qu'on puisse invoquer contre un arrêté d'un Conseil de préfecture (2). Il faut que le Conseil municipal ait exprimé ce refus sur la mise en demeure d'agir à lui faite par le contribuable ; il faut qu'il ait été spécialement appelé à délibérer sur ce point, alors qu'il était bien averti que son inaction n'arrêterait pas le procès, parce qu'un contribuable de la commune a manifesté l'intention de se servir de cette délibération comme fondement de son droit d'action.

Il se pourrait, en effet, que, dans un but de conciliation et d'apaisement, le Conseil municipal préférât ne pas poursuivre son droit devant les tribunaux, mais, qu'au cas où il saurait que ce but ne pourrait être atteint, il n'entendît laisser, à aucune autre personne, la mission de diriger le procès.

rôle à l'évaluation du procès. Les paroles de M. Vivien, lors de la présentation du texte adopté, montrent que la loi a entendu donner au Conseil de préfecture une mission beaucoup plus large, qui rend admissible la solution émise par le Ministre de l'Intérieur.

(1) C. E. 27 décembre 1875, Fleury.

(2) C. E. 6 avril 1872, Barbe.

Il y a, pour le Conseil municipal, un moyen de différer
le droit d'action du contribuable (1). Il peut, en effet,
lorsqu'il est mis en demeure d'agir, ne pas demeurer
complètement inactif, mais inviter simplement le maire
à faire, à l'adversaire, des offres de transaction. En conséquence, par suite des retards qu'une telle tentative est
susceptible d'entraîner, le Conseil municipal, hostile au
procès, peut trouver en elle un moyen facile d'éluder le
droit du contribuable, par exemple lorsqu'une prescription est sur le point de s'accomplir : pour éviter un tel
résultat, peut-on admettre que le contribuable ait, avant
l'autorisation, qualité pour accomplir des actes conservatoires ? Certes, les représentants des communes peuvent,
sans attendre l'autorisation, faire tous les actes conservatoires que peuvent exiger les circonstances, interrompre une prescription pour empêcher une déchéance. Mais,
en présence des termes des articles 90 § 1 et 122 l. 5 avril
1884, on pourrait soutenir qu'il ne doit pas en être de
même du contribuable, car c'est seulement au maire que
cet article confère le droit de faire les actes conservatoires : n'est-il pas facile de trouver de bonnes raisons
de distinguer à cet égard entre le maire, qui est présumé
avoir un mandat pour conserver les biens de la commune, mandat qu'il n'exerce que sous le contrôle du Conseil
municipal et la surveillance de l'autorité supérieure, et le
contribuable qui n'est revêtu d'aucun mandat similaire?
Autrement, ne serait-ce pas accorder au contribuable une
faculté qui pourrait être vexatoire pour des tiers ? Le contribuable peut obtenir l'autorisation d'exercer l'action de
la commune : mais, la première condition d'existence de

(1) C. E. 25 mars 1845, Cambessèdes. — Reverchon, *l. c.*, p. 116.

son droit est que l'action se trouve encore dans le patrimoine de la commune et qu'elle y soit conservée par celui qui a mission pour cela, c'est-à-dire, par son représentant légal.

La jurisprudence, cependant, a fait remarquer que, dénier au contribuable le droit de faire, au besoin, des actes conservatoires, ce serait le mettre, parfois, dans l'impossibilité de sauvegarder efficacement le droit de la commune. Suivant elle, on subordonnerait ainsi son initiative à une restriction qui n'est pas expressément écrite dans la loi et que la nécessité de l'autorisation du Conseil de préfecture rend, jusqu'à un certain point, sans objet (1).

Elle décide donc, à l'égard du contribuable, comme elle le fait à l'égard de la commune, que l'autorisation, rapportée avant le jugement, valide la procédure irrégulièrement commencée.

Lorsqu'une commune, ayant demandé au Conseil de préfecture l'autorisation de plaider ou d'appeler, se l'est vu refuser, et ne se pourvoit pas contre l'arrêté, doit-on considérer son inaction comme rendant recevable une demande d'autorisation de la part d'un contribuable ? Il nous semble que la question doit être résolue par une distinction (2). Le contribuable forme-t-il sa demande avant l'expiration du délai de deux mois dans lequel la commune peut utilement se pourvoir, cette demande ne

(1) C. E. Dalloz, 1861, 3, 36.

(2) Nous pensons qu'on peut interpréter ainsi une ordonnance du Conseil d'État, 8 janvier 1840 (Vaillant) et un arrêt de la Cour de Bourges, 6 avril 1840 (D. 1841. 2. 83). Nous parlerons plus loin d'un arrêt de la Cour de Bordeaux qu'on rapproche généralement des précédents et qui nous semble avoir une portée sensiblement différente.

doit être, croyons-nous, recevable qu'autant que le Conseil municipal a été mis en demeure de déclarer si son intention était de se pourvoir, et y a répondu négativement. Au contraire, si les deux mois sont écoulés, si la commune se trouve ainsi déchue de tout recours, la simple constatation de l'inaction du Conseil municipal peut être considérée comme constituant, de sa part, une négligence de suivre l'action ou l'appel.

Dès lors, le contribuable est en droit de s'en prévaloir pour demander au Conseil de préfecture l'autorisation de se substituer à elle.

Cette 3ᵉ condition, posée par l'article 123, nous semble entraîner, comme conséquence, que le Conseil de préfecture ne peut donner à un contribuable l'autorisation d'intervenir dans une instance de la commune.

Dalloz (1) prévoit cette hypothèse, et prétend que la loi de 1837 a été faite pour empêcher que les administrateurs des communes ne pussent compromettre le droit des administrés, et pour que les procès des communes fussent suivis sérieusement. Il en conclut qu'un contribuable peut se faire autoriser à intervenir dans l'instance engagée par la commune. N'est-ce pas là se méprendre sur les intentions du législateur ? Si elles étaient véritablement telles, ne pourrait-on lui reprocher de les avoir exprimées d'une façon complètement contradictoire, en disant « que le contribuable pourra exercer les actions que le Conseil municipal aurait refusé ou négligé d'exercer ».

L'espèce s'est présentée devant la Cour de cassation et devant le Conseil d'État.

(1) *Rép.* T. X, n° 1463.

En 1875, des habitants s'appuyaient sur la responsabilité que leur imposait alors la loi du 10 vendémiaire an IV pour intervenir, sans autorisation, dans un procès où la ville de Lyon était défenderesse : ils voulaient faire valoir une exception que la ville n'opposait pas ; en effet, ils disaient que, du moment qu'ils devaient personnellement souffrir de la condamnation, ils avaient intérêt personnel à l'empêcher : la Cour d'appel infirma le jugement par lequel le tribunal avait admis leur intervention, « attendu que la loi de 1837 est applicable aux intervenants, et que les contribuables ne rapportent pas l'autorisation du Conseil de préfecture ». L'avocat général soutint que, dans ce cas, la commune n'était pas la vraie débitrice, mais qu'elle n'était qu'un intermédiaire entre les contribuables et la partie lésée, ayant mission d'acquitter, sauf recours, leur dette vis-à-vis de la partie lésée ; qu'en conséquence, les habitants ne faisaient que défendre leur propre cause, et n'avaient pas besoin d'autorisation, en cette hypothèse.

Nous n'avons pas à nous occuper de la question de savoir si la commune était ou non la véritable débitrice. Mais, admettant qu'elle ne l'était pas, l'avocat général paraissait donc raisonner logiquement, en concluant que, dans l'espèce, les habitants étaient dispensés d'autorisation.

Au contraire, la décision de la Chambre des requêtes (1) est-elle bien déduite? Visant le paragraphe 3 de l'article 49 de la loi 1837, et la loi du 10 vendém. an IV, la Cour disait : « Attendu que les sieurs Feuillat et consorts n'avaient dans la cause d'autre intérêt que

____
(1) D. 1875, 1, 147.

celui de tout contribuable appelé à figurer dans la répartition ultérieure des sommes avancées par la commune, quel que soit, d'ailleurs, le mode de contribution pratiqué ; qu'en déclarant l'intervention non recevable, faute de rapporter l'autorisation requise par le paragraphe 3 de l'article 49, l'arrêt avait fait une juste appréciation, tant des règles du droit commun, que de la loi du 10 vendémiaire an IV ». Précisément, il nous semble, qu'en droit commun, le Conseil de préfecture ne peut autoriser un contribuable à intervenir comme tel dans l'instance dans laquelle figure la commune. Il doit justifier d'intérêts personnels et distincts de ceux qu'elle représente. C'est elle qui est chargée de conduire les procès qui l'intéressent, et elle est libre de le faire comme elle l'entend. Le droit d'action du contribuable ne naît que si la commune a refusé ou négligé d'agir ; telle n'est pas la situation de celle-ci, lorsqu'elle est déjà engagée dans une instance (1).

Faut-il dire que cette condition fait défaut lorsque la commune a intenté une action, puis s'en est désistée ? Le contribuable ne peut-il reprendre l'action en vertu de l'article 123 ? M. Morgand (2) semble incliner à penser que, dans une telle hypothèse, le contribuable ne peut se fonder sur la négligence ou sur le refus d'agir de la commune. Décider ainsi est très logique de la part des auteurs qui considèrent le désistement comme équivalent à une transaction sur procès, car il est certain que le contribuable ne peut agir, lorsqu'il est intervenu, entre la commune et son adversaire, une transaction approu-

(1) C. E. 4 mai 1877, Com. St-Germain.
(2) *Loi municipale*, T. II, p. 246.

vée par arrêté préfectoral (1) ; mais il n'en est plus de même, lorsqu'on a soutenu, comme nous l'avons fait, que le désistement peut n'être qu'une renonciation à la procédure commencée, renonciation, dont l'effet est de remettre les choses dans le même état que si l'instance n'avait pas eu lieu. Le désistement n'entraînerait donc pas impossibilité de renouveler l'instance : le droit de la commune, après un désistement, pourrait donc encore être ouvert : elle pourrait, dans la suite, avoir intérêt à le faire valoir de nouveau devant les tribunaux.

Fréquemment, la commune se désiste par crainte de poursuivre un procès dont les frais excéderaient les ressources dont elle dispose. Dans ces conditions, lorsque son droit n'est pas éteint par une prescription, lorsqu'elle pourrait, elle-même, renouveler son instance, nous ne voyons pas pour quelle raison on refuserait au contribuable la faculté qui lui est donnée par l'article 123, pourvu, toutefois, qu'il remplisse les formalités imposées par cet article, c'est-à-dire, dans l'espèce, qu'il mette le Conseil municipal en demeure de renouveler son action, et que, sur son refus, il obtienne, du Conseil de préfecture, l'autorisation d'agir.

L'article 123, en accordant au contribuable la faculté d'exercer « les actions qu'il croit appartenir à la commune », lui donne-t-il celle d'appeler d'un jugement ou d'un arrêt rendu contre une commune.

Bien que l'appel et le pourvoi ne soient pas à proprement parler des « actions », et que la forme dubitative de cette expression, « croit appartenir », semble indiquer

____

(1) C. E. 19 novembre 1881, Com. d'Urtaca.

que le législateur (1) a entendu parler d'un procès à
engager, plutôt que d'un recours à exercer (lequel appartient toujours à la commune, comme à tout plaideur), la
jurisprudence, néanmoins, a interprété le mot action
dans son sens le plus large, et a reconnu au contribuable
le droit de se présenter, pour la première fois, au nom
de la commune, devant une juridiction quelconque.

Toutefois, si l'on remarque que le contribuable, lorsqu'il agit au nom d'une commune, constitue, dans l'instance, une partie distincte de la commune, puisque
celle-ci doit être mise personnellement en cause et y être
représentée par son maire, il peut paraître singulier que
le contribuable ait la faculté d'appeler et de se pourvoir
contre un jugement et un arrêt dans lesquels il n'a pas
figuré ès nom.

A diverses reprises, des plaideurs ont présenté ce raisonnement aux Cours d'appel et à la Cour de cassation,
pour les amener à déclarer non recevable l'appel ou le
pourvoi d'un contribuable.

La Cour de Rouen (2) a répondu à cette objection :

(1) Voici en quels termes M. Vivien, dans son rapport sur la loi de 1837,
s'exprimait sur l'innovation que cette loi allait consacrer : « Le droit qu'on
vous propose de créer n'est pas sans inconvénients : on peut craindre que
la commune, pour éviter les conséquences d'un procès douteux, ne mette
en avant un habitant peu solvable ; que l'exercice de ce droit ne serve à
favoriser des tracasseries personnelles et des inimitiés privées ; qu'enfin
la commune n'ait de justes raisons de ne pas intenter, à telle époque donnée, une action judiciaire, qu'elle ne peut pas appuyer de toutes les justifi-
cations nécessaires. Toutefois, il est tels droits qui, bien que communaux,
intéressent spécialement un habitant, et pour l'exercice desquels il ne doit
pas être entravé par le mauvais vouloir du Conseil municipal ». Ces paro ·
les ne semblent-elles pas viser le premier degré de juridiction ?

(2) 17 juillet 1869, Lebreton et Deshayes. —V. aussi l'arrêt suivant de la
Cour de cassation (D. 1873, 1, 417) : Sur la fin de non recevoir tirée de ce
que le contribuable paraissait pour la première fois en Cassation, la Cour
répondit : « Attendu que le demandeur a été autorisé à agir par arrêté du

1° que l'appel est une des parties essentielles de l'action, puisqu'il peut avoir pour résultat d'infirmer une décision préjudiciable à la commune ; 2° que, si le contribuable, qui n'a pas été partie en première instance, le devient en appel, c'est là une conséquence du système adopté par la loi ; 3° qu'après tout, l'appelant a été représenté, comme contribuable, par le maire devant le tribunal ; 4° qu'il porte en appel, non un procès nouveau, mais celui qui avait été soumis aux premiers juges ; 5° qu'en résumé, sur le refus de la commune d'agir, la loi permet que ses intérêts soient défendus par un représentant *ad hoc*, procédant à ses frais et risques.

Entre tous ces arguments, le second et le cinquième nous paraissent être les meilleurs qu'on puisse invoquer à l'appui de la solution donnée par l'arrêt : il nous semble, au contraire, beaucoup moins juridique de dire que le maire, représentant la commune, personne morale, représente aussi chaque contribuable au point de lui donner le droit éventuel d'appeler, comme s'il avait été partie présente au procès de première instance.

Toutefois, pour que le contribuable puisse, au nom de la commune, faire réformer un jugement ou casser un arrêt qu'il n'avait pas personnellement requis, il n'est pas seulement nécessaire que les délais d'appel et de cassation ne soient pas écoulés, il faut, encore, que la commune ne se soit pas vu refuser, par une décision

Conseil de préfecture, lequel constate que le demandeur est inscrit aux rôles des contributions, et que la commune a été appelée à délibérer ». A moins que la Cour de cassation n'ait considéré que l'acte administratif d'autorisation lui imposait l'obligation de déclarer le contribuable recevable, ce qui n'est pas vraisemblable, elle a sanctionné, par les mots que nous citons, la solution de la Cour de Bordeaux.

définitive de l'autorité administrative, la faculté de suivre sur l'appel ou le pourvoi que le maire, à titre conservatoire, aurait formés en son nom. En effet, en pareille hypothèse, la commune a épuisé par elle-même le droit qu'elle avait de saisir le deuxième degré de juridiction ou la Cour suprême : par suite, admettre le contribuable à plaider, « ce serait autoriser deux recours identiques, ce qui est inadmissible » (1).

Lorsqu'il s'est assuré que le contribuable a rempli ces trois conditions, le Conseil de préfecture peut, s'il le juge convenable, accorder au contribuable l'autorisation qu'il demande pour être dans le procès, soit demandeur, soit défendeur au lieu et place de la commune. Il n'y a pas lieu de distinguer entre les deux hypothèses, ainsi que l'a fait un auteur (2) en s'appuyant sur ce qu'au cas de défense, « la commune, n'ayant pas d'initiative à prendre, ne saurait avoir d'autre représentant que son maire ».

Sans compter que c'est faire là une distinction que les termes de l'article 123 n'autorisent pas, c'est oublier que l'intervention du contribuable peut être d'un grand secours à une commune, lorsque, vu la modicité de ses ressources, elle n'est pas en mesure de faire face aux dépenses d'un procès contradictoire.

Dans ce cas, au contraire, le Conseil de préfecture sera déchargé d'une certaine responsabilité ; en effet, il n'aura plus à examiner si la demande est, ou non, intempestive, car, de toute manière, le demandeur, après un délai de deux mois, poursuivrait son instance et ferait juger

______

(1) Cour de Bordeaux, 29 janvier 1839 (D. 1840, 2, 33).
(2) Cabantous, *Droit administratif*, 6ᵉ édition, 1881, p. 466.

la commune par défaut. On serait donc, plutôt, amené à dire que, dans ce cas, la commune ayant tout intérêt à ce que ces droits fussent défendus, il est inutile d'exiger du contribuable une autorisation du Conseil de préfecture. Cependant, en raisonnant ainsi, on oublierait qu'il existe des motifs pour lesquels elle est nécessaire dans ce cas, comme dans celui où la commune est demanderesse. Dans les deux hypothèses, il faut éviter qu'on intente ou qu'on prolonge, au nom des communes, des procès, dans lesquels elles n'ont aucune chance de succès, et qui pourraient dégénérer en chicanes (1).

Nous avons dit que, lors de la discussion de la loi municipale au Sénat, M. Clément avait proposé d'insérer dans l'article 123 l'obligation, pour le contribuable, d'obtenir une autorisation, même pour porter devant un tribunal administratif une action de la commune. Surpris de cette proposition, le rapporteur répondit : « Mon opinion est qu'il ne peut y avoir deux règles, et que, de même que la commune, lorsqu'elle plaide devant un tribunal administratif, est dispensée d'autorisation, je ne vois aucune raison pour que le contribuable, qui veut exercer une action au nom de la commune, soit obligé d'en demander une ».

Cependant, après la loi de 1837, à laquelle l'article 123 est textuellement emprunté, la question s'était présentée, et la jurisprudence et les auteurs avaient trouvé de bonnes raisons de ne pas étendre au contribuable la liberté qui avait été laissée à la commune (2). Ils n'étaient pas arrivés à cette conclusion, sans se heurter à

(1) C. E. 22 février 1875. Com. de Cemboing.
(2) Reverchon, *l. c.*, p. 122. — Chauveau, *l. c.*, n° 1085.

des objections. Le Conseil d'État, statuant au contentieux, avait, d'abord, décidé que les dispositions de l'article 50 de la loi de 1837 n'étaient applicables qu'au cas
où il s'agit d'exercer une action devant les tribunaux :
il est certain que les articles 49 et suivants étaient compris dans un titre spécial de la loi, intitulé « des actions judiciaires et des transactions » (1).

Cependant, on a fait valoir que, lorsque le Conseil
municipal refuse d'agir, à un moment donné, devant un
tribunal administratif, il peut y être déterminé par des
raisons sérieuses qu'il importe de respecter : peut-être
le moment n'est-il pas propice pour exercer l'action de
la commune : on ne peut permettre à un contribuable
quelconque de compromettre, par son intervention intempestive, des intérêts considérables : quand c'est le
maire qui agit, le Conseil municipal a délibéré et apprécié l'opportunité de l'action : du reste, même lorsqu'il
s'agit de saisir un tribunal administratif, le droit du
contribuable ne s'ouvre qu'à la suite d'un refus ou d'une
négligence du Conseil municipal. Il est donc nécessaire
que le Conseil de préfecture prononce sur le désaccord
qui existe, de ce fait, entre la commune et le contribuable.
La jurisprudence constante s'était fixée en ce sens (2).
Il était donc à propos de bien déterminer que le silence
de la nouvelle loi, sur ce point, ne pouvait entraîner une
modification de jurisprudence.

Bien que, lors de la discussion de la loi de 1884, on
n'ait pas soulevé la question analogue de savoir si le
contribuable doit être autorisé par le Conseil de préfec-

(1) C. E. 8 avril 1842. Duvergier.
(2) C. E. 1ᵉʳ juin 1870. Garréris,

ture, pour exercer les actions possessoires de la commune, il faut y répondre, sans hésiter, dans le sens adopté pour les actions administratives (1). Il y a, pour cela, des raisons encore plus péremptoires que pour ces dernières. D'abord, ce sont des actions judiciaires ; et, à l'égard du contribuable, la loi ne distingue pas entre les actions pétitoires et les actions possessoires. L'article 123, qui dispense la commune de l'autorisation du Conseil de préfecture, se réfère uniquement au cas où elle est représentée en justice par son maire. De plus, ne serait-il pas étrange de décider autrement, alors, qu'on admet que le maire ne peut exercer ces actions qu'avec le consentement du Conseil municipal ? Le contribuable se trouverait plus favorisé que le maire, si, lorsque le Conseil municipal a refusé ou négligé d'agir, il pouvait exercer l'action possessoire de la commune sans y être autorisé par le Conseil de préfecture.

Nous avons vu quelles étaient, dans les différentes hypothèses qui peuvent se présenter, les conditions imposées au contribuable pour saisir le premier degré de juridiction : il est, en résumé, obligé de se munir d'une autorisation pour exercer une action quelconque au nom de la commune. Doit-il, comme celle-ci, être autorisé à nouveau pour se pourvoir en appel on en cassation ? Avant la loi de 1884, certaines Cours d'appel avaient déclaré que la loi de 1837, en permettant aux contribuables de se substituer aux représentants légaux de la commune, avait établi, entre eux, une identité de situation ; que l'appel peut être une simple mesure vexatoire con-

_____

(1) Cassation, 1er février 1870, Dalloz, 1870, 1, 132.

tre le gagnant en première instance ; que le contribuable peut être incapable de faire face aux frais qui vont
résulter du nouveau procès (1) ; que la nécessité de l'autorisation était encore plus rigoureuse pour le contribuable que pour la commune, puisqu'on l'exigeait pour
l'exercice des actions administratives et possessoires.
Néanmoins, l'opinion contraire faisait remarquer que les
motifs, qui ont fait poser la règle de l'autorisation du
contribuable, ne sont pas absolument ceux qui l'ont fait
tracer pour la commune, et invoquait que le paragraphe 3 de l'article 49 n'avait pas répété la condition prescrite par le paragraphe 2. L'esprit de la loi, disait-on,
n'est pas de guider le contribuable dans le procès qu'il
veut entreprendre ; elle n'intervient que pour garantir
la communauté des conséquences d'une contestation
imprudemment soulevée : une fois le débat engagé, le
recours aux différents degrés n'influe que sur les frais,
qu'il augmente : la question de savoir s'il est sage d'en
user n'intéresse que le contribuable, qui agit à ses risques et périls. Ces affirmations avaient prévalu en jurisprudence (2) : le système, qu'elles établissaient, tire
aujourd'hui une force toute nouvelle du silence de la
loi de 1884. En effet, lors de la discussion de cette loi,
un amendement à l'article 123, proposé par M. Morel,
portait : « que tout contribuable a le droit d'exercer,
avec l'autorisation du Conseil de préfecture, soit en première instance, soit en appel, les actions.... etc... Or, cet
amendement ne fut pas appuyé : on peut donc en con-

(1) Metz, 31 mai 1842, S. 1842, 2, 299 — Chauveau, *Code d'instruction
administrative*, t. II, p. 213.
(2) Cassation, 27 mai 1845, S. 1846, 1, 498.

clure que l'interprétation, donnée à la loi de 1837, doit être conservée.

Peut-on admettre, comme l'a fait la Cour de Riom (1), que l'autorisation, donnée à un contribuable, d'exercer une action au nom d'une commune, habilite à intervenir, sans autre autorisation spéciale, tout autre contribuable qui suppose avoir des intérêts identiques et communs à ceux du contribuable autorisé. La Cour n'oubliait-elle pas que l'opportunité du procès n'est pas la seule question que le Conseil de préfecture ait à examiner, avant d'accorder l'autorisation ? Lorsqu'elle considérait comme valable l'appel interjeté par l'intervenant non autorisé, alors que le contribuable autorisé avait renoncé à se pourvoir, elle reconnaissait donc, implicitement, l'impersonnalité de l'autorisation donnée, au début du procès, à un contribuable quelconque. C'est là une conséquence qui doit conduire à refuser la faculté d'intervenir au nom de la commune à tout contribuable qui n'y a pas été personnellement autorisé. Tout autre intervenant peut n'être sollicité que par un esprit de chicane, être incapable de solder les frais qu'entraîneront son intervention ou l'appel qu'il veut faire. Maintenir une jurisprudence contraire, serait fournir le moyen indirect d'éluder le contrôle que le Conseil de préfecture doit pratiquer sur ceux qui exercent une action communale.

L'autorisation du Conseil de préfecture est donc nécessaire au contribuable, désireux d'exercer une action qui appartient à la commune, c'est-à-dire de se porter demandeur ou défendeur en son nom. En outre, d'après un grand nombre de décisions judiciaires, la même auto-

(1) 10 février 1873, Dalloz, 1873, 2, 84.

risation serait indispensable au contribuable qui, demandeur ou défendeur dans une instance où la commune
n'est pas engagée, et pour faire triompher une prétention
personnelle, demanderait à établir un droit communal
contesté par son adversaire.

Bien que, dans une telle hypothèse, la commune ne soit
pas en cause, et que, par conséquent, le jugement à intervenir n'ait pas à son égard autorité de chose jugée et
ne puisse pas compromettre son droit, une jurisprudence
imposante décide que celui qui excipe d'un droit qui appartient à la commune, et qui est, au fond, contesté, fait
valoir un droit communal ; que, du moment où ce droit
devient la base de la demande, peu importe que le contribuable l'invoque comme but ou comme moyen (1).

Nous devons exposer, maintenant, quels pouvoirs l'autorisation confère au contribuable sur l'action de la commune, et les conséquences qui en résultent.

Le contribuable autorisé peut diriger le procès comme
il l'entend ; il agit à ses risques et périls : il ne peut être
question pour lui, comme pour le maire, de contrôle du
Conseil municipal, ni de surveillance de l'autorité supérieure (art. 90). Toutefois, la commune reste exclusivement maîtresse du droit qui sert de fondement à l'action,

___

(1) Besançon 1863, D. 2, 36. — Un contribuable, se prétendant propriétaire d'un chemin, l'avait supprimé, un autre contribuable, gêné par ce fait,
demandait le rétablissement du chemin, sous prétexte qu'il avait été trans-
formé en chemin public et était devenu propriété communale. — Même solution Dijon 1867, D. 2, 157. — Cass., 20 mars 1878, D. 1879, 1, 335. — C. E.
4 mai 1877. D'ailleurs, cette jurisprudence admet des distinctions d'espèces
assez nombreuses et souvent délicates. C'est ainsi qu'un contribuable défendeur, assigné en dommages-intérêts pour avoir passé sur un sentier,
peut, sans autorisation, faire reconnaître que ce sentier était chemin public ; car, dit-on, le droit de passage sur un chemin public est un droit ne
profitant pas seulement aux contribuables d'une commune, mais à tout le
monde (Cass., 24 mars 1885, D. 1886, 1, 21).

et demeure libre d'en disposer suivant sa seule volonté.
D'où cette conséquence, qui, malgré les résultats fâcheux
qu'elle peut avoir pour le contribuable, paraît devoir cependant être acceptée : c'est que, même pendant le cours
de l'instance, la commune est libre de compromettre,
par une transaction, le droit qui fait l'objet du procès
et d'éteindre, ainsi, l'action du contribuable. On peut ob-
jecter que, si le Conseil municipal est hostile au contribuable, il usera peut-être de ce moyen, au risque d'empêcher le contribuable d'obtenir la reconnaissance d'un
droit dont il doit profiter plus que les autres habitants,
par exemple, s'il s'agit d'une rue qui mène à son habita-
tion ; que la commune trouvera là le moyen d'entraver
le contribuable dans l'exercice d'une faculté qu'il tient
de la loi. Toutefois, on répond, avec avantage, que l'autorisation donnée au contribuable ne prive pas la commune du droit de veiller personnellement à ses intérêts.
Du moment où le Conseil municipal entend pourvoir
lui-même à ce soin, il paraît difficile de faire prévaloir
la volonté du contribuable sur celle des représentants
habituels de la commune ; d'ailleurs, l'approbation donnée à la transaction sera, dans la plupart des cas, une garantie que le Conseil municipal a sainement apprécié
l'intérêt de la commune et ne s'est pas laissé déterminer
par de pures raisons d'hostilité. Quant au contribuable,
il n'est pas douteux qu'un tel événement ne puisse lui
porter préjudice ; il peut avoir fait des frais qui vont
devenir inutiles, mais n'a-t-il pas pris implicitement
l'engagement de les supporter sans se plaindre, lorsqu'il
a demandé d'agir à ses risques et périls ? (1).

(1) *Sic*, Cour de Pau, 1ᵉʳ mai 1872, D. 1874, 5, 105.

Le contribuable, auquel a été donnée l'autorisation d'exercer l'action n'est point, par ce fait, investi du pouvoir de représenter la commune. Il est, au contraire, tenu de la mettre en cause, pour qu'elle figure comme partie au procès (art. 123, l. 1884), qu'elle puisse y présenter ses défenses par l'organe de ses représentants habituels, et, qu'en conséquence, le jugement rendu ait effet à son égard. Le contribuable doit donc appeler la commune en cause par acte extra-judiciaire : le Conseil municipal décidera si l'intervention de la commune paraît être utile à ses intérêts, et si le maire doit être chargé de suivre l'instance de concert avec le contribuable. La commune et le contribuable sont donc, dans l'instance, deux parties. Par l'effet de l'autorisation du Conseil de préfecture, le contribuable a obtenu la faculté d'exercer en justice un droit qui n'entre pas dans son patrimoine personnel, mais qui reste dans celui de la commune : il ne peut poursuivre l'action, qu'autant que la commune laisse son droit inactif. Il n'est, ni représentant de la commune, ni son mandataire, puisqu'il agit à ses risques et périls ; il ne peut être non plus gérant d'affaires puisqu'il faut que la commune soit mise en cause, et comparaisse en la personne de ses représentants légaux.

Quant à la commune, en quelle qualité figure-t-elle dans l'instance ? On peut dire comme Dalloz qu'elle a abdiqué le rôle de partie principale, mais qu'elle demeure, en quelque sorte, partie jointe. Des travaux préparatoires de la loi de 1837, il résulte que la mise en cause a été déclarée nécessaire pour que la commune puisse, au cas échéant, réparer les erreurs, compromettantes pour elle, que commettrait celui qui exerce ses droits, et

« présenter les moyens de défense qu'elle jugera convenables ». Pour répondre par une intervention à l'acte
extra-judiciaire qui lui est signifié, la commune se
trouve dispensée de demander au Conseil de préfecture
une autorisation spéciale : le maire peut constituer avoué,
en vertu de la seule délibération du Conseil municipal.
Il est vrai que l'autorisation qu'on exige du contribuable et celle qu'on exige de la commune, dans toute autre
hypothèse, pour intervenir dans un procès, le sont pour
des motifs différents : l'une, dans le but d'empêcher les
contribuables d'inquiéter inutilement les tiers sous prétexte d'exercer les actions communales, l'autre, dans le
but de protéger la commune contre l'inexpérience de
ses représentants. Néanmoins, la commune doit être
considérée comme autorisée par l'autorisation accordée
au contribuable par le Conseil de préfecture, car, en la
donnant, il savait que l'effet nécessaire de cette autorisation serait de faire mettre la commune en cause. Pour
que cet effet produise le résultat que le législateur en
attendait, il faut que la commune puisse prendre le
parti qu'elle jugera convenable. Comment serait-il possible de concilier une mise en cause obligatoire, et la
faculté, pour le Conseil de préfecture, d'empêcher la commune par un refus d'autorisation d'intervenir au procès?

Mise en cause par le contribuable, la commune peut
donc présenter des conclusions, et doit rester partie au
procès jusqu'à la fin de l'instance. Ce principe a été
consacré dans une espèce où le maire avait pris des conclusions, favorables à l'adversaire qui était commun au
contribuable et à elle, et, par suite, contraires aux in-

térêts de la commune. La Cour de cassation (1), sur le pourvoi de l'adversaire de la commune, décida que le tribunal, en mettant le maire hors de cause, avait méconnu le caractère de la procédure dont il était saisi, et expressément violé l'article 123, et qu'il aurait dû seulement ne pas tenir compte de ses conclusions, ou les rejeter comme non recevables et mal fondées, et que la Cour avait, à tort, confirmé un tel jugement.

Cette mise en cause doit être renouvelée par le contribuable chaque fois qu'il se présente soit comme demandeur, soit comme défendeur en appel ou en cassation (2).

Ainsi que la Cour de cassation l'a décidé, il résulte du rôle que la commune est appelée à jouer sur cette mise en cause « que la commune et le contribuable, ayant dans l'instance des rôles distincts, et, constituant des personnes différentes, le recours du contribuable à une voie de réformation ou d'annulation n'exclut en rien, jusqu'à la décision à intervenir après la mise en cause sur ce même recours, l'exercice d'un droit semblable de la part de la commune elle-même : en conséquence, les déchéances, encourues par le contribuable personnellement, sont sans effet à l'égard de la commune qui se trouve dans les délais d'une voie légale de recours (3) ». Elle a été partie à l'instance, elle peut donc

(1) Cass., 6 août 1879, D. 1880, 1, 16.

(2) D'ailleurs la Cour de cassation (26 juillet 1856) a décidé que, dans le cas où la commune a été mise en cause en première instance et en appel, il n'est pas nécessaire qu'elle soit appelée dans le délai du pourvoi ; qu'il suffit qu'elle ait été mise en mesure d'assister à l'arrêt et de présenter des moyens. D. 1856, 1, 307.

(3) 31 décembre 1855, D. 1856, 1, 17. (Les significations du jugement avaient été faites à des époques différentes au contribuable et à la commune.)

appeler ou se pourvoir. Remarquons seulement que, pour user de cette faculté, elle a besoin d'une autorisation du Conseil de préfecture. En effet, le contribuable a encouru une déchéance ou a acquiescé : il ne peut plus figurer dans le nouveau procès, son rôle est terminé, le montant des frais qu'il s'est engagé à payer se trouve fixé à la somme qu'ils atteignaient lorsque son droit d'agir s'est éteint, la commune nous semble donc continuer le débat en son seul nom, à ses risques personnels et, pour le faire, a besoin d'être personnellement autorisée.

Étant donné toutes les explications qui précèdent sur les motifs, la nature et les conséquences de la mise en cause de la commune, l'obligation, qui en est faite au contribuable, doit être considérée comme prescrite à peine de nullité de toute décision judiciaire rendue sans que cette formalité ait été accomplie. Il est sans qualité pour faire juger un droit de la commune, tant que celle-ci n'est pas partie au procès. C'est d'ailleurs à cette seule condition que la commune peut se prévaloir de la chose jugée, puisque le contribuable ne la représente pas : l'adversaire pourrait donc, à tout moment de l'instance, réclamer que le contribuable accomplisse la formalité de l'article 123, le ministère public devrait veiller à son exécution, et les tribunaux devraient, d'office, différer leur décision jusqu'à ce que la commune ait été à même de produire ses défenses, car c'est alors seulement que la cause serait, à proprement parler, en état de recevoir un jugement régulier (1). Le jugement rendu sans qu'elle

----

(1) La Cour d'appel de Montpellier (24 mars 1873. D. 1873, 2, 234) admettait, en ces termes, l'exception par laquelle l'intimé opposait au

ait été appelée ne peut avoir autorité de chose jugée, ni vis-à-vis de la commune, ni même entre le contribuable et son adversaire. En effet, il pourrait se faire que la commune dut renouveler le procès, puisque son droit n'a pas été déduit en justice : il y aurait donc lieu d'appréhender les instances successives et la contrariété des jugements en dernier ressort que le législateur a voulu spécialement éviter, en organisant la procédure de telle manière, que, ce qui serait jugé contre le contribuable, le fût aussi contre la commune (1). Pour que les intentions

contribuable appelant le défaut de mise en cause de la commune en 1re instance. « Attendu que l'intimé oppose à l'appelant un défaut de qualité basé sur le caractère communal du droit qu'il invoque, et sur la non mise en cause de la commune pour le défendre, soit en 1re instance, soit en appel. Attendu que le contribuable, autorisé par l'art. 49 de la loi du 18 juillet 1837 à faire valoir les actions de la commune qui refuse d'agir elle-même, n'a pas mandat de la représenter et ne la représente pas : en effet, il est tenu de la mettre en cause, afin qu'elle se trouve personnellement dans l'instance pour y défendre ses moyens et veiller à ses intérêts : le législateur en exigeant impérativement sa présence a voulu que le jugement qui interviendrait eût autorité de chose jugée, et qu'on ne pût, au nom de la commune, remettre ultérieurement en question ce qui a reçu une sanction de l'autorité judiciaire ; attendu que, contrairement à ces principes consacrés par de nombreux arrêts de la Cour de cassation, l'appelant a engagé une action au sujet d'un droit de propriété de la commune et sans l'avoir préalablement mise en cause. Attendu que ce défaut de qualité a pu être relevé devant la Cour, car c'est là un moyen péremptoire, préjudiciel et d'ordre public auquel ne peuvent évidemment s'appliquer les articles 173 et 186 du Code de procédure. Attendu que les conclusions subsidiaires de l'intimé ne pourraient pas, non plus, être admises, la commune de Cannes ne pouvant être appelée, *de plano*, devant la Cour sans être privée d'un degré de juridiction. Attendu que la demande a donc été mal engagée soit en 1re instance, soit en appel, et doit, par suite, être rejetée ».

(1) M. Vivien, rapporteur, motivait, en ces termes, devant la Chambre des députés, la disposition qui nous occupe : « Nous nous proposons de déclarer expressément que la décision, qui interviendra, aura, à l'égard de la commune, l'autorité de la chose jugée ; il ne faut pas que l'on remette en question ce qui aura reçu une solution judiciaire. La commune sera consultée par le Conseil de préfecture avant l'autorisation ; toutes les circonstances seront pesées ; elle devra être mise en cause et appelée à présenter ses moyens de défense. Dans cette situation, la décision à intervenir doit

soient remplies, il faut donc décider que la procédure,
qui n'aurait pas été suivie conformément à la loi, serait
entachée d'une nullité d'ordre public.

nécessairement être définitive à son égard ». Les mêmes idées furent exprimées de nouveau devant la Chambre des députés le 16 mai 1837 et
devant la Chambre des pairs le 4 juillet 1837 pour bien établir que le jugement serait applicable à la commune, qu'il lui fût favorable ou non, et
que la personne attaquée ne devait plus être troublée de nouveau.

CHAPITRE III

Nous dirons, brièvement, quels sont les pouvoirs et
les devoirs du Conseil de préfecture, lorsqu'il accomplit
la mission dont il est chargé ; ils comportent : 1° l'examen de la délibération du Conseil municipal au point de
vue de sa régularité : cette délibération doit, en effet,
dans toutes les hypothèses, lui être communiquée ; elle
constitue la seule raison d'être de l'arrêté qui doit intervenir (1) ; 2° dans certains cas, l'étude du point de savoir si la juridiction que les parties vont saisir du litige
est compétente pour en connaître ; 3° l'appréciation de
l'intérêt et des chances de succès que l'action ou la défense à l'action présentent pour la commune.

§ **1.** Lorsque la commune désire obtenir l'autorisation
d'agir, soit comme demanderesse, soit comme défenderesse, le Conseil de préfecture est mis en demeure de
se prononcer par une requête dans laquelle le représentant de la commune sollicite la confirmation des pouvoirs que le Conseil municipal lui a conférés pour exercer l'action.

Lorsque la commune est actionnée, le Conseil muni-

(1) Le Conseil d'État annule pour excès de pouvoir les arrêtés des Conseils de préfecture qui accordent l'autorisation, alors que les Conseils municipaux n'ont pas été préalablement consultés (C. E. 6 déc. 1860, Talleyrand ; 30 mai 1868, com. de Marguerides).

cipal reçoit communication du mémoire déposé, par l'adversaire, à la préfecture ou à la sous-préfecture, et, alors même qu'il sera d'avis de ne pas défendre, le maire doit transmettre au Conseil de préfecture la délibération du Conseil municipal.

Dans toutes les hypothèses, cette délibération est donc la base de l'arrêté qui doit être rendu. Aussi, devons-nous étudier la question qui se pose de savoir si le Conseil de préfecture a, seulement, pour mission de s'assurer de l'existence de cette délibération, ou s'il lui appartient, également, d'apprécier sa validité : notamment d'examiner si aucun des conseillers municipaux qui y ont pris part n'avait d'intérêt personnel dans l'affaire.

Avant la loi de 1884, on devait répondre affirmativement et la question ne faisait pas difficulté sérieuse ; car l'article 21 de la loi du 5 mai 1855, qui avait interdit aux conseillers municipaux de prendre part aux délibérations concernant des affaires dans lesquelles ils avaient un intérêt, avait omis d'indiquer quelle était la sanction de cette prohibition, et quelle autorité pouvait s'opposer à l'exécution des délibérations prises en violation de cette nouvelle disposition de la loi. C'était seulement la jurisprudence qui avait reconnu en règle générale ce droit au préfet en Conseil de préfecture ; on comprend donc très bien que, dans une matière spéciale, elle ait eu, jusqu'en 1884, toute faculté pour refuser au préfet le droit d'annuler les délibérations prises en matière de procès (1), et pour reconnaître au Conseil de préfecture seul

____

(1) C. E. 23 juillet 1875, Leb. p. 706. — Un membre du Conseil municipal avait pris part à une délibération relative à une action en justice dans laquelle il était intéressé. Le Conseil d'État avait à décider si le pré-

qualité « pour apprécier, tant en la forme qu'au fond, les demandes qui leur sont soumises ».

La loi de 1884, au contraire, dans l'article 66, a organisé toute une procédure d'annulation des délibérations du Conseil municipal. Faut-il l'appliquer aux délibérations prises en matière d'actions judiciaires ou maintenir la jurisprudence antérieure du Conseil d'État ? Bien que les termes de l'article 64 soient généraux, et semblent, de prime abord, pouvoir être appliqués à toutes les délibérations, nous pensons que le législateur de 1884 a eu, uniquement, l'intention de reproduire la disposition de la loi de 1855, en attribuant explicitement au préfet un droit que la jurisprudence lui avait reconnu dans la majorité des hypothèses, mais qu'il n'a nullement pensé aux cas où ce même droit avait été, en pratique, attribué au Conseil

fet, en l'annulant, avait commis un excès de pouvoir. Le ministre était d'avis de maintenir l'arrêté du préfet pour ces motifs :

« Je laisse de côté, disait-il, l'argument tiré de ce que l'arrêté du préfet serait un empiètement sur les attributions du Conseil de préfecture, auquel la législation réserve le soin d'autoriser les communes à plaider. Il est de toute évidence que le préfet est resté dans la limite de ses pouvoirs en frappant une délibération illégale. Le droit pour la commune de se faire autoriser demeure intact ; ce que le préfet a jugé, c'est la forme dans laquelle la demande avait été présentée, les circonstances qui ont entouré la délibération — le fond de la demande n'est pas visé par l'arrêté attaqué.

Les considérants de l'arrêt sont les suivants :

« Le Conseil d'État, attendu que c'est au Conseil de préfecture qu'il appartient, sauf recours au Conseil d'État, d'accorder ou de refuser aux communes l'autorisation d'intenter ou de soutenir des actions judiciaires, et par suite d'apprécier, tant en la forme qu'au fond, les demandes qui leur sont soumises ; que, par la délibération du 20 mai 1872, le Conseil municipal de la ville de Lure s'est borné à conférer au maire les pouvoirs nécessaires à l'effet d'obtenir l'autorisation de poursuivre en justice le recouvrement des sommes que la ville prétendait lui être dues : qu'aucune disposition des lois ci-dessus (5 mai 1855, art. 21, 23, 24, 1. 1837, 24 juillet 1867, 7-14 oct. 1790 et 24 mai 1872) ne donnait au préfet le droit d'annuler une délibération de cette nature : que dès lors il y a lieu d'annuler pour excès de pouvoir la décision du ministre qui a confirmé l'arrêté du préfet. »

de préfecture seul. La question de savoir si l'influence
des membres, ayant un intérêt dans l'affaire, a été de
nature à vicier la délibération, est, toute entière, une question d'appréciation (1). L'intérêt moral que l'un des conseillers municipaux peut avoir à la solution d'une question suffit pour faire annuler sa voix. Or, il est impossible
de ne pas reconnaître au Conseil de préfecture, ayant à
statuer sur la question d'autorisation, le droit d'examiner, à ce point de vue, la délibération par laquelle le Conseil municipal prend parti sur le procès : il peut, lui aussi,
trouver là un motif d'accorder ou de refuser l'autorisa
tion. Donc, si le préfet était appelé à prendre, sur la même
délibération, un arrêté en Conseil de préfecture, il pourrait le prendre en sens contraire de l'avis exprimé par
ce Conseil, car il n'est pas lié par cet avis.

Cette divergence d'opinion serait de nature à occasionner des conséquences regrettables. En effet, nous croyons
qu'on doit maintenir une très ancienne jurisprudence,
d'après laquelle le préfet ne peut, sans excès de pouvoir,
retenir la demande d'autorisation que le maire adresse
au Conseil de préfecture (2).

Comment, alors, celui-ci serait-il à même d'accomplir
utilement sa mission dans un délai très court, comme
la loi l'invite à le faire, si la délibération du Conseil

____

(1) « Si l'intervention des membres intéressés ne s'est manifestée que
dans des conditions où la volonté du Conseil municipal a été absolument
libre, ou si l'objet de la délibération est d'une clarté évidente, l'intérêt de
la commune si bien démontré, que, même en l'absence de celui qui n'aurait
pas dû entrer dans la salle du conseil, la délibération aurait été prise dans
les mêmes termes, on comprend que, dans ces conditions, le préfet ait la
faculté d'annuler ou de ne pas annuler; la loi s'en réfère à l'appréciation de
l'autorité compétente » (Rapporteur, Sénat, 4 mars 1884).

(2) Ordonnance contentieuse du 23 décembre 1835, commune de Grand-
villiers.

municipal, qui, en somme, est la base et la raison d'être de cette mission, pouvait, sur la requête de toute partie intéressée, être annulée par le préfet, même un mois et demi (1) après l'affichage de la délibération à la la porte de la mairie (art. 66, § 3).

Si l'on appliquait l'article 64 aux délibérations prises en notre matière, il pourrait arriver que le préfet, sollicité, par un contribuable ou une partie intéressée, d'annuler la délibération du Conseil municipal, se refusât à le faire, et que le Conseil de préfecture accordât à la commune la faculté d'agir : mais, alors, on sait que l'arrêté du préfet peut être frappé de pourvoi pendant un délai de trois mois, qui n'est pas suspensif. Que déciderait-on si le Conseil d'État annulait l'arrêté ? Il ne se prononcerait, peut-être, que 5 mois après l'époque où la délibération du Conseil municipal a été prise : quel serait, pendant tout ce temps, le sort de l'autorisation ? le maire devrait-il, néanmoins, engager le procès ?

Nous croyons donc que le législateur n'a pas prévu de telles difficultés, parce que son intention n'était pas de leur donner l'occasion de naître, mais, qu'au contraire, il a entendu soustraire les délibérations des Conseils municipaux, en matière d'actions judiciaires, à tout contrôle de l'administration supérieure (c'est-à-dire du préfet).

---

(1) En disant un mois et demi nous n'envisageons pas l'hypothèse la plus fâcheuse, car, ainsi que le fait observer M. Morgand (*l. c.* t. I, p, 345), le contribuable ou la partie intéressée peuvent adresser une demande d'annulation valable, alors que la délibération est devenue légalement exécutoire. C'est ce qui se produira lorsque l'affichage à la porte de la mairie n'aura pas eu lieu en même temps que le dépôt du procès-verbal de la délibération à la préfecture (art. 66, §§ 2 et 4 combinés).

En effet, dans le premier projet de loi (art. 52), le paragraphe 4, qui est devenu le paragraphe 4 de l'article 68, portait « les actions judiciaires et les transactions » : si l'article eût été ainsi voté, il en serait résulté que les délibérations, dont nous parlons, n'auraient été exécutoires qu'après avoir été expressément approuvées par le préfet. Mais, lors de la discussion de ce projet, M. Lorois, député, fit observer, qu'aux termes de l'article 95 du projet, devenu l'article 121 actuel, « les actions judiciaires devaient être autorisées par le Conseil de préfecture » ; qu'il n'y avait donc pas lieu de soumettre à l'approbation préfectorale les délibérations, prises en ces matières. Frappée de la justesse de cette remarque, la commission supprima dans cet article les mots « actions judiciaires ».

Si on déclare ces délibérations soumises aux articles 63 et suivants, on doit dire que, n'étant pas comprises dans l'énumération de l'article 68, elles ne deviennent exécutoires qu'après avoir été déposées à la préfecture ou à la sous-préfecture (art. 68 *in fine*). Il est vrai que, par un arrêté, le préfet peut abréger ce délai, mais, lorsque des membres intéressés ont pris part à la délibération, il doit attendre un délai de 15 jours, pour déclarer qu'il ne s'oppose pas à la délibération.

En chargeant le préfet d'apprécier, sous le rapport de leur annulabilité, les délibérations que le Conseil de préfecture est appelé à examiner à d'autres points de vue, on introduirait donc forcément dans l'expédition des affaires contentieuses communales un retard contraire à l'esprit de la loi de 1884. En outre, si l'on permettait à tout contribuable, et même à toute partie intéressée, d'attaquer devant le préfet la délibération prise en matière de procès, et de porter ensuite devant le Conseil d'État (art. 67) l'arrêté du préfet, ne serait-ce pas donner à bien des personnes, peut-être même à l'adversaire de la commune, la faculté de venir entraver le début du procès ?

Enfin, il nous semble que cette manière de voir est confirmée par la rédaction de l'article 125, § 2. On y lit : « lorsque la commune est défenderesse, la délibération prise par le Conseil municipal est transmise au Conseil de préfecture, qui décide si la commune doit être autorisée à ester en justice ». Ce texte n'omettrait-il pas une énonciation essentielle, si le préfet, avant l'arrêté du Conseil de préfecture, était appelé à se prononcer sur la validité de la délibération ?

Quel parti devrait prendre un Conseil de préfecture en présence d'une demande en autorisation de défendre, formée par une commune avant que son adversaire ait déposé, à la préfecture ou à la sous-préfecture, le mémoire exigé de lui ? Avant la loi de 1884, M. Reverchon (1) pensait, qu'en pareille hypothèse, le Conseil de préfecture « devrait attendre pour statuer que la formalité eût été remplie ». Quel sens attachait-il exactement à ces mots ? Ils signifiaient vraisemblablement, qu'en de telles circonstances, le simple dépôt du mémoire à la préfecture autoriserait le Conseil de préfecture à statuer et à se déclarer saisi par la demande qui lui aurait été préalablement faite. La loi, cependant, déclare (art. 50 l. 1837 et 124, l. 1884) que le mémoire, exposant l'objet et les motifs de la réclamation de l'adversaire, doit être

(1) *Autorisations de plaider*, p. 190.

transmis au maire, et que le Conseil municipal doit être convoqué afin de pouvoir délibérer, sur ce que l'intérêt de la commune commande de faire. N'est-il pas logique de conclure de ces articles, que c'est seulement lorsqu'il a reçu communication du mémoire, que le Conseil municipal est légalement à même de décider si la commune doit défendre? Il nous semble donc que la demande d'autorisation, faite avant que le Conseil municipal ait pris connaissance du mémoire, devrait être déclarée non recevable par le Conseil de préfecture, ou, du moins, que ce n'est pas du jour où elle est faite, que le Conseil de préfecture doit être réputé valablement saisi.

Depuis la promulgation de la loi nouvelle, il est très important de ne laisser aucun doute sur les conditions qui constituent la régularité de la demande, car le Conseil de préfecture doit statuer dans un délai de deux mois à partir du jour où elle a été faite. Or, si la commune, lorsqu'elle va être actionnée, pouvait valablement demander, par avance, l'autorisation de défendre, le Conseil de préfecture se trouverait mis en demeure de statuer, avant que l'adversaire ait déposé son mémoire : un tel résultat est inadmissible.

Toutes les pièces, qui peuvent être de nature à éclairer le Conseil de préfecture, doivent être jointes à la délibération du Conseil municipal. Parmi ces pièces, devait, autrefois, se trouver une consultation signée de trois jurisconsultes. L'édit de 1764 (art. 43) prescrivait cette formalité, à peine de nullité de l'ordonnance d'autorisation. On la trouve encore mentionnée dans le décret du 17 avril 1812 (art. 4) (1). Aussi, jusqu'en 1837,

(1) Si la commune se croit fondée à défendre des droits de propriété,

7

les Conseils de préfecture ne statuaient-ils que sur le
vu d'une telle consultation.

A cette époque, l'usage était de produire devant le
Conseil d'État une consultation de jurisconsultes désignés par le Garde des sceaux. Depuis lors, le Conseil a
renoncé à cette voie d'information, et a décidé « qu'aucune
loi n'autorise le Conseil de préfecture à obliger les communes à soumettre leurs titres à des jurisconsultes : qu'il
est, au contraire, de son devoir d'apprécier par lui-même
les pièces produites et de leur en appliquer, d'après ses
propres convictions, les conséquences légales » (1).

A cela, certains auteurs répondent que le décret du
17 avril 1812 n'a jamais été abrogé. Ils ajoutent qu'en
matière de baux et d'aliénations d'immeubles, l'enquête
de *commodo et incommodo*, prescrite par l'arrêté du 7 germinal an IX, est toujours en vigueur, bien que les lois
municipales n'en parlent pas ; que la consultation d'a-
vocats était exigée pour les hospices, quoique les lois
de 1837 et de 1851 ne rappelassent pas l'arrêté du 7
messidor an IX. Ils pensent donc que la consultation
est toujours obligatoire (2). Ils constatent cependant « que
la pratique est contraire, bien, qu'en fait, plusieurs
Conseils de préfecture demandent que la commune
prenne l'avis d'un jurisconsulte » (3).

elle se pourvoira en autorisation devant le Conseil de préfecture. Dans ce
cas le préfet communiquera la demande à trois jurisconsultes et leur avis
sera transmis au Conseil avant qu'il statue.

(1) C. E. 25 juin 1856, com. de Beaumont ; Reverchon, *l. c.*, p. 163, déclare,
au contraire, qu'ils sont absolument libres de recourir à cette consultation.

(2) Serrigny, *l. c.* t. I, p. 516 — Batbie, *Droit administratif*, éd. 1885,
t. V, p. 304.

(3) La Cour de cassation, en 1840, a considéré comme certain que, nulle
loi n'ordonnant cette production, les frais qui en résultaient ne pouvaient
être mis à la charge de l'adversaire perdant et condamné.

Malgré ces arguments, nous pensons que l'opinion du Conseil d'État doit être préférée : il nous semble que les lois de 1837 et de 1884 ont fait véritablement une codification nouvelle des formalités qui doivent précéder les procès des communes. Il serait donc difficile d'exiger, à peine de nullité, cette consultation, qui peut être coûteuse ; elle serait de nature à occasionner des retards incompatibles avec le but que le législateur de 1884 paraît avoir poursuivi, à savoir que les communes puissent être rapidement à même d'exercer leurs actions.

Spécialement, pour le cas où la commune est défenderesse, la loi indique, pas à pas, la marche que doit suivre l'affaire avant d'arriver au Conseil de préfecture. L'article 125 porte : « le préfet ou le sous-préfet adresse immédiatement le mémoire au maire, avec invitation de convoquer le Conseil municipal dans le plus bref délai : la délibération est transmise au Conseil de préfecture qui décide si la commune doit être autorisée à ester en justice : le Conseil de préfecture statue dans le délai de deux mois » : nous ne pensons pas qu'il soit possible de sous-entendre, dans ce texte, l'obligation pour la commune d'adjoindre à la délibération du Conseil municipal l'avis de trois jurisconsultes, et que le Conseil de préfecture puisse en faire une condition de sa décision.

§ **2.** C'est donc d'après ses propres lumières que le Conseil de préfecture doit accomplir sa mission : elle comporte l'examen de questions qui peuvent être, parfois, délicates à trancher : notamment celle de savoir si la juridiction que la commune demande à saisir du procès, ou devant laquelle l'adversaire a porté l'action, est compétente pour statuer sur le différend ; elle peut l'amener à la conviction que la connaissance de l'affaire ne rentre pas dans les attributions du tribunal dont les parties veulent réclamer une sentence. Dans une telle hypothèse, si la commune sollicite l'autorisation de se porter demanderesse, il doit la lui refuser, et, si elle est défenderesse, l'autoriser seulement à plaider l'incompétence du juge. En prenant une telle décision, le Conseil de préfecture ne tranche pas, à l'avance, et par voie administrative, une question de conflit.

Après la loi de 1837 on avait débattu la question de savoir si, pour maintenir intact le principe de la séparation des pouvoirs, il ne convenait pas de faire, dans ce cas, une exception à la règle générale, d'après laquelle le Conseil de préfecture doit motiver tout arrêté portant refus d'autorisation (art. 53, 1. 1837). C'est avec raison que le Conseil d'État se refusa à admettre une dérogation quelconque au texte de cet article. En effet, en remplissant la mission qui lui est confiée, le Conseil de préfecture n'accomplit pas un acte de juridiction. Il surveille les communes dans l'exercice de leurs actions ; puisqu'il peut leur ouvrir ou leur fermer l'accès des tribunaux, il doit, aussi, pouvoir les empêcher de saisir un tribunal qui lui paraît incompétent pour connaître de l'affaire. C'est une faculté qui résulte nécessairement de celle d'apprécier les chances de succès ou l'opportunité de l'action, et, en en usant, le Conseil de préfecture n'empiète pas davantage sur les pouvoirs du juge des conflits, qu'il ne s'immisce dans les attributions des magistrats de l'ordre judiciaire, lorsqu'il déclare que le droit de la commune ne paraît pas suffisamment fondé pour qu'elle puisse en demander la consécration aux tribunaux. D'ailleurs, les communes ont besoin, dans cette hypothèse comme dans toutes les autres, d'être éclairées sur les motifs qui ont entraîné le refus d'autorisation.

§ **3**. Enfin ce Conseil doit apprécier la demande de la commune, au point de vue de l'intérêt et des chances de succès que l'action peut présenter pour elle. C'est là, à proprement parler, l'objet par excellence de sa mission. C'est en cela qu'elle constitue une formalité très utile pour la commune, car elle comporte l'examen des titres produits, des moyens allégués, des fins de non-recevoir qui seraient de nature à faire rejeter l'action, du point de savoir si l'adversaire paraît solvable, et des autres circonstances desquelles on peut induire que le procès se terminera, ou non, par un jugement favorable à la commune et utile pour elle.

On ne pouvait, en pareille matière, tracer au Conseil de préfecture des règles de décisions ; aussi le législateur lui a-t-il laissé la plus grande liberté d'appréciation.

C'est en elle que le Conseil de préfecture peut puiser le droit d'impartir à la commune un délai, passé lequel elle ne pourrait faire usage de l'autorisation qui lui est accordée : il peut, en effet, résulter de l'examen de l'affaire que l'action n'offre d'intérêt, qu'à la condition d'être intentée dans un certain laps de temps, ou avant la réalisation de tel événement.

Le Conseil de préfecture pourrait-il, « au lieu d'accorder ou de refuser purement et simplement l'autorisation, surseoir à statuer ou déclarer qu'il n'y a pas lieu, quant à présent, d'autoriser la commune ». Un auteur lui reconnaît cette faculté, dans le cas où il serait convenable, soit d'inviter la commune à tenter une transaction, soit d'attendre qu'une question préjudicielle fut résolue par l'autorité compétente (1).

Cette opinion est-elle conforme aux véritables principes de notre matière ? Nous ne croyons pas que, même avant la loi de 1884, le Conseil de préfecture fut en droit de surseoir à statuer dans le but d'amener la commune à terminer l'affaire par une voie autre qu'un procès : car, en agissant ainsi, il se serait constitué directeur des affaires contentieuses de la commune et se serait attribué un rôle qui ne lui appartenait pas. En lui accordant ce droit, l'auteur, dont nous avons rapporté l'opinion, ne perd-il pas de vue le véritable objet de la mission du Conseil de préfecture. A cette époque, déjà, cette mission consistait uniquement à accorder, ou à refuser à la commune la faculté d'entreprendre un procès qu'elle avait seule l'initiative de décider. Quoi qu'il en fût sous l'empire de la loi de 1837, les dispositions de la loi de 1884 ne permettraient plus au Conseil de préfecture de différer longuement un arrêté d'autorisation ou de refus d'autorisation. Dans les hypothèses que Chauveau avait envisagées, et que nous avons rapportées, le Conseil ne pourrait donc que refuser l'autorisation de plaider. Il motiverait, alors, son refus sur ce que l'intérêt de la commune commande d'attendre la fin de tel procès avant d'en entreprendre un nouveau, ou sur ce qu'une transac-

____

(1) Chauveau et Tambour, *l. c.* t. II, p. 433. — Nous ne parlons pas du cas où le Conseil de préfecture déclarerait surseoir à statuer parce que les pièces de l'affaire ne lui ont pas été soumises en totalité. (C. E. 24 juin 1840.) Ce ne serait là, en quelque sorte, qu'une décision préparatoire qui réserverait la décision du Conseil sur le fond.

tion seule offre, pour elle, des avantages évidents. En de telles circonstances, nous ne voyons pas quelle distinction M. Chauveau peut établir entre un arrêté de refus d'autorisation pur et simple, et un arrêté par lequel le Conseil de préfecture déclarerait « qu'il n'y a pas lieu, quant à présent, à autoriser la commune ». Nous croyons, au contraire, qu'ils devraient entraîner les mêmes conséquences et seraient l'un et l'autre susceptibles de pourvois.

Nous venons de dire, qu'en matière de procès, l'initiative appartient à la commune, et que le Conseil de préfecture peut seulement, s'il le juge convenable, mettre un veto prohibitif.

Toutefois, en s'appuyant sur ce que ses pouvoirs ne vont pas jusqu'à lui permettre de régler les détails de l'action, il ne faudrait pas en conclure qu'il ne peut accorder, *pro parte*, l'autorisation qui lui est demandée.

Il nous semble, au contraire, que chaque chef de prétention constitue, en quelque sorte, au point de vue qui nous occupe, une action distincte, susceptible d'être, suivant les cas, soutenue avec avantage ou désavantage. La commune peut, dans sa demande, avoir établi entre eux une corrélation, qui serait de nature à lui être nuisible si elle les faisait tous entrer dans ses conclusions. Donc, lorsque le Conseil de préfecture lui accorde la faculté de soumettre seulement certains d'entre eux aux tribunaux, elle peut immédiatement, soit intenter l'action sur les points fixés, soit, comme nous l'exposerons plus loin, se pourvoir contre l'arrêté ; car il contient un refus d'autorisation relativement à plusieurs chefs. En tous points, la situation, qui est faite à la commune, nous parait absolument normale et conforme aux prévisions du législateur ; par suite, le Conseil de préfecture, en statuant de cette manière, ne dépasse donc pas les limites du rôle qui lui est confié.

Ayant ainsi exposé quelle est la mission du Conseil de préfecture, nous n'insisterons pas sur une obligation, qui lui est faite par la loi, de motiver l'arrêté par lequel il refuse à la commune l'autorisation d'agir ou de défendre.

En 1837, M. Vivien, rapporteur de la loi, avait combattu cette disposition pour ce motif que, dans le cas où la commune est défenderesse, le refus d'autorisation n'empêchant pas l'adversaire de poursuivre son action devant les tribunaux, il ne fallait pas « qu'au préjugé, qui résulte du défaut de l'autorisation, vinssent se joindre des motifs tirés du fond de la contestation ». L'article 126 de la loi de 1884, qui a reproduit cette disposition, a été adopté sans discussion ; on reconnut donc qu'elle ne présentait pas d'inconvénients capables de balancer ses avantages.

Il peut être très utile d'informer les communes des motifs du refus ; c'est, dans tous les cas, leur montrer que leur demande a été étudiée, c'est, souvent, leur dire qu'une nouvelle demande, formée dans un autre temps, basée sur d'autres moyens, pourrait avoir plus de chances de succès : enfin, c'est surtout leur fournir les éléments nécessaires pour prendre une décision raisonnable, sur le point de savoir si elles doivent se pourvoir contre l'arrêté de refus.

Le législateur de 1837 avait déjà posé le principe que
la commune ne peut agir sans y être formellement autorisée. Il l'avait fait en termes implicites, dans l'hypothèse où la commune est demanderesse, explicites (art. 54,
§ 3), dans l'hypothèse où elle est défenderesse, peut-être
parce que, lors de la discussion du projet de loi, des voix
célèbres, comme celle d'Odilon Barrot, s'étaient élevées
pour réclamer que la commune pût défendre sans autorisation lorsqu'elle est attaquée (10 février 1837).

Dans ce dernier cas, pour que l'adversaire de la commune ne pût appeler en justice avant que la faculté de
défendre lui ait été accordée ou refusée, le législateur
avait aperçu la nécessité d'obliger l'adversaire à différer la poursuite de son action jusqu'à ce que le Conseil
de préfecture eût rendu sa décision. Toutefois, pour qu'à
son tour l'autre partie n'eût pas à souffrir de lenteurs
imputables à la commune ou à l'administration, la loi
déclarait que la décision du Conseil de préfecture devait
être rendue dans le délai de deux mois à partir du dépôt
du mémoire (art. 52, § 2), et qu'après l'expiration de ce
délai, le demandeur pourrait poursuivre son action. En
ce qui concerne le Conseil de préfecture, l'obligation, que
la loi lui faisait de statuer dans un délai ayant pour
point de départ le dépôt du mémoire à la préfecture, devait forcément rester une simple obligation morale, une
invitation à rendre sa décision dans ce délai, si cela lui
était possible.

En résumé, que la commune fût demanderesse ou
défenderesse, la loi de 1837 n'avait, en aucun cas, imparti au Conseil de préfecture un délai de rigueur pour
statuer sur la demande de la commune. Il pouvait donc
arriver, dans les deux cas, que le Conseil tardât à se prononcer, et que la commune se trouvât dans une situation
compromettante pour ses intérêts. Les auteurs s'étaient,
alors, demandé quel parti la commune pouvait prendre
en pareille hypothèse, et avaient agité la question de savoir si elle avait un recours au Conseil d'État pour « déni
de justice et excès de pouvoir ». Ils s'étaient tirés de l'embarras, dans lequel cette question les plaçait, en déclarant que c'était prévoir là une hypothèse plus théorique
que pratique (1).

Telle n'a pas été la pensée de ceux qui ont préparé
la loi de 1884. Ils ont cru remarquer, qu'en pratique, les
Conseils de préfecture mettaient dans l'expédition de ce
genre d'affaires « une négligence regrettable » (2), ils ont
alors proposé et fait adopter une disposition, de laquelle
il résulte que, dans toutes les hypothèses, commune
demanderesse, commune défenderesse, instance au premier degré, en appel ou en cassation, la décision du
Conseil de préfecture doit être rendue dans le délai de
deux mois à partir du jour de la demande d'autorisation.

Ils ont mis à la fois une sanction à cette prescription,
et un remède à la situation fâcheuse où se trouverait la
commune si la loi n'était pas observée, en déclarant,
qu'en pareil cas, la commune pourrait agir en justice
comme si elle avait été autorisée. C'est là une innova-

(1) Reverchon, *l. c.*, p. 203.
(2) Paroles du rapporteur, Sénat, 13 mars 1884.

tion importante, et, en conséquence, il est utile de déterminer exactement le point de départ du délai de deux mois dont parle l'article 121.

Le texte dit « du jour de la demande en autorisation ». On pourrait, peut-être, se prévaloir de ces termes pour conclure qu'il part du jour où le Conseil municipal délibère et demande l'autorisation d'agir, ou bien du jour où le maire adresse cette délibération au Conseil de préfecture. Mais, si l'on considère qu'il peut y avoir difficulté à connaître ce jour et qu'il peut s'écouler un certain temps entre les trois époques auxquelles cette demande est faite par le Conseil municipal, expédiée par le maire et reçue par le Conseil de préfecture, il nous paraît préférable de dire qu'il s'agit du jour où la demande aura été enregistrée au greffe du Conseil de préfecture. On peut tirer, en faveur de cette solution, un argument d'analogie des termes de l'article 126 qui décide, qu'il doit être statué par le Conseil d'État sur le pourvoi formé par la commune, dans les deux mois de son enregistrement au secrétariat général de ce Conseil.

Si l'on rapproche ce point de départ du délai dont l'échéance entraine autorisation pour la commune (art. 121, § 3) et le point de départ du délai dont l'échéance entraîne pour l'adversaire de la commune faculté de suivre l'instance (art. 124, § 2), on remarque que celui-ci peut commencer le procès, alors que le Conseil de préfecture n'a pas encore rendu de décision, et alors, cependant, que la commune n'est pas encore autorisée à agir par l'effet de l'expiration du délai de l'article 121. Ces deux délais de deux mois ont, en effet, des points de départ différents ; l'un la date du récépissé du mémoire déposé, l'autre la

-date de la demande en autorisation faite par la commune.
Or, celle-ci se trouvera postérieure à l'autre de tout le
temps nécessaire pour que le préfet ou le sous-préfet
adressent le mémoire au maire, pour que le Conseil municipal se réunisse, et délibère sur le parti qu'il veut
prendre, enfin pour que sa délibération soit transmise
au Conseil de préfecture.

L'article 125, § 3, dit, il est vrai, que le Conseil de
préfecture doit rendre une décision dans le délai de deux
mois à dater du dépôt du mémoire; mais il ne faudrait
pas en conclure que tel est le point de départ du délai
à l'expiration duquel la commune est autorisée légalement à défendre. Cet article n'est que la reproduction
de l'article 52, § 2 de la loi de 1837 ; or nous avons exposé quel sens avait cet article sous l'empire de cette
loi. L'article 125 de la loi de 1884 nous semble donc
être complètement étranger à la question d'autorisation
légale. Décider autrement, dire que, lorsque la commune est défenderesse, le délai d'autorisation légale a,
en vertu de l'article 125, le même point de départ que le
délai de suspension d'action imposé à l'adversaire, ce
serait donner à la commune la faculté de restreindre le
temps accordé au Conseil de préfecture pour examiner
l'affaire. Le Conseil municipal, lorsque le mémoire de
l'adversaire lui est communiqué, n'aurait qu'à différer
de prendre parti sur ce qui lui convient de faire.

Ce délai de deux mois a paru suffisant au législateur
de 1884 pour que le Conseil de préfecture pût prendre
connaissance de la demande, et réunir les éléments d'information indispensables pour sa décision : mais, était-
il bon de décider que, si le Conseil de préfecture ne sta-

tuait pas dans le délai de deux mois, la commune était autorisée à agir ?

On a émis l'opinion que le législateur eût été mieux inspiré en décidant que le silence du Conseil de préfecture serait considéré comme équivalant à un rejet de la demande d'autorisation.

Dans le système de la loi, on peut redouter : 1° que la commune tarde intentionnellement à transmettre au Conseil de préfecture les pièces ou les renseignements nécessaires pour l'éclairer ; 2° qu'elle puisse se trouver apte à engager un procès malencontreux qui eût été désapprouvé par le Conseil de préfecture, si celui-ci eût rempli sa mission. On ne peut contester le bien fondé de ces craintes. Aussi le Ministre de l'Intérieur, dans sa circulaire du 20 mai 1884, rappelle-t-il aux préfets que leur devoir est de veiller à ce que, en dehors de circonstances exceptionnelles, le Conseil de préfecture statue dans le délai légal. Toutefois, le but recherché par le législateur était que les communes pussent promptement exercer leurs revendications ; il n'aurait peut-être pas été atteint si la négligence du Conseil de préfecture eût entraîné, pour les communes, la nécessité de se pourvoir devant le Conseil d'État, par suite, de subir un nouveau retard de plus de deux mois. Il n'est pas douteux, que, dans ce système, les intérêts communaux eussent été étudiés de plus près, mais ce n'est pas le but que le législateur de 1884 recherchait : il désirait, au contraire, affranchir les communes d'une attente qui, par sa trop longue durée, pouvait leur porter préjudice.

Telle est la conclusion qu'on peut tirer, croyons-nous, des paroles du rapporteur de la loi de 1837, lorsqu'il

répondait aux observations de M. de Gavardie. Ce sénateur ne voulait pas admettre que la commune put plaider, surtout lorsqu'elle est demanderesse, sans qu'il fût
intervenu une autorisation expresse, c'est-à-dire sans
que le bien fondé et les avantages de sa prétention,
eussent été examinés par l'autorité administrative, chargée de la protection de ses intérêts. Le rapporteur disait :
« Comment, la commune, dans sa liberté d'appréciation,
a jugé qu'il y avait pour elle lieu de faire un procès :
est-ce qu'il est conforme à l'esprit général de notre législation de l'enchaîner dans un formalisme absolu et de
lui dire : Non, vous avez fait le nécessaire ; vous avez
soumis votre prétention au Conseil de préfecture ; ce
conseil avait le droit de vous refuser le chemin de la
justice ; il ne vous l'a pas fermé ; mais il ne vous l'a
pas ouvert d'une manière expresse, et cependant vous
êtes dans la même situation que si vous vous étiez
heurtée à un refus ».

Conduit par de telles considérations, le législateur ne
pouvait décider que le silence du Conseil de préfecture
équivaudrait, pour la commune, à un refus d'autorisation.

CHAPITRE IV

MODES DIFFÉRENTS PAR LESQUELS LA COMMUNE PEUT
ÊTRE AUTORISÉE A PLAIDER. — CONSÉQUENCES
DE LEURS CARACTÈRES RESPECTIFS.

Avant la loi de 1884, l'autorisation d'agir en justice n'était donnée à la commune que par le Conseil de préfecture ou par décret en Conseil d'État, lorsqu'elle s'était pourvue contre le refus qui lui avait été fait par le Conseil de préfecture : depuis la promulgation de cette loi, la commune est autorisée à agir en justice lorsque certains délais se sont écoulés depuis sa demande d'autorisation : en conséquence, pour déterminer les caractères de l'autorisation et les conséquences qui en résultent, il y aura lieu de distinguer de quelle manière la commune se trouve être autorisée.

Lorsque le Conseil d'État, ou le Conseil de préfecture accordent ou refusent l'autorisation, ils accomplissent sur les actions communales une mission de surveillance, qui leur a été déléguée de préférence à toute autre autorité, parce qu'ils ont l'expérience des affaires contentieuses (1) ; leur rôle diffère donc, alors, de ce qu'il est lorsque ces Conseils statuent comme juridictions administratives.

De là dérivent deux conséquences qu'il convient d'examiner.

(1) Depuis la loi du 28 pluviôse an VIII, art. 4.

Première conséquence. Les décrets et arrêtés pris en ces matières ne sont pas des jugements, mais des actes d'approbation ou de désapprobation des délibérations des Conseils municipaux. Les Conseils de préfecture conservent donc la faculté de revenir, après nouvel examen, sur la décision qu'ils auraient exprimée lorsque l'affaire leur a été soumise pour la première fois. Pour donner quelques détails sur ce point (1), nous distinguerons suivant que l'autorisation avait été primitivement accordée ou refusée.

Première hypothèse : Lorsqu'on considère l'hypothèse où l'autorisation a été accordée, et lorsqu'on se demande jusqu'à quelle époque le Conseil de préfecture pourra la retirer par un nouvel arrêté, on est amené à distinguer (2) suivant que la commune a, ou non, profité de l'autorisation, et a, ou non, suivi l'instance. Si elle a entamé le procès, il est hors de doute que le premier arrêté est irrévocable, car il a produit son effet normal et régulier : la commune a saisi valablement le tribunal ; c'est, dès lors, à celui-ci qu'il appartient, dans les limites que nous déterminerons plus loin, de décider si l'arrêté du Conseil est intervenu dans des conditions à habiliter la commune à plaider ; c'est à lui seul aussi de juger si les droits de la commune ont été bien appréciés en lui donnant ou non gain de cause. Le contrôle du Conseil de préfecture a été exercé ; la commune a pensé qu'il serait avantageux pour elle d'user de l'autorisation qui lui

---

(1) Pour éviter des développements inutiles, nous exposerons seulement les conditions dans lesquelles un arrêté d'un Conseil de préfecture peut être rétracté, car on doit admettre des principes identiques a l'égard des décisions prises, sur pourvoi, par le Conseil d'État.

(2) Reverchon, *Autorisations de plaider*, p. 140.

avait été accordée, le ministère public, qui doit prendre communication de toutes les causes des communes, est le seul protecteur qui puisse, dorénavant, défendre ses intérêts.

Au contraire, lorsque les choses sont encore en état, le Conseil de préfecture peut-il rétracter l'arrêté d'autorisation ? Certains auteurs (1) lui accordent ce droit, et lui permettent de l'exercer « soit d'office, soit sur l'initiative du préfet ». Les uns pensent que ce point doit être admis comme une conséquence de ce que l'arrêté d'autorisation « n'emporte pas autorité de chose jugée », d'autres (2) trouvent là un correctif nécessaire de ce que l'autorisation accordée est valable indéfiniment, autrement dit, un moyen de parer aux suites fâcheuses d'un procès, qui serait engagé alors que la commune, par sa négligence, peut avoir laissé prescrire son droit ou perdu ses moyens de preuve. Aux uns et aux autres, nous tiendrons ce raisonnement ; il est vrai que l'arrêté du Conseil de préfecture n'est pas un jugement mais un acte de surveillance, il n'est cependant pas certain que cet acte puisse être accompli, *motu proprio*, par le Conseil de préfecture. Cependant, c'est dans ces conditions qu'interviendrait un arrêté du Conseil de préfecture rétractant d'office un arrêté d'autorisation antérieur, lorsque les conditions du procès se trouvent être modifiées. Au contraire, le Conseil est chargé d'une mission qui est celle-ci : permettre ou empêcher la mise à exécution de certaines délibérations des Conseils municipaux. Or, quand,

____

(1) Reverchon, *l. c.*, p. 140. — Chauveau, *l. c.*, 5ᵉ édition, p. 252. — Blanche, *Dict. d'administration. Commune*, p. 481.
(2) Dalloz, *Rép.* tome X, Com. nᵒ 1533.

par un arrêté, il statue sur une délibération, sa mission est terminée : elle peut l'être d'une manière plus ou moins avantageuse pour la commune, elle n'en est pas moins accomplie ; ce n'est pas à lui qu'il appartient de suivre les conséquences de son arrêté, car il n'a pas pour rôle de diriger personnellement et activement les affaires contentieuses de la commune ; il n'est pas chargé de surveiller le maire dans l'accomplissement des actes conservatoires ; il n'a pas qualité pour empêcher toutes les fautes que la commune peut commettre en matière de procès ; c'est ainsi qu'il ne peut l'obliger à défendre, alors même que ce serait le parti le plus sage. Pour tous ces motifs, nous croyons qu'on pourrait considérer comme agissant en dehors de ses attributions, le Conseil de préfecture qui, *motu proprio*, se livrerait à un nouvel examen de l'affaire, dans le but de revenir d'office sur l'autorisation accordée.

De même, nous refuserons au préfet, en tant qu'agent de l'administration supérieure, la faculté de solliciter du Conseil de préfecture la rétractation d'une autorisation précédemment accordée ; en effet, il n'est, en aucun cas, le représentant des intérêts communaux vis à-vis de ce Conseil, et n'a, auprès de lui, aucune initiative en matière de contentieux communal. Toutefois, il pourrait, par une voie indirecte, parvenir à un résultat analogue : on sait qu'il est appelé à exercer une surveillance sur les actes d'administration du maire (art. 90, L. 1884) ; par conséquent, lorsque celui-ci est sur le point d'intenter une action, pour laquelle l'autorisation d'agir a été donnée, mais dont l'intérêt et les chances de succès ont été primitivement mal appréciés, ou se trouvent, depuis lors, compromis, il pourrait prescrire (art. 47) la convocation du Conseil municipal, afin d'appeler son attention sur les inconvénients que le procès peut présenter désormais, et l'engager à demander au Conseil de préfecture un nouvel examen de l'affaire. Autrement dit, nous ne pouvons croire qu'il ait, comme agent de l'administration supérieure, le droit de provoquer un arrêté du Conseil de préfecture en matière d'actions communales, alors que le Conseil municipal ne prend aucune délibération sur laquelle le Conseil de préfecture soit appelé, par la loi, à donner son avis.

En résumé, lorsque l'autorisation a été accordée, le principe, qu'on énonce généralement en disant que « l'arrêté du Conseil de préfecture n'emporte pas autorité de chose jugée », conduirait simplement à dire que le Conseil peut être appelé, par le fait de la commune elle-même, à revenir sur son premier arrêté. Lorsque la commune n'a pas profité de l'autorisation accordée, et lorsque, depuis lors, les éléments du procès ont changé, le Conseil municipal peut prendre une nouvelle délibération dans laquelle il exposera les nouveaux motifs qui le déterminent à intenter l'action qui a été différée. Nous croyons, qu'en pareil cas, le Conseil de préfecture serait dans l'obligation de prendre un nouvel arrêté sur la demande d'autorisation que le maire lui ferait en vertu de la nouvelle délibération du Conseil municipal.

Deuxième hypothèse. De même, si nous envisageons l'hypothèse où l'autorisation a été refusée à la commune, celle-ci ne peut demander au Conseil de préfecture une nouvelle décision, que si elle soumet à son appréciation de nouveaux faits ou de nouveaux moyens.

En effet, est-on dans le délai de 2 mois pendant lequel
le recours au Conseil d'État est ouvert à la commune,
celle-ci doit user de ce recours, et elle ne pourrait, en
reproduisant les moyens sur lesquels le Conseil de préfecture a déjà statué, lui demander de revenir sur sa
décision. Ce ne serait là qu'une voie indirecte de mettre
en question le bien fondé de son appréciation et la commune a, pour cela, une voie naturelle, qui est le pourvoi.
A plus forte raison, doit-on poser la même condition
lorsque la commune a négligé, de se pourvoir contre cet
arrêté. Elle est, alors, censée avoir acquiescé à la décision
du Conseil de préfecture. Lui accorder le droit de demander un nouvel examen après l'expiration du délai
de 2 mois, ce serait lui accorder le moyen de remettre indéfiniment en discussion l'objet d'une décision, contre
laquelle la loi lui impartit de se pourvoir dans un délai
déterminé, à peine de déchéance.

Au contraire, lorsque la commune invoque de nouveaux faits à l'appui de sa demande, on ne peut en aucun cas lui refuser de l'examiner : le Conseil de préfecture est dans l'obligation absolue de le faire, quand
même le Conseil d'État aurait été précédemment appelé
à prononcer sur un pourvoi concernant la même affaire.
C'est là encore une conséquence : 1° de la nature de ses
actes, 2° de l'initiative que les Conseils municipaux possèdent en matière d'actions communales, 3° de la loi
qui déclare l'autorisation du Conseil de préfecture nécessaire pour que les communes puissent valablement
ester en justice.

Deuxième conséquence. L'acte du Conseil de préfecture ou du Conseil d'État, lorsqu'il se prononce dans le

sens de l'autorisation, ne constitue jamais un acte d'autorité qui puisse obliger la commune à agir. Dans tous les cas, il ne lui ouvre qu'une faculté, et ne constitue jamais pour elle une injonction.

Lorsqu'elle a été autorisée à se porter demanderesse, le Conseil municipal pourrait, par une délibération postérieure à l'arrêté du Conseil de préfecture, retirer au maire le mandat qu'il lui avait donné d'intenter l'action en son nom et, en pareil cas, il y aurait pour le maire impossibilité de se prévaloir de l'autorisation accordée pour saisir les tribunaux du litige.

De même, lorsque la commune est défenderesse, le Conseil de préfecture peut être appelé à lui donner l'autorisation de plaider, quand même le Conseil municipal, sur le vu du mémoire de l'adversaire, aurait pris une délibération exprimant un refus de défendre (art. 52, 1. 1837 et 125, 1. 1884). En pareille hypothèse, l'inaction de la commune n'arrête pas les poursuites de l'adversaire ; la loi a donc voulu qu'elle reçut, dans tous les cas, l'avis du Conseil de préfecture sur le parti qu'il est expédient de prendre : dès lors, dans le cas où cet avis l'autorise à défendre, le Conseil municipal peut revenir sur la détermination prise dans la première délibération, et habiliter le maire à agir par une délibération postérieure à l'arrêté du Conseil de préfecture.

Après la promulgation de la loi de 1837, quelques auteurs (1) avaient cru pouvoir dire que, dans le cas où le Conseil de préfecture autoriserait la commune défenderesse à plaider, contrairement à la délibération du Conseil municipal, il y avait alors pour le maire obliga-

(1) Dalloz, *Rép.*, t. X, n° 1650. — Dufour, *l. c.*, t. I, n° 475.

tion de défendre au nom de la commune. Ils en concluaient que le préfet pouvait, en cas d'inaction de la part de cet agent, se substituer à lui en vertu de l'art. 15 de la loi de 1837.

Cette doctrine fut combattue par la majorité des auteurs, et rejetée par arrêt solennel de la Cour de cassation, le 3 avril 1867. Cependant, lors de la discussion de la loi de 1884 (1), le Ministre de l'agriculture réclamait que l'article 125 portât : « Le Conseil de préfecture décide si la commune doit ester en justice ». L'arrêté de ce Conseil eût ainsi constitué pour le maire un ordre de défendre. Le Ministre considérait cet amendement comme nécessaire pour obvier à la connivence coupable qui s'établit, dans certains cas, entre les Conseils municipaux et les habitants de la commune ; il affirmait que, lorsqu'un habitant revendique un bien communal, on voit souvent le Conseil municipal ne pas défendre à l'action, bien que l'autorisation en ait été donnée, et laisser ainsi dépouiller la commune au profit de l'un de ses membres. Le rapporteur, néanmoins, combattit cette modification au texte, et proclama l'entière liberté de la commune en matière d'exercice des actions qui lui appartiennent ; ainsi qu'il le faisait remarquer, alors même que la commune ne défend pas, elle ne doit pas être nécessairement condamnée : en effet, le tribunal ne doit admettre les prétentions de l'adversaire que s'il les reconnaît bien fondées ; de plus, lorsqu'une commune figure dans un procès, la cause doit être communiquée au ministère

____

(1) Sénat, 29 mars 1884. — V. Ducrocq, *Études sur la loi municipale*, p. 48.

public, dont le devoir est de défendre, s'il y a lieu, les intérêts de la commune ; enfin l'administration peut inviter un contribuable à défendre au nom de la commune, lorsqu'il est certain que l'inaction du Conseil municipal résulte d'une mauvaise foi manifeste.

Ces considérations parurent concluantes et l'amendement fut rejeté. L'acte du Conseil de préfecture conserve donc, sur ce point, le caractère qu'il avait avant la loi nouvelle.

Autorisation légale. — Nous avons dit que la commune pouvait être autorisée à ester en justice par l'échéance d'un délai de deux mois, à partir de la demande d'autorisation. Nous devons, maintenant, rechercher les caractères de ce mode d'autorisation, et en tirer quelques conséquences.

Pour les déterminer, il est utile de se reporter aux discussions qui ont eu lieu devant les Chambres au sujet de cette innovation importante. Après avoir exposé les motifs qui portaient la commission à introduire cette disposition dans la loi nouvelle, le rapporteur (1) disait : « par conséquent, lorsque la commune se trouvera en présence d'un Conseil de préfecture qui aura négligé d'examiner sa demande et de lui rendre réponse, la commune est autorisée à plaider. L'honorable M. Baragnon disait au cours des observations de M. de Gavardie qu'elle est « censée » autorisée à plaider. — Mais non, elle n'est pas censée autorisée ; elle est réellement autorisée par une disposition de la loi. C'est le législateur qui dit, par une disposition spéciale : Si le Conseil de préfecture, qui est compétent pour donner l'autorisation,

(1) Sénat, 13 mars 1884.

n'a pas rendu sa décision dans le délai de deux mois qui lui est fixé, j'autorise la commune à porter son action devant les tribunaux ».

Que faut-il conclure de ces paroles, sinon que le Conseil de préfecture a perdu, par son inexplicable silence, toute compétence pour donner ou refuser l'autorisation, et que, quand même la commune n'userait pas immédiatement de la faculté qui lui a été accordée par le législateur, le Conseil de préfecture ne pourrait, par un refus d'autorisation postérieur, empêcher la commune de saisir valablement les tribunaux : qu'en un mot, la commune n'est pas « censée autorisée », présomption qui pourrait tomber si le Conseil de préfecture manifestait un avis contraire avant que l'action n'ait été intentée ou poursuivie, mais, qu'en pareil cas, elle trouve dans une disposition de la loi, la faculté de plaider. La question de savoir s'il y a dans cette hypothèse autorisation tacite ou autorisation légale, n'est pas sans importance. Si l'on dit qu'il y a là autorisation tacite, les auteurs, qui pensent que le Conseil de préfecture peut rétracter d'office l'autorisation accordée, tant qu'il n'en a pas été fait usage, pourront peut-être maintenir le droit d'exprimer un refus d'autorisation, tant que la commune n'aura pas entamé le procès.

A prendre à la lettre le texte de la loi, à rapprocher seulement le paragraphe 1er et le paragraphe 3 de l'article 121, le premier, posant en principe général que nulle commune ne peut agir en justice sans être autorisée par le Conseil de préfecture, sauf les cas prévus par les articles 122 et 154, et ne faisant aucun renvoi au paragraphe 3, on pourrait être tenté de soutenir que, si l'arrêté n'est pas intervenu dans le délai de deux mois, les mots du paragraphe 3 « la commune est autorisée à plaider » signifient qu'elle l'est par le Conseil de préfecture, exprimant son consentement par son silence.

Néanmoins, nous croyons que les derniers mots du rapporteur ne permettent pas de regarder l'autorisation, qui se produit par l'expiration du délai, comme une autorisation tacite, laquelle conserverait les caractères des autorisations données par le Conseil de préfecture, mais bien comme une autorisation légale.

Une telle manière de voir ne serait pas en harmonie avec l'ensemble des considérations que le rapporteur invoquait à l'appui de l'innovation. « Il nous a semblé, disait-il, que le délai de deux mois était suffisant pour permettre au Conseil de préfecture de prendre connaissance de la demande et des motifs de cette demande. Eh bien, supposez que le Conseil de préfecture, pour un motif quelconque que je n'ai pas à rechercher, mais qui, la plupart du temps, tiendra à une habitude de négligence qu'on regrette trop souvent de trouver dans l'expédition de ce genre d'affaires, n'ait dit ni oui ni non, la commune a cependant un intérêt considérable à faire valoir son droit...

... Nous avons pensé qu'il n'y a rien d'excessif, dans l'état de notre législation, à ce que le Conseil municipal, appréciant la situation, s'étant renseigné auprès de ses conseils habituels, puisse plaider lorsqu'il se trouve en présence d'un Conseil de préfecture qui a négligé d'examiner sa demande ».

En conséquence, la loi décide que la commune pourra suivre l'instance sans attendre davantage.

Il résulte aussi des paroles explicites du rapporteur

que le Conseil de préfecture est dans l'obligation morale
de statuer dans le délai de deux mois.

C'est donc avec raison que le Ministre de l'Intérieur (1), exposant dans une circulaire l'innovation de
la loi nouvelle, s'exprimait ainsi : « Les litiges, intéressant les communes, pourront, cependant, être portés devant les tribunaux dans des conditions moins favorables. Or, il est du devoir de l'administration supérieure
de prévenir autant que possible les conséquences regrettables des procès engagés témérairement par les communes. Veillez donc, Monsieur le Préfet, à ce que le
Conseil de préfecture, en matière d'autorisation, statue
dans le délai légal, sauf les cas tout à fait exceptionnels
où des circonstances de force majeure ou autres n'auraient pas permis de réunir, en temps utile, les éléments
d'information nécessaires ».

Des explications qui précèdent on peut conclure,
croyons-nous, que la commune, sous l'empire de la nouvelle loi, comme auparavant, est en droit d'obtenir un
avis sur le procès qui va s'ouvrir : que l'échéance du délai de deux mois ne dessaisit pas le Conseil de préfecture d'une manière irrémédiable : donc, si la commune,
ne voulant pas user de la faculté qui lui est accordée par
le paragraphe 3 de l'article 121, renouvelait la même demande, le Conseil de préfecture ne pourrait exciper de
ce que la commune se trouve, en fait, avoir capacité pour
agir en justice ; autrement, dans certains cas, le Conseil
de préfecture serait porté à laisser intentionnellement
écouler le délai de deux mois, plutôt que de prendre un
parti sur une question délicate.

(1) Circulaire du Ministre de l'Intérieur, *Journal officiel*, 20 mai 1884.

CHAPITRE V

ÉPOQUE A LAQUELLE L'AUTORISATION PEUT INTERVENIR.
CONSÉQUENCES LORSQU'ELLE INTERVIENT AU COURS
DE LA PROCÉDURE JUDICIAIRE.

Lorsqu'on lit les articles 49 § 1 de la loi de 1837 et l'article 121 de la loi du 5 avril 1884, il semble qu'on pourrait légitimement en déduire, que l'autorisation de plaider doit être demandée et obtenue avant que l'exploit d'ajournement ne soit lancé, lorsque la commune est demanderesse, et avant la constitution d'avoué, lorsqu'elle est défenderesse. En concluant ainsi, on enlèverait à la commune tout moyen de faire des actes de procédure et des frais, qui peuvent devenir inutiles, dans le cas où le Conseil de préfecture lui ferme l'accès des tribunaux.

Néanmoins, de nombreux arrêts de la Cour de cassation, il résulte que l'autorisation peut être accordée utilement en cours d'instance, et que son effet rétroagit alors, comme si elle était intervenue au début du procès. La majorité des auteurs (1) se rangent à cette opinion : on la justifie souvent en disant « que la loi suppose bien que l'autorisation peut être valablement accordée en cours d'instance, puisqu'elle permet au maire de faire tous les actes conservatoires ou interruptifs de déchéance ».

Certes, dans les cas urgents, par exemple lorsqu'il y

____

(1) Chauveau Adolphe et Tambour, *Lois administratives*, t. II, p. 228. Reverchon, *l. c.*, p. 251. Dufour, *Traité de Droit administratif*, t. II, p. 504.

a lieu de prévenir l'expiration d'un délai, le maire trouve, dans l'article 122, le droit de faire une citation, de lancer l'exploit d'ajournement ou d'accomplir d'autres actes ayant le même caractère. Mais là (1) s'arrête, dans la grande majorité des cas, le droit conféré au maire par l'article 122 § 1, et, en effet, le paragraphe 2 du même article, en énonçant « que le maire ne peut suivre ni sur son appel ni sur son pourvoi sans une nouvelle autorisation », indique, par là même, que le maire ne doit pas poursuivre la procédure, sans attendre l'arrêté du Conseil de préfecture.

Lorsqu'il passe outre, on peut donc dire qu'il ne se renferme plus dans la limite de ses pouvoirs. C'est ce qui se produit dans les nombreux cas où l'autorisation n'est accordée que lorsque l'affaire est déjà instruite, ou même plaidée. En pareille hypothèse, et elle se présente fréquemment, on ne peut pas valider la procédure accomplie en se prévalant de l'argument cité plus haut. Il faut alors adopter le raisonnement suivant : « La rétroactivité

(1) Pour déterminer exactement les pouvoirs conférés au maire par les articles 90 et 122, et sous la réserve des explications que nous donnerons plus loin sur le caractère des actes accomplis par le maire au delà de ses pouvoirs, nous croyons qu'on doit s'arrêter aux conclusions suivantes : après avoir lancé l'acte d'ajournement, ou après avoir constitué avoué, le maire ne doit plus, en principe, faire d'acte de procédure avant d'avoir obtenu l'autorisation. Considérons donc ce qui peut se passer en pratique : si l'adversaire défendeur produit ses défenses, le maire ne doit pas y répondre, tant qu'il n'est pas autorisé : si le défendeur poursuivait l'audience, l'avoué de la commune devrait, au début de cette audience, exposer au tribunal que la commune n'est pas autorisée et solliciter un délai nécessaire pour que l'autorisation puisse intervenir. Étant donné la situation dans laquelle se trouve la commune, il nous semble que le tribunal ne pourrait pas opposer un refus à cette demande : néanmoins, nous citerons plus loin des exemples de cas où, les communes ayant mis une négligence vexatoire à se pourvoir de l'autorisation, les tribunaux, à juste titre, n'ont point voulu surseoir.

de l'effet de l'autorisation, lit-on dans Dalloz (1), tient à
ce qu'elle est exigée uniquement dans l'intérêt de la commune et de ce que la solution contraire ne pourrait que
lui nuire. En effet, comme ce sont uniquement les actes
de procédure, actes qui ne lient pas la commune, qui se
trouvent ainsi rétroactivement validés, il faudrait les
recommencer si on ne maintenait pas les premiers, et la
commune n'en retirerait aucun profit ».

On trouve dans ces lignes une application du système
général que la jurisprudence admet, maintenant, en cas
d'inobservation de la formalité d'autorisation : il consiste
à reconnaître à la commune la faculté de retenir le bénéfice des actes qui lui ont été profitables. En résumé, à
l'époque où la Cour de cassation considérait la nécessité
de l'autorisation comme une règle d'ordre public absolu,
elle décidait aussi qu'une autorisation donnée après le
début du procès ne validait pas la procédure préalablement suivie.

Aujourd'hui, au contraire, elle repousse l'opinion (2)
d'après laquelle tous les actes, qui ne peuvent être considérés comme conservatoires au sens strict du mot,
devraient être considérés comme entachés *ab initio* d'une
nullité absolue, s'ils sont accomplis avant que l'autorisation ait été accordée.

Néanmoins, le devoir strict du maire est de ne pas
poursuivre la procédure sans avoir fait autoriser la commune ; en conséquence, il doit, dès le début de l'instance,
demander au tribunal un sursis pour que l'autorisation

____

(1) *Rép.* Com. n° 1630.
(2) Cette opinion paraît avoir été adoptée par Batbie, *Droit administratif*, t. V, § 330.

puisse être rapportée. Mais alors se pose la question de savoir si le tribunal est nécessairement obligé de faire droit à sa requête. L'affirmative résulte de plusieurs décisions. La Cour de cassation considère que la commune est en droit d'obtenir un délai pour se faire autoriser, quand bien même les plaidoiries seraient déjà terminées (1). Le principe paraît admis en jurisprudence, pour ce motif, qu'en décidant autrement, on ferait tourner contre les communes une disposition introduite en leur faveur. Aussi, si l'on examine les espèces de quelques arrêts qui ont refusé un délai demandé, on remarque qu'ils sont justifiés, soit parce que la Cour avait déjà fait droit à une première demande de cette nature (2), soit par des raisons de fait (3). Nous dirons donc que

(1) 8 novembre 1843, D. 1844, 1, 177.

(2) Cour de Dijon, D. 1879, 2, 272. « Attendu que le maire a pu valablement, et à titre conservatoire, interjeter appel du jugement. Attendu que la commune n'est point recevable à plaider sur cet appel sans que l'autorisation ait été rapportée : qu'elle demande un sursis de deux mois à l'effet de se la procurer : attendu que ce délai parait trop long ; que l'appel est déjà ancien et que l'affaire venait aujourd'hui pour être plaidée ; attendu qu'en accordant un délai à la commune, il convient de la soumettre à une forclusion : par ces motifs, remet l'affaire à six semaines et dit que la commune sera tenue de rapporter l'autorisation, à défaut de quoi, déclare dès à présent l'appel non recevable ».

Nancy, 25 février 1881, D. 2, 224. « Attendu que cette condition n'a pas été remplie, malgré le long espace de temps qui s'est écoulé depuis l'appel. Qu'il y a donc lieu d'accueillir la fin de non recevoir opposée à l'appelant, déclare l'appel non recevable ».

(3) Cassation, 1867. Dubois, D. 1868, 1, 342. « Attendu que les demandeurs contribuables avaient obtenu des délais successifs, pour justifier de l'autorisation ; que, malgré ces délais, ils ne justifient d'aucunes diligences sérieuses à cet effet, que cette inaction volontaire démontre un calcul vexatoire ayant pour but de tenir indéfiniment les intimés sous le coup d'un procès. Attendu qu'en refusant dans de telles circonstances d'accorder un nouveau délai, et en déclarant par suite le demandeur non recevable dans leur action, les juges du fond n'ont fait qu'user de leur droit ».

c'est là une question que les tribunaux doivent trancher en équité.

L'adversaire peut, lui aussi, à tout moment de l'instance (1), opposer, aux conclusions de la commune, une fin de non-recevoir fondée sur le défaut d'autorisation. Il a, en effet, intérêt à ne pas consentir au compromis judiciaire avec une commune qui, ainsi que nous le verrons plus loin, pourrait, en raison de son incapacité, demander l'annulation du jugement qui lui causerait préjudice. La commune, alors, cherchera à régulariser sa situation, en demandant un sursis.

C'est donc par le fait des parties elles-mêmes que le tribunal doit être mis en demeure d'accorder un délai. Si l'autorisation est accordée, la procédure interrompue sera reprise. Mais il n'est pas sans difficulté de déterminer quelle décision le tribunal doit prendre, lorsque l'autorisation est refusée, ou n'intervient pas dans les délais qui ont été impartis.

Lorsque la commune est demanderesse, on éprouve quelques hésitations à décider de quelle manière l'instance engagée doit être dénouée. Serrigny (2) nous apprend que souvent les tribunaux adjugent au défendeur les conclusions par lui prises sur le fond. Il critique cette pratique, car, dit-il, c'est là condamner un mineur qui ne peut exposer sa demande, et il propose, soit de renvoyer le défendeur par défaut-congé, conformément à l'article 154 du Code de procédure, soit de déclarer la commune non recevable en l'état, c'est-à-dire quant à

____

(1) Le défaut d'autorisation entraîne une nullité, mais elle ne peut être rangée dans la catégorie des nullités d'exploit ou d'acte de procédure, qui doivent être proposées avant toute défense au fond.

(2) *Traité de compétence administrative*, t. I, n° 452.

présent, à raison du défaut d'autorisation. On sait qu'il
y a controverse sur le point de savoir si le jugement de
défaut-congé peut juger le fond du procès. Il en résulte
que la première solution proposée par Serrigny a été, de
la part des auteurs qui, dans cette controverse, admettent l'affirmative, l'objet de critiques analogues à celles
que Serrigny formulait contre l'usage suivi par la jurisprudence. C'est ainsi que Chauveau (1), après avoir posé
en principe que les renvois en l'état pratiqués autrefois
dans certaines provinces ne sont plus admissibles,
déclare « que la commune, n'étant pas régulièrement en
cause, on ne peut prendre contre elle aucunes conclusions ; que le défendeur doit donc se borner à conclure
contre le maire à ce que l'action intentée par lui soit
déclarée non recevable et à ce qu'il soit condamné personnellement aux dépens ». Cet auteur cite, à l'appui, un
arrêt de la Cour de Bastia (13 novembre 1823, Cesari),
condamnant aux frais d'appel, à l'amende et aux dépens,
comme ayant accompli une démarche inconsidérée, un
trésorier de fabrique qui avait appelé malgré un refus formel d'autorisation. Étant donné l'espèce sur laquelle
elle a été rendue, cette décision paraît justifiée.

Mais les tribunaux devraient-ils statuer de la même
manière dans l'hypothèse où le maire, avant que la commune soit autorisée, aurait lancé l'ajournement et même
demandé un délai.

S'il est admis que le maire trouve dans l'article 122
le droit d'accomplir valablement les actes conservatoires, est-il possible de soutenir que, dans le cas où l'autorisation est ensuite refusée, il faille considérer la com-

____

(1) *Code d'Instruction administrative*, t. II, p. 256.

mune comme n'ayant pas été mise en cause, et le maire
comme devant supporter seul les frais de son intervention. Pourquoi fait-on peser sur lui une telle responsabilité, alors qu'il n'a agi que dans la limite de ses attributions ; il a eu pleine capacité pour mettre la commune
en cause, à titre provisoire, en quelque sorte, et n'est
donc passible d'aucune peine (1).

Toutefois, il n'est pas douteux que la commune ne
soit dans une situation assez délicate, qui offre une certaine analogie avec celle où un demandeur fait défaut :
hypothèse prévue par l'article 154 du Code de procédure.
Or, la jurisprudence interprète cet article en décidant
que, dans le jugement qui doit intervenir, le rôle du tribunal consistera à déclarer la prétention du demandeur
mal fondée, à renvoyer le défendeur absous, comme si
les parties avaient comparu et débattu leurs droits respectifs (2) : autrement, dit-on, si le jugement rendu était
un jugement de simple relaxe, le défendeur se trouverait à la merci du demandeur. Lorsqu'il s'agit d'un plaideur ordinaire, ce pouvoir, donné au tribunal, n'entraîne
pas des conséquences bien graves pour le demandeur,
car il conserve la faculté d'attaquer, par les voies de recours ordinaires, le jugement qui lui porte préjudice.

Au contraire, n'y aurait-il pas lieu de traiter la com-

---

(1) V. D. 1840, 2, 97.

(2) Pour soutenir ce système on invoque : une expression de l'ordonnance de 1667 (art. 4, titre XIV) « pour le profit, le défendeur sera renvoyé absous» — une différence de rédaction entre les articles 150 et 154 du
Code de procédure qui paraît donner au défendeur des droits plus étendus
qu'au demandeur — enfin l'article 434 du Code de procédure, « le tribunal
donnera défaut, et renverra le défendeur de la demande ». L'autorité de
ces arguments a été contestée en doctrine, et rejetée par quelques décisions judiciaires. V. Dalloz, Jugement par défaut, §§ 15 et suivants.

9

mune d'une manière différente. En effet, on doit remarquer, d'abord, qu'elle n'a pas eu capacité pour conclure
valablement, ce qui fait dire à Serrigny que, dans le
système de la jurisprudence, « la commune se trouve
condamnée comme un mineur qui n'a pu exposer sa
demande ». De plus, il serait peu probable qu'elle obtint
de l'autorité administrative l'autorisation de faire valoir,
sur opposition ou par voie d'appel (1), la demande en
justice que le Conseil de préfecture l'a empêchée de soutenir après son assignation.

Étant donné qu'il faut concilier le pouvoir attribué
au maire de faire les actes conservatoires, et le principe
d'ordre public qu'une commune ne peut ester valablement en justice sans autorisation, ne pourrait-on pas
dire, d'une part, que la commune est mise en cause par
l'ajournement, car le maire a eu capacité pour le lancer,
d'autre part, que, dans l'hypothèse où l'autorisation
n'intervient pas, le jugement dénouant l'instance doit
être un jugement de relaxe. Si la jurisprudence refuse de
restreindre le pouvoir du juge, dans le cas où le demandeur est un plaideur capable, ne pourrait-elle admettre
que la commune demanderesse, non autorisée, doit, en
raison de la condition spéciale qui lui est faite par les
lois administratives, être mise hors de cause par un
renvoi ne préjugeant en rien le mérite du droit qu'elle
voulait faire reconnaître. Quelques commentateurs du

(1) En pratique, la voie d'appel serait seule possible : en effet, le maire
ayant eu capacité pour constituer avoué dans l'ajournement, le défaut est
un défaut contre avoué ; or le délai d'opposition, en ce cas, est très court
(8 jours) : la commune ne pourrait donc, en si peu de temps, obtenir l'autorisation de former une opposition valable ; or, cette autorisation lui est nécessaire, puisque, dans l'hypothèse, elle n'a pas encore obtenu l'autorisation d'agir en justice.

Code de procédure ont même soutenu, qu'en règle générale, l'article 154 n'autorisait pas une autre solution de l'instance. N'y a-t-il pas des motifs particuliers d'appliquer leur système dans le cas qui nous occupe ? Ne serait-il pas singulier que le refus d'autorisation d'agir pût entraîner, comme résultat, la condamnation obligatoire de la commune, ou, tout au moins, l'examen du fond de l'affaire par le tribunal, enfin, dans certains cas, la nécessité d'user de voies de recours pour faire annuler la sentence judiciaire ?

D'ailleurs, la jurisprudence elle-même admet que le rôle du juge, en cas de défaut du demandeur, peut être différent suivant les hypothèses ; elle reconnait donc que les articles 154 et 434 du Code de procédure ne posent pas un principe certain et absolu. Ainsi, tandis qu'en général, dans le cas où l'appelant ne se présente pas, les Cours d'appel confirment le jugement sans vérifier les griefs d'appel (art. 154 et 470, C. de proc. comb.), la Cour de cassation (1) leur a tracé une mission différente dans une hypothèse où il s'agissait d'un appel interjeté, au nom d'un mineur, contre un jugement intervenu sur le partage d'une succession, échue à ce mineur. Elle a déclaré que « les règles spéciales aux partages, qui intéressent les mineurs, font exception au principe général posé par l'article 434 du Code de procédure relativement au défaut-congé. D'où il suit, continue-t-elle, « que la Cour d'appel, en donnant défaut contre les époux Raoult (tuteur et subrogé-tuteur), au lieu de les renvoyer purement et simplement de leur opposition et de leur appel, et de supposer que les griefs d'appel ne se suppléent pas, devait

(1) V. Dalloz, 1850, 1, 123.

examiner le mérite du jugement de première instance,
qui statuait sur les intérêts du mineur ».

Dans l'hypothèse qui nous occupe, ainsi que nous
l'exposerons plus loin, le tribunal n'a pas pouvoir d'examiner valablement l'affaire, au fond, avant que la commune ait été autorisée : le jugement, rendu au préjudice
de ce principe, serait entaché d'une irrégularité dont l'une
ou l'autre des parties pourrait se prévaloir pour en demander l'infirmation : aussi, étant donné les controverses
qui se sont élevées sur la portée des articles 154 et 434
du Code de procédure, nous ne croyons pas que leur sens
soit assez formel et absolu, pour que le tribunal soit obligé
de prendre, même sur les conclusions de l'adversaire,
une décision ayant pour caractère nécessaire de juger le
fond de l'affaire : il pourrait, au contraire, déclarer qu'il
n'est pas valablement mis en demeure de statuer et renvoyer le défendeur de l'instance (1).

Lorsque la commune est défenderesse, le demandeur
peut, deux mois après le jour où il a déposé son mémoire,
porter sa demande en justice. Aux termes de l'article 126,
la décision du Conseil de préfecture devrait être rendue
dans le même délai ; toutefois, nous avons exposé, plus
haut, que, dans cette hypothèse, le délai, ainsi fixé au
Conseil de préfecture, n'est pas celui à l'expiration duquel
la commune se trouve autorisée, si le Conseil de préfecture
n'a pas pris un arrêté. Il peut donc se faire, qu'au moment
où le demandeur poursuit l'instance, on soit encore in-

---

(1) Dans les arrêts cités plus haut, les Cours d'appel n'infirment, ni ne
confirment le jugement dont la commune faisait appel, ils se bornent à
constater que l'appel, qui avait été valablement interjeté, ne les a pas mises
en demeure de statuer.

certain sur le point de savoir si la commune obtiendra l'autorisation de défendre.

Dans une telle éventualité, l'application rigoureuse des principes doit-elle conduire à décider que le maire n'est pas habilité, par l'article 122, à constituer avoué avant que l'autorisation n'ait été accordée, car, si l'adversaire poursuit l'instance et obtient jugement par défaut, le fond du droit de la commune ne sera pas compromis, puisque, si l'autorisation de défendre lui est accordée, elle pourra former opposition. En ce sens, Chauveau (1) déclare que si le maire « défendait » sans autorisation, le demandeur aurait des conclusions de deux natures à prendre : les unes, par défaut contre la commune non autorisée, les autres, contradictoires contre le maire pour le faire condamner personnellement aux dépens de l'incident nécessité par sa présence illégale en cause.

Certes, dans cette hypothèse, la constitution d'avoué n'a pas le caractère d'acte conservatoire, au même titre que l'ajournement lorsqu'elle est demanderesse. L'ajournement peut être le seul moyen d'interrompre une prescription ; au contraire, la commune défenderesse, condamnée par défaut, n'est pas déboutée irrémédiablement de son droit. Néanmoins, faut-il dire que le maire, qui a

____

(1) *Code d'Instruction administrative*, t. II, p. 257. Il argumente des mots « en aucun cas la commune ne peut défendre avant d'avoir été expressément autorisée » (art. 54, 1. 1837), et on conclut que « la commune se trouve désarmée en présence d'un adversaire qui la poursuit avec vivacité. » Reverchon, *l. c.*, p. 198, au contraire, établit, d'après les travaux préparatoires de la loi, que ces mots n'impliquent aucune différence entre la situation de la commune demanderesse et celle de la commune défenderesse. Le législateur les avait insérés dans la loi pour que les communes ne pussent prétendre que le défaut de décision dans le délai de suspension d'action équivalait à une autorisation. D'ailleurs ils n'ont pas été reproduits par la loi de 1884.

constitué avoué avant que l'autorisation ait été accordée, soit dépourvu de tout caractère représentatif, et puisse être considéré comme intervenant sans qualité. Peut-être a-t-il agi ainsi parce qu'il pensait que l'autorisation serait accordée, avant que l'affaire ne vînt à l'audience, ou parce qu'il espérait obtenir un délai dans lequel l'autorisation serait rapportée, et éviter ainsi à la commune l'inconvénient d'être jugée par défaut (1).

En effet, la jurisprudence reconnaît au tribunal le pouvoir de surseoir à statuer lorsqu'il le juge convenable ; nous croyons donc que la constitution d'avoué, faite par le maire, met la commune en cause.

D'ailleurs, nous insisterons dans le chapitre suivant sur ce point, que le défaut d'autorisation compromet la validité des actes accomplis par le maire, mais que ces actes n'en doivent pas moins être regardés comme émanant de la commune, personne morale.

D'autre part, il est certain que l'adversaire est en droit d'opposer le défaut d'autorisation comme fin de non recevoir, de solliciter un jugement immédiat au fond, puisque le délai de deux mois, pendant lequel son droit d'action est suspendu (art. 124), se trouve, par hypothèse, écoulé. En conséquence, si le tribunal croit devoir ne pas user du droit qu'il conserve, croyons-nous, de surseoir à statuer pendant le temps nécessaire pour que l'autorisation intervienne, ou bien si, dans le cas où il surseoirait, l'autorisation n'intervenait pas, son jugement devrait atteindre deux buts : 1° déclarer la commune non recevable dans sa défense, 2° prononcer

____

(1) La plupart du temps, il n'agira qu'après que le Conseil municipal, sur la présentation du mémoire de l'adversaire, aura décidé de défendre.

une décision par défaut, comme si la commune n'avait pas constitué avoué.

Dans tout ce qui précède, quel que soit le moment auquel le défaut d'autorisation se trouve relevé, nous avons toujours considéré que c'était la commune qui se trouvait en cause. M. Chauveau, cependant, lorsque l'autorisation n'intervient pas en cours d'instance et ne sanctionne pas les actes du maire, donne à l'adversaire le droit d'agir, comme si la commune ne figurait pas dans l'instance, et de prendre des conclusions personnellement contre le maire, comme s'il était dans l'instance sans caractère représentatif. Ainsi que nous l'avons exposé (1), nous croyons que le défaut d'autorisation, au début de l'instance, laisse au maire la capacité de lancer l'ajournement, ou de constituer avoué (art. 90 et 122, l. 1884) ; qu'en conséquence, l'adversaire se trouve donc avoir, vis-à-vis de lui, la commune, personne morale, alors même que, dans la suite, le maire ne se renfermerait pas exactement dans la limite de sa mission, et accomplirait, sans autorisation, des actes qui n'auraient pas, rigoureusement, un caractère conservatoire. En raison de ces actes nouveaux, il n'y a pas à l'égard de l'adversaire mutation de personnalité ; la preuve en est que, dans le cas où le défaut d'autorisation n'est pas relevé avant un jugement définitif, l'adversaire ne serait pas admis à se prévaloir contre la commune de l'irrégularité commise.

D'autre part, en relevant le défaut d'autorisation, l'adversaire ne peut opérer cette mutation. Ce n'est pas à lui

____

(1) Il n'en serait évidemment pas ainsi, si le maire agissait contre la volonté du conseil municipal.

qu'il appartient de faire établir la responsabilité que le
maire aurait encourue, de ce chef, vis-à-vis de la commune :
celle-ci seule, lorsqu'elle est condamnée, peut, avec l'autorisation du Conseil de préfecture, exercer un recours
contre son maire.

Il peut se faire, néanmoins, que le représentant de la
commune poursuive l'instance, sans que l'autorisation
ait été demandée ou obtenue, et que l'adversaire omette
de réclamer l'accomplissement des formalités réglemen-
taires. L'instance est, dès lors, entachée d'un vice dont
nous aurons à étudier les conséquences. L'affaire devant
être communiquée au ministère public, il semble que le
premier soin de celui-ci devrait être de vérifier si la loi a
été observée et de relever l'irrégularité commise. Au contraire, on rencontre, en assez grand nombre, des jugements statuant, au fond, pour ou contre les communes
non autorisées ; il y a donc lieu de se demander si le
tribunal n'est pas tenu de s'assurer lui-même que l'autorité administrative a été consultée, et s'est prononcée
sur l'opportunité du procès.

Dalloz (1), envisageant l'hypothèse où la commune est
demanderesse, et où le défendeur ne relève pas le défaut
d'autorisation, s'exprime ainsi : « L'autorité judiciaire ne
peut suppléer d'office la fin de non recevoir ; d'où il suit
que si le défendeur a laissé le contrat se former, il sera
lié par la décision intervenue, comme s'il avait plaidé
contre une personne capable ».

Est-il certain que le tribunal soit tenu de conserver
un rôle absolument passif, et qu'il n'ait pas, en dehors

____

(1) *Rép.* Commune, n° 1767. Serrigny, *Traité de compétence administrative*, t. I, p. 561.

des parties et du ministère public, une initiative personnelle ? La Cour de cassation, cassant des arrêts qui
avaient condamné des communes non autorisées, s'est
plusieurs fois appuyée sur ce que « le moyen d'ordre
public, résultant du défaut d'autorisation, était de nature
a être suppléé d'office par les juges du fond de la cause,
bien qu'il ne leur ait pas été proposé » (1). Il est vrai que
ces décisions étaient prises sur des pourvois formés par
des communes perdantes, et que la Cour de cassation
n'aurait probablement pas admis le pourvoi, formé par un
adversaire de commune contre un arrêt rendu en faveur
de celle-ci : elle n'eût pas, alors, déclaré que les juges d'appel auraient dû relever d'office le défaut d'autorisation.

Les motifs, invoqués par la Cour de cassation, pourraient donc avoir seulement pour portée de poser en principe que le juge est tenu de relever l'irrégularité, plutôt
que de condamner une commune non autorisée, mais
qu'il n'est pas tenu de la même diligence lorsque, le
droit de la commune lui paraissant établi, il se propose
de lui donner gain de cause (2). Néanmoins, nous
croyons que le tribunal ou la Cour ont le même devoir,
quelle que soit la partie en faveur de laquelle ils auraient à se prononcer. Une disposition législative, ayant,
d'une manière incontestable, le caractère de disposition
d'ordre public, interdit à la commune d'ester en justice sans autorisation : pourquoi les juges ne seraient-
ils pas tenus de faire respecter cette règle dans tous les
cas où elle est violée ?

____

(1) D. 1853, 1, 146. S. 1856, 1, 347. D. 1861, 1, 322.
(2) Serrigny, *Compétence administrative,* t. I, p. 546, semble interpréter en ce sens les arrêts cités.

Ne doit-on pas nettement distinguer deux questions :
1° celle de savoir à qui il appartient d'invoquer la nullité dont sont entachés le jugement et l'arrêt rendus
contradictoirement, sur une cause où figure une commune non autorisée ; 2° celle de savoir si le tribunal ne
pourrait être considéré comme saisi de droit de cette fin
de non recevoir.

Pour qu'il y ait lieu d'autoriser une commune à plaider, il ne suffit pas d'être certain que son droit sera
reconnu par le tribunal. Il peut y avoir une foule de motifs pour lesquels, même en ce cas, l'autorisation d'agir
lui aurait été refusée à juste titre, notamment : l'insolvabilité de l'adversaire, l'utilité qu'il peut y avoir à tenter
une transaction, etc. Ce n'est pas au tribunal qu'il appartient de se constituer juge de l'opportunité de l'action
ou de la défense à l'action. Une disposition de loi, formelle et prohibitive, reposant sur un intérêt d'ordre
public, empêche la commune de plaider sans autorisation
administrative ; il nous semble que le tribunal a le droit
et le devoir d'empêcher les parties de l'éluder. Il pourrait
donc, croyons-nous, suivant les circonstances, soit surseoir d'office à statuer jusqu'à ce que l'autorisation ait
été obtenue, soit déclarer non recevable la commune demanderesse, soit prononcer un jugement par défaut après
avoir déclaré non recevable la commune dans sa défense.

Néanmoins, si l'on parcourt les recueils de décisions
judiciaires, on constate que les tribunaux statuent souvent sans que la commune ait été autorisée. Leur jugement est, alors, entaché de nullité : dans ces circonstances, la partie perdante (1) fait, en général, appel et nous

(1) En effet, nous ne croyons pas que la commune puisse attaquer par

allons exposer quelles conséquences entraînera, sur la procédure d'appel, l'obligation imposée à la commune de ne pas plaider sans autorisation.

Lorsqu'une commune, qui n'a pas été autorisée avant le jugement, figure en appel comme demanderesse ou comme défenderesse, il faut distinguer suivant qu'elle a, ou non, obtenu l'autorisation avant le début de la nouvelle instance (1).

Dans la première hypothèse, on déclare que « l'autorisation satisfait aux exigences de la loi, et couvre le vice d'une procédure irrégulière à son début » (2). C'est admettre un tempérament au texte et au vœu de la loi qui exige que la commune soit autorisée pour saisir le tribunal; c'est étendre au jugement de première instance le raisonnement qu'on émet pour décider que l'autorisation, intervenant au cours de l'instance devant le tribunal, valide la procédure antérieurement suivie; c'est dire que la commune, qui aura plaidé en appel en vertu de cette autorisation tardive, ne pourra, si elle est condamnée par la Cour, se pourvoir en cassation pour ce motif qu'elle n'a pas été autorisée en première instance : en procédant valablement devant le 2ᵉ degré de juridiction,

tierce-opposition le jugement qui la condamne, car, ainsi que nous espérons l'avoir fait comprendre, elle doit, malgré le défaut d'autorisation, être considérée comme ayant été partie en cause. Il faut donc décider, qu'avec l'autorisat on du Conseil de préfecture, elle peut appeler, uniquement dans le but de faire infirmer, pour cause de défaut d'autorisation, le jugement qui lui porte préjudice.

(1) La commune, qui a été autorisée en première instance, peut défendre à l'appel sans autorisation nouvelle, mais, lorsque l'autorisation n'est pas intervenue avant le jugement, la commune doit la demander pour pouvoir valablement défendre à l'appel.

(2) Cass., 1ᵉʳ août 1837. *J. Palais*, t. II, p. 386. — Cass., 5 nov. 1860, D. 1861, 1, 300.

elle a couvert la nullité du jugement de première instance.

La commune, dans le cas où la Cour lui accorde le délai nécessaire, peut encore obtenir une autorisation qui validera toute la procédure antérieure. L'adversaire est, jusqu'à l'arrêt, en droit d'opposer à la commune appelante une fin de non recevoir, fondée sur le défaut d'autorisation. En effet, d'une part, l'article 173 du Code de procédure est ici inapplicable comme il l'est en première instance, et, d'autre part, l'adversaire a intérêt à ne plaider que contre une commune capable, puisque celle-ci, si elle n'est pas autorisée, pourra, pour ce seul motif, faire casser l'arrêt rendu contre elle.

D'ailleurs, nous croyons inutile d'insister sur les délais que la Cour peut accorder, afin de permettre à l'autorité administrative de se prononcer sur le rôle du ministère public, et sur les arrêts de différente nature que la Cour est appelée à prononcer, suivant que la formalité d'autorisation sera, ou non, réclamée par les parties, et accomplie. En effet, nous ne ferions que rappeler les solutions de la jurisprudence que nous avons citées, et les principes que nous avons essayé de dégager relativement aux questions du même genre, lorsqu'elles se présentent devant le 1er degré de juridiction.

Ainsi que nous l'avons dit, au commencement de ce chapitre, le principe posé par la loi est que l'autorisation doit être obtenue avant le début de l'instance. Toutefois, la loi n'imposant pas à la commune d'agir en justice dans un certain délai après l'arrêté d'autorisation, on a conclu de ce silence que la commune peut se prévaloir de la décision du Conseil de préfecture, alors même qu'elle n'intenterait l'action qu'après un long espace de temps. C'est ainsi que M. Reverchon (1) semble hésiter à décider que l'autorisation ne serait plus valable trente ans après avoir été accordée. Il dit que, dans ce cas, ce serait le droit qui serait prescrit plutôt que l'autorisation de le faire valoir. M. Chauveau (2) soutient même que, si, pendant cette période, des actes conservatoires ou interruptifs de prescriptions avaient été faits à la diligence du maire, la conservation du droit lui-même aurait maintenu la force de l'arrêté d'autorisation.

En 1839, la Cour de Rennes (D. 1839, 2, 107), reconnut valable une autorisation donnée huit années avant l'exploit d'ajournement. Certes, la loi étant muette sur ce point, il peut paraître difficile de fixer un délai de validité : aussi, serait-il très sage que les Conseils de préfecture, en donnant l'autorisation, déterminassent un laps de temps, passé lequel la commune ne serait pas admise à plaider sans une autorisation nouvelle. En effet, en l'absence de cette précaution, il est possible que, dans un long espace de temps, certains faits se produisent qui enlèvent toute valeur à l'autorisation accordée. Les moyens de preuve, qui eussent fait triompher l a demande, peuvent avoir disparu. La législation peut avoir subi des modifications : la jurisprudence peut être devenue contraire à la prétention que la commune veut soutenir en justice : aussi, y aura-t-il grande utilité pour la commune à user de la faculté qu'elle a de demander au Conseil de préfecture un nouvel examen, lorsque des éléments nouveaux se présentent dans l'exercice de l'ac-

(1) *Autorisations de plaider*, p. 253.
(2) *Code d'Instruction administrative*, t. II, p. 230.

tion : ces éléments nouveaux existent presque toujours, lorsqu'un long espace de temps s'est écoulé entre le moment où l'autorisation a été accordée, et celui où la commune veut en faire usage.

CHAPITRE VI

CONSÉQUENCES DU DÉFAUT D'AUTORISATION
AVANT L'ARRÊT DÉFINITIF.

Nous devons considérer, maintenant, l'hypothèse où l'autorisation n'a pas été accordée avant l'arrêt définitif et déterminer les conséquences de cette irrégularité.

C'est là une question qui a été très controversée, et pour la solution de laquelle les auteurs et la jurisprudence se sont appuyés sur les principes les plus différents.

Nous avons exposé, au commencement de notre travail, que, dans l'ancien Droit, la procédure engagée par le maire sans permission écrite de l'intendant, était nulle *ab initio* et ne pouvait être l'objet d'aucune validation postérieure. Bien que, depuis 1789, les divers textes relatifs au mode d'exercice des actions communales ne prononcent pas expressément la nullité des décisions judiciaires rendues sans autorisation, la jurisprudence et les auteurs ont constamment considéré que la violation des dispositions prohibitives, contenues dans les lois municipales, compromettait la validité des arrêts définitifs, comme celle des actes de procédure.

Toutefois, ils ont émis les opinions les plus diverses sur la détermination des voies de recours dont ces arrêts étaient susceptibles, et sur le point de savoir si l'adversaire de la commune était en droit de se prévaloir du vice dont l'arrêt d'appel était entaché.

Dans les premières années de ce siècle, Hanrion de Pansey (1) et Pigeau (2) soutinrent que l'arrêt rendu contre un maire non autorisé-à plaider était, à l'égard de la commune, « *res inter alios acta* »; qu'en conséquence, celle-ci ne pouvait que l'attaquer par la voie de la tierce-opposition. Le premier de ces auteurs déclare « que le
» maire ne représente la commune devant les tribunaux
» que lorsqu'il y a été autorisé par une délibération du
» conseil municipal, sanctionnée par le Conseil de pré-
» fecture. Autrement, ajoute-t-il, et à défaut de *cette*
» *autorisation*, le maire, sans caractère représentatif, ne
» figure dans le procès que comme un individu, dont les
» actes peuvent profiter à la commune, mais ne peuvent
» jamais lui nuire ». Ces lignes, écrites avant la loi de 1837, étaient inspirées, croyons-nous, par une réminiscence des principes contenus dans les édits antérieurs à 1789, mais sont en contradiction avec les idées émises dans le décret et l'instruction du 14 décembre 1789 et les lois municipales promulguées depuis lors.

En effet, ainsi que nous l'avons montré dans notre premier chapitre, les édits de 1683 et de 1703, confirmés par celui de 1764, contenaient une défense faite personnellement aux maires d'intenter aucune action, « sans en avoir obtenu le consentement dans une assemblée des habitants, dont l'acte de délibération devait être confirmé et autorisé d'une permission par écrit de l'intendant » :

____

(1) *Biens communaux*, chapitre XIX, p. 232.

(2) *Procédure civile*, t. I, p. 664. Voyez aussi Favard, *Répertoire de Législation*, t. V, p. 597 et Bioche, *Tierce-opposition*, n° 32.

le maire, qui agissait sans être autorisé en la forme ci-
dessus, commettait « un abus de pouvoir » (édit de 1703),
devant entraîner nécessairement la nullité des procédures
et sa condamnation aux dépens. A cette époque, le consentement des habitants et l'autorisation formaient donc
un ensemble indivisible de conditions, sans la réunion
desquelles le maire n'avait aucun caractère représentatif, puisque les actes, qu'il accomplissait sans qu'elles
eussent été remplies l'une et l'autre, étaient nuls *ab
initio* et irrémédiablement.

Depuis 1789, dans chaque commune, une assemblée,
composée d'un nombre restreint d'habitants, a reçu la
fonction propre de délibérer sur les procès à intenter ou
à soutenir ; le caractère de cette fonction est, dès lors,
nettement déterminé, et l'on peut dire que la volonté de
cette assemblée constitue la volonté de la commune, personne morale : le maire est l'agent d'exécution de cette
volonté. En agissant en vertu d'une délibération du Conseil municipal, il agit donc comme si la commune, être
impersonnel, revêtait, tout d'un coup, une individualité
matérielle, et pourvoyait à l'administration de ses affaires. Il est vrai que, dans un but d'intérêt général, des formalités ont été imposées à la commune pour qu'elle ne
pût compromettre son patrimoine par une mauvaise administration, et que leur inobservation peut avoir une
influence sur la validité des actes pour lesquels elles sont
prescrites. Néanmoins, le caractère représentatif du
maire ne découle pas de l'autorisation du Conseil de
préfecture, mais bien de sa qualité de maire, jointe à la
délibération du Conseil municipal, dans le cas où elle est
nécessaire. Le défaut d'autorisation vicie les actes ac-

-complis au nom de la commune, il ne leur enlève pas tout caractère communal.

Nous avons évité de combattre l'opinion de Hanrion de Pansey par un argument qu'on lui a opposé comme étant péremptoire, et qui, cependant, nous parait ne pas l'être. La commune, dit-on, ne peut user de la tierce-opposition, puisque l'article 481 du Code de procédure lui donne le droit de se pourvoir en requête civile, lorsqu'elle n'a pas été défendue, ou ne l'a pas été valablement. L'usage de cette voie de recours suppose qu'elle a été partie : la tierce-opposition lui est donc fermée.

Pour pouvoir saisir la portée de cet article, il faut rappeler qu'il a été emprunté, textuellement, à l'ordonnance de 1667, et avoir sous les yeux les explications suivantes que Jousse (1) donnait de ses termes : « s'ils n'ont été défendus, c'est-à-dire si les jugements et arrêts en dernier ressort ont été rendus par défaut ou par forclusion ; s'ils ne l'ont pas été valablement, c'est-à-dire, si les principales défenses de fait ou de droit ont été omises, quoique les arrêts ou jugements en dernier ressort, rendus contre eux, aient été contradictoires ; en sorte qu'il paraisse qu'il aurait été autrement jugé si les défenses eussent été fournies, et que le défaut des défenses omises, ait donné lieu à ce qui a été jugé. Les mineurs ne sont pas censés valablement représentés lorsqu'ils n'ont pas de tuteurs, ou lorsque le procès n'a pas été communiqué aux gens du roi ; mais des mineurs ne pourraient alléguer qu'ils n'ont pas été valablement défendus, lorsque leurs cohéritiers ou frères majeurs ont dit, pour leur défense, tout ce qui pouvait se propo-

(1) *Commentaire*, t. II, p. 688.

ser. » Le texte de l'ordonnance de 1667, ayant passé dans le Code de procédure, doit être interprété de la même façon. Cette interprétation est, d'ailleurs, en conformité avec l'esprit général de la requête civile, laquelle est une voie de recours organisée pour les cas où le juge a prononcé un jugement, qui paraît être le résultat d'une erreur involontaire, ou d'une information incomplète. Mais il faut bien noter que le caractère remarquable de cet article est de prévoir le défaut ou l'insuffisance de la « défense », c'est-à-dire des arguments présentés en faveur de la commune. Or, dans le système d'Hanrion de Pansey, on est en droit d'en repousser l'application, puisqu'on suppose que la commune n'est pas en cause lorsque le maire agit sans autorisation ; dans ces conditions, il n'y a pas lieu de se préoccuper de la défense que le maire peut avoir présentée au nom de la commune.

D'ailleurs, en raisonnant ainsi, on n'enlève pas toute portée à l'article 481 : il est facile de s'apercevoir que cet article est de nature à offrir une grande utilité pour les communes, même dans le cas où elles auraient été autorisées à agir et où elles seraient, indubitablement, en cause : elles peuvent avoir des représentants souvent ignorants ou négligents qui, pratiquement, ne sont pas surveillés d'une manière continue et efficace dans la direction qu'ils donnent aux affaires contentieuses, et qui commettent souvent, dans la défense de la commune, des fautes regrettables. Il n'est donc pas extraordinaire que les intérêts communaux puissent être sauvegardés par des moyens que le droit commun n'accorde pas à tous.

Au contraire, si, comme nous avons essayé de le faire,

on peut démontrer, sans s'appuyer sur l'article 481, que la commune non autorisée a été partie dans la procédure, de telle sorte qu'elle ne puisse attaquer l'arrêt définitif par voie de tierce-opposition, on est en droit de dire que le maire, en négligeant de soulever le défaut d'autorisation, ne l'a pas défendue valablement, car il a omis de faire valoir un argument qui eût pu éviter la condamnation de la commune. Aussi des auteurs (1) déclarent-ils : « que la voie de la requête civile leur paraît la seule admissible, bien que la Cour suprême admette sans difficulté les recours en cassation des communes fondés sur des défauts d'autorisation ».

En effet, la Cour de cassation déclare recevables de tels pourvois, parce qu'elle reconnaît aux dispositions des articles 121 et suivants le caractère de dispositions d'ordre public (2), or on sait que la règle de la non recevabilité des moyens nouveaux subit une exception, lorsqu'il s'agit de moyens d'ordre public. Néanmoins, le raisonnement des auteurs, que nous citons, se comprend aisément, car, dans les hypothèses où une partie peut

(1) Rodière et Pont, *Procédure civile*, t. II, p. 118.

(2) V. D. 1837, 1, 358. — 1856, 1, 437. — 1880, 1, 460. — Ce motif est véritablement le seul qu'on puisse donner. Le recours en cassation contre l'arrêt ne doit pas être considéré comme une action en nullité pour cause d'incapacité, ainsi qu'on en trouve l'opinion exprimée dans Dalloz. On lit, en effet, au mot Commune, *Répertoire*, § 1767 : « Les lois municipales statuent en forme prohibitive. Ces dispositions emportent donc la nullité toutes les fois qu'une autre sanction n'a pas été édictée. D'autre part, l'article 1125 donne aux incapables une action en nullité pour faire rescinder les conventions qu'ils ont souscrites ; or, les communes sont considérées par la loi comme des incapables en état de minorité perpétuelle. Elles sont fondées, en conséquence, à invoquer le bénéfice de cet article ». Nous insisterons plus loin, sur les différences qui existent, au point de vue de leur caractère, entre la capacité des communes et celle des mineurs du droit civil auxquels l'article 1125 s'applique exclusivement.

attaquer un arrêt, par voie de requête civile et par voie
de cassation, on décide qu'elle doit user de la première
voie, lorsqu'elle n'a pas allégué, avant l'arrêt, le moyen
de nullité ; au contraire, elle doit recourir à la seconde,
lorsqu'elle a dénoncé la cause de nullité aux juges d'appel, et que ceux-ci n'en ont pas tenu tel compte que de
droit (1).

Ayant ainsi examiné les droits de la commune, il nous
reste à exposer les controverses qui se sont élevées sur
le point de savoir si l'adversaire de la commune peut
attaquer l'arrêt rendu contre lui, pour cause de défaut
d'autorisation de la commune. Cette question a été très
discutée, en raison même des différents systèmes, émis
sur le caractère de la nullité, résultant du défaut d'autorisation.

Jusqu'en 1828, une jurisprudence constante, inspirée
de l'ancien droit, la considérait comme une nullité d'ordre
public et absolu, par suite, comme étant de nature à être
invoquée par l'adversaire, aussi bien que par la commune
elle-même (2). Cette opinion fut combattue par Merlin et
Hanrion de Pansey, qui, les premiers, pensèrent qu'on
devait réserver, à la commune seule, le droit d'attaquer
pour défaut d'autorisation l'arrêt rendu : nous verrons
que leur doctrine a fini par triompher en jurisprudence ;
mais il n'est pas sans intérêt de discuter la valeur des
divers arguments qu'on a présentés, comme pouvant la
justifier.

<hr>

(1) Cass., 5 mars 1873. D. 1, 285.

(2) V. Dalloz, *Rép.* Commune, n° 1781. V. aussi Berriat-St-Prix : *Dict. Gén.* au mot Commune, n°s 83, 214 et 220. — Favard de Langlade : *Réper-toire de Législation, Nullité,* § 2. — Chauveau, *l. c.*, § 1128 maintient que cette ancienne jurisprudence devrait être encore admise aujourd'hui.

Merlin (1) a invoqué les articles 4 et 5 de la loi du 4 germinal an II, qui « détermine les cas où les jugements peuvent être annulés en matière civile pour défaut de forme ».

L'article 4 est ainsi conçu : « si c'est par le fait de l'une des parties ou des fonctionnaires publics agissant à sa requête, qu'a été omise ou violée une forme, prescrite à peine de nullité par les lois antérieures à 1789, cette violation ou cette omission ne pourra donner ouverture à cassation, que lorsqu'elle aura été alléguée par l'autre partie, devant le tribunal, dont celle-ci prétend faire annuler le jugement, pour n'y avoir pas eu égard ».

L'article 5 décide qu'il « ne peut y avoir lieu à cassation au préjudice des mineurs, des femmes mariées, des communes, des absents indéfendus, sous prétexte que le commissaire national n'aurait pas été entendu dans les affaires qui les intéressent et ont été jugées à leur avantage ».

De l'article 4, il tire cette conclusion que l'arrêt rendu est inattaquable par l'adversaire, car, c'est par le fait de la commune, qu'a été omise la formalité qui lui était nécessaire pour plaider.

Il trouve, dans l'article 5, un argument d'analogie et dit « que la loi, qui impose aux communes de se faire autoriser, n'est pas plus impérative que celle qui veut que le ministère public soit entendu dans les affaires où les communes sont parties ».

Ces deux raisonnements n'étaient, ni l'un, ni l'autre bien probants. En effet, si l'on rapproche le titre de la loi et l'article 4, il devient évident que ce texte prévoit la

____

(1) *Questions de Droit* : Commune, § 5.

violation des formes, d'après lesquelles la procédure doit être suivie et le jugement rendu, mais non l'accomplissement d'une formalité extra-judiciaire, habilitant une partie à plaider.

D'autre part, la défense de certains intérêts par le ministère public a eu, de tout temps, pour seul objet d'obtenir un jugement favorable à ces intérêts ; le but que la loi poursuivait est donc rempli lorsque le tribunal donne gain de cause à la partie que le ministère public aurait dû soutenir de sa parole. Au contraire, dans tout l'ancien droit, la nullité résultant du défaut d'autorisation viciait l'instance d'une manière radicale et absolue.

Hanrion de Pansey (1) soutint la même doctrine que Merlin, mais par d'autres motifs. Il développa cette thèse que le principe de la nullité de la procédure se trouve dans l'incapacité personnelle de la commune réputée par la loi en état de minorité, et chercha à établir que, pour ne pas retourner contre les communes une disposition prise en leur faveur, on devait appliquer à notre hypothèse l'article 1125, aux termes duquel « les personnes, capables de s'engager, ne peuvent opposer l'incapacité du mineur avec lequel elles ont contracté ».

Les efforts de ces auteurs provoquèrent un revirement dans la jurisprudence de la Cour de cassation. Le 25 novembre 1828 (2), après avoir visé l'article 4 de la loi du 4 germinal an II et l'article 1125, elle rejeta le pourvoi de l'adversaire, en déclarant « qu'il n'est pas moins contraire aux principes consacrés par les lois, qu'aux règles de justice, de raison, de morale, que le capable,

(1) *Biens communaux*, p. 232.
(2) S. 1829, 1, 124.

qui a agi en connaissance de cause contre un incapable,
puisse renverser la chose jugée au profit de l'incapable
en invoquant le moyen résultant de l'incapacité. »

La solution consacrée par cet arrêt était fondée ; depuis cette époque, la Cour de cassation l'a toujours
maintenue, mais elle a reconnu qu'elle ne pouvait continuer à la justifier par les textes invoqués et les arguments allégués dans l'arrêt précédent. Ainsi que nous
l'avons dit, l'article 4 de la loi du 4 germinal an II est
véritablement étranger à notre hypothèse. Il nous reste
à montrer pour quels motifs on doit pareillement rejeter l'application de l'article 1125.

Nous avons rapporté, plus haut, l'opinion émise par
Dalloz, que les communes peuvent se prévaloir du défaut
d'autorisation, parce que, d'une part, l'article 1125 donne
aux incapables une action en nullité pour faire rescinder les conventions qu'ils ont souscrites, et que, d'autre
part, les communes sont considérées par les lois comme
des incapables, en état de minorité perpétuelle.

De même Serrigny (1), en reconnaissant que telle est
bien la situation juridique des communes, et que les formalités, introduites par la loi, ont eu pour but de les
protéger, ajoute que la règle de l'article 1125 doit être,
spécialement, appliquée aux communes et aux établissements publics, mis sur la même ligne que les mineurs
par l'article 481 du Code de procédure. On en conclut
que l'adversaire de la commune ne peut demander, pour
défaut d'autorisation, la cassation de l'arrêt définitif
rendu, car les nullités, fondées sur l'incapacité des
mineurs ou autres, sont purement relatives.

(1) Serrigny, *l. c.*, p. 544.

Malgré l'éminente autorité de ces auteurs, nous ne croyons pas, qu'à notre époque, il soit exact d'assimiler l'incapacité de la commune à une incapacité de mineur, l'autorisation de l'une à l'autorisation de l'autre. Nous avons rapporté au commencement de notre travail plusieurs anciens textes, desquels il résulte que, dès la fin du XVIIe siècle, l'inaccomplissement des formalités d'autorisation entraînait une nullité absolue, viciant, dès l'origine et d'une manière irrémédiable, toute procédure entamée et tout jugement rendu : elle devait être soulevée d'office par le juge, sous peine pour celui-ci d'encourir une responsabilité pécuniaire, vis-à-vis des parties en cause : enfin, cette nullité radicale pouvait être invoquée par l'adversaire de la commune. Certes, à cette époque déjà, le but, poursuivi par les ordonnances dont nous parlons, était bien « d'empêcher la ruine des communautés » ; mais, pour atteindre ce résultat, le législateur avait jugé nécessaire de poser, comme un principe d'ordre public, que les procès des communes devaient être précédés d'une autorisation du pouvoir central, à peine de nullité absolue de la procédure suivie.

Sans s'inquiéter du point de savoir si le procès, entrepris sans autorisation, pouvait avoir eu une terminaison favorable pour la commune, les édits en prononçaient la nullité, afin que les officiers municipaux ne fussent pas portés à transgresser la loi, par l'espérance que le jugement donnerait gain de cause à la commune.

Plus tard, la Constitution de 1789, en ne faisant plus participer tous les habitants aux délibérations concernant les intérêts locaux, proclama que les municipalités auraient le droit propre et personnel d'accomplir les actes relatifs au patrimoine communal : si, toutefois, pour cette partie de leurs attributions, elle les soumettait à l'inspection et à la surveillance des corps administratifs, elle en donnait cette raison « qu'il importe à la grande communauté nationale que toutes les communautés, qui en sont les éléments, soient bien administrées ». Les autorités locales auraient usé, peut-être, d'une manière maladroite ou même malintentionnée, du pouvoir qui leur était conféré : il était donc nécessaire, dans l'intérêt du corps social entier, de contrôler l'exercice qu'elles pouvaient en faire. En présence des considérations, exprimées par le législateur lui-même comme ayant dicté les textes des lois municipales relatifs aux autorisations, on peut dire que les règles, qu'ils renferment, sont imposées pour un motif d'ordre public, et pour atteindre ce résultat, que le patrimoine communal soit bien administré.

Dans ces conditions, nous avouons ne pas comprendre les critiques adressées par Serrigny aux arrêts de la Cour de cassation, qui, en présence d'une inobservation des prescriptions des articles 49 L. 1837 et 124 L. 1884, cassent, comme ayant violé une disposition d'ordre public, les arrêts rendus contre une commune non autorisée. Cet auteur déclare, qu'en pareil cas, la commune peut se prévaloir d'une nullité, pour cette simple raison que « son état de minorité est un obstacle à ce qu'on induise contre elle une renonciation expresse ou tacite au moyen de nullité, résultant, pour elle, du défaut d'autorisation ». Il ajoute que la Cour de cassation, en motivant ses arrêts comme elle le fait, semblerait revenir aux arguments qui, jusqu'en 1828, ont fait admettre les pourvois formés,

par les adversaires des communes non autorisées, contre
des arrêts d'appel rendus en faveur de celles-ci (1). En
effet, jusqu'à cetle époque, la jurisprudence soutenait
que, l'interdiction, faite aux communes de plaider sans
autorisation, étant une mesure d'ordre public, la violation de cette prohibition entraînait une nullité invocable,
tant par la commune, que par son adversaire.

Il est certain que le raisonnement, tenu par Serrigny,
permet de repousser facilement la prétention de l'adversaire de la commune, lorsqu'il se pourvoit pour violation
d'une loi d'ordre public contre un arrêt donnant gain
de cause à une commune non autorisée. Il suffit, alors,
de lui répondre, comme Serrigny, « que les nullités, fondées sur l'incapacité des mineurs, ou autres, sont purement relatives (art. 1125) ». Au contraire, en pareille hypothèse, la Cour de cassation repousse le pourvoi d'une
manière qui peut sembler illogique au premier abord :
elle déclare que « l'adversaire ne saurait être admis à
invoquer, pour la première fois en cassation, l'irrégularité résultant du défaut d'autorisation, et à recommencer
le procès contre la commune qui ne se plaint pas » (2). On
est, alors, tenté de s'étonner qu'on puisse, en face de la
violation du même texte de loi, déclarer qu'une disposition d'ordre public a été enfreinte, lorsque la commune
non autorisée perd son procès, ou bien affirmer qu'on
est en présence d'une simple irrégularité, n'atteignant
pas la validité de la procédure, lorsque la commune gagne son procès.

(1) *L. c.* p. 544, Serrigny écrivait en 1865.
(2) V. Dalloz, 1873, 1, 216 et 1884, 5, 97 (Arrêt de Cass. du 12 novembre 1883).

Il nous semble néanmoins que l'argumentation de la Cour de cassation se justifie aisément. Il suffit pour cela de se reporter à l'instruction, jointe par l'Assemblée constituante au décret du 14 décembre 1789, concernant la constitution des nouvelles municipalités. Ainsi que nous l'avons déjà exposé, elle distingue nettement les deux espèces d'attributions, qui étaient données aux corps municipaux, et qui, depuis lors, leur ont toujours été maintenues : « les unes, dépendent de l'Administration générale de l'État, mais leur ont été néanmoins déléguées ; les autres, leur appartiennent en propre, parce qu'elles intéressent directement et particulièrement chaque commune que la municipalité représente : la Constitution les soumet, seulement pour cette dernière partie de leurs attributions, à la surveillance et à l'inspection des corps administratifs, parce qu'il importe à la grande communauté nationale que les communes particulières, qui en sont les éléments, soient bien administrées » (1).

(1) D'ailleurs, les rapporteurs des projets des lois municipales de 1837 et de 1884 se sont appliqués à présenter le contrôle de l'État sur les actes d'administration, concernant les biens communaux, comme intervenant dans l'intérêt exclusif de la conservation du patrimoine communal : ils l'ont même qualifié, improprement, de « tutelle », assimilant la commune à « une mineure ».

Dans le rapport présenté par Mounier, député, au nom de la commission chargée d'examiner le projet de loi relatif aux attributions municipales (séance du 19 mars 1835), nous lisons :

§ 13. « Personne n'ignore que la condition des propriétés communales diffère essentiellement des propriétés particulières. C'est une sorte de fidéicommis, c'est un legs des générations passées aux générations à venir : la génération présente n'en a que l'usufruit. Cependant, une administration coupable ou inepte pourrait détériorer, diminuer le patrimoine qu'elle doit conserver : elle pourrait par des emprunts, ou des entreprises mal calculées, grever l'avenir de la communauté d'un lourd fardeau. Il est utile, nécessaire, que l'autorité royale surveille, contrôle les actes des corps municipaux qui seraient de nature à affecter le fonds des biens de la com-

La Cour de cassation nous paraît donc interpréter logiquement ce document lorsque, d'une part, elle considère les textes, qui imposent la nécessité de l'autorisation administrative, comme établissant des règles d'ordre public dont l'observation est nécessaire pour la prospérité du corps social, et dont la violation entraîne la nullité des actes accomplis, et lorsque, d'autre part, elle estime que ces dispositions, maintenues en vue seulement d'assurer la bonne gestion du patrimoine communal, ne donnent pas à l'adversaire de la commune le droit de faire annuler l'arrêt définitif rendu en faveur de celle-ci. Nous ne dirons pas, avec Dalloz (*Comm.* § 1786), que, si la com-

mune ou qui créeraient des engagements auxquels ses revenus ne pourraient satisfaire.........». § 73. « Lorsque la commune veut plaider, on comprend que le gouvernement, exerçant une tutelle salutaire, l'avertisse du danger d'une démarche inconsidérée, lui interdise même de s'engager dans une procédure ruineuse. »

Dans le rapport fait au nom de la commission chargée d'examiner le projet de loi sur l'administration municipale, M. Vivien s'exprime de même : § 131 « Les communes sont propriétaires, mais à la charge de conserver pour leurs successeurs : la propriété n'appartient pas seulement à la génération présente, l'État intervient comme représentant des générations à venir. Aussi au-dessus du droit de la commune doit souvent se placer l'autorité souveraine et la tutelle du gouvernement. »

Enfin, dans son rapport sur la loi de 1884, M. de Marcère expose les mêmes idées, en les accentuant. Il cherche à établir que les communes doivent être considérées comme des mineures. A cet effet il s'appuie : sur les textes de Beaumanoir et de Bontillier, que nous avons transcrits dans notre introduction, et desquels il résulte qu'on venait parfois au secours des communes par les voies de restitutions accordées aux mineurs et qu'on leur permettait de reprendre leurs biens aliénés maladroitement : sur l'édit de 1659 qui les répute mineures : enfin sur l'article 2045 du code civil. Il ne fait, au contraire, aucune allusion aux ordonnances de 1683, 1687, 1703, 1764, et à l'instruction du 14 décembre 1789, conçues dans un esprit différent.

En résumé, quelle que soit d'ailleurs l'exactitude de ces notions données sur la nature de l'incapacité des communes, on voit que depuis un siècle les intentions du législateur n'empêchent plus l'interprète d'examiner, lorsque les formalités légales n'ont pas été accomplies, si c'est la commune qui se prévaut de l'irrégularité.

mune triomphe, « le défaut d'autorisation n'est plus, par le fait, une infraction à l'ordre public ». Les lois qui nous occupent, ont d'une manière certaine, le caractère de lois d'ordre public : lorsqu'elles ne sont pas observées, il y a infraction commise à l'ordre public, quelles que soient, d'ailleurs, les conséquences des actes. Néanmoins, il n'appartient pas à l'adversaire de la commune de se prévaloir de la nullité qui entache l'arrêt rendu contre lui, car les lois prohibitives, qu'il invoque, tendent à ce seul but que les communes soient bien administrées. Nous avons montré que, dans l'ancien Droit, ces mêmes lois avaient un caractère plus absolu ; que leur inobservation entraînait, comme conséquence inévitable, une nullité irrévocable pour les deux parties et enfin qu'elles déterminaient les peines auxquelles devenaient sujets les maires, procureurs et juges, qui contrevenaient aux défenses portées par les édits. En 1789, les principes subirent une modification caractérisée. Le législateur ne paraît plus s'être préoccupé, comme auparavant, de rendre pour ainsi dire impossible, par des défenses et par des sanctions, la violation des règles qu'il posait ; ses intentions ont été plus larges ; s'il a restreint, sur certains points, le pouvoir de décision qu'il reconnaissait appartenir en propre aux corps municipaux, c'est seulement pour ce motif, qu'il importe à l'État que les intérêts matériels des communes soient bien gérés.

Il ne pouvait donc pas être dans sa pensée de donner, à l'adversaire de la commune, un moyen de faire annuler des actes qui, en fait, ne sont pas nuisibles à celle-ci, ni, par suite, à la prospérité du corps social entier. Une infraction à l'ordre public a pu être commise, l'adversaire n'a cependant pas qualité pour la relever ; car, lui accorder cette faculté, ce serait aller à l'encontre des intentions du législateur. L'adversaire de la commune nous paraît être dans une situation analogue à celle des nombreuses personnes qui, bien qu'y ayant intérêt, ne peuvent cependant demander la nullité de certains mariages contractés au mépris de dispositions légales (art. 139, 180 et suiv. du C. civ.).

Une prohibition d'ordre public a été violée ; il y a, néanmoins, intérêt à ce que toute personne ne puisse obtenir l'annulation de ce qui a été fait contrairement à la loi.

CHAPITRE VII

Nous avons vu que la commune devait, tout d'abord, s'adresser au Conseil de préfecture pour obtenir l'autorisation d'ester en justice ; celui-ci doit apprécier l'opportunité et les chances de succès que le procès pourrait offrir pour elle et prendre une décision.

Lorsque cette décision exprime un refus d'autorisation, la loi n'a pas voulu que l'accès des tribunaux fut, dès lors, définitivement fermé à la commune ; elle a organisé, dans ce cas, contre l'acte du Conseil de préfecture, un recours qui doit être porté devant le Conseil d'État. Nous aurons à examiner dans quel cas et à quelles personnes ce recours est ouvert, et les règles suivant lesquelles le Conseil d'État doit se prononcer.

Le recours au Conseil d'État, tel qu'il est organisé par l'article 126, est-il ouvert seulement dans le cas où la décision du Conseil de préfecture empêche la commune d'intenter toute action, ou l'est-il également, s'il lui accorde la faculté d'agir, mais dans des conditions qui ne sont pas celles dans lesquelles la commune avait demandé à le faire ?

A cette question, nous croyons pouvoir répondre affirmativement (1) ; la loi ne parait s'être occupée que du

---

(1) *Sic* Chauveau Adolphe et Tambour, *Code d'Instruction administrative*, t. II, p. 238.

cas où il y a refus absolu (art. 126) d'autorisation, parce
que c'est le cas le plus ordinaire : mais il nous semble
qu'on peut dire qu'il y a, de la part du Conseil de préfecture, refus d'autorisation toutes les fois, qu'en se référant à la demande de la commune, il apparaît qu'elle
n'a pas été autorisée à faire valoir en justice tous les
chefs de prétention qu'elle se proposait d'y soutenir. Le
pourvoi au Conseil d'État est, en quelque sorte, un appel :
or, pour savoir si l'appel est possible, il faut considérer
les conclusions de la partie.

En conséquence, si la commune se pourvoit contre un
arrêté qui lui accorde, « *pro parte* » seulement, l'autorisation d'agir, on peut dire qu'elle incrimine cet arrêté,
non pas en tant qu'il lui accorde l'autorisation d'agir,
mais en tant qu'il lui refuse la faculté de faire valoir en
justice tel ou tel chef de demande. Si on déclarait un
tel pourvoi non recevable, on attribuerait au Conseil de
préfecture le pouvoir de transformer, sans recours, l'action que la commune avait résolu d'exercer.

La même faculté pourrait être accordée à la commune,
dans le cas où l'arrêté d'autorisation serait affecté d'une
condition qui ne lui permettrait pas d'intenter immédiatement l'action. En un mot, si le Conseil de préfecture s'oppose, en quelque point, à l'exécution du projet
que la commune demande à réaliser, nous croyons
que celle-ci peut se pourvoir devant le Conseil d'État ;
car, en aucun point, le Conseil de préfecture ne nous
paraît pouvoir, sans appel, s'opposer à l'exécution de
la volonté de la commune. Si le recours ne lui était
accordé qu'au cas de refus complet, et absolu, d'autorisation, le Conseil de préfecture deviendrait maître de ré-

gler, comme il l'entendrait, le mode d'exercice des actions communales ; c'est là un résultat qu'on ne peut admettre (1).

Nous devons, maintenant, indiquer quelles sont les personnes à qui ce recours est ouvert. L'article 126 § 2, reproduisant le commencement de l'article 50 de la loi de 1837, dit qu'il est ouvert à la commune, à la section de commune ou au contribuable auquel l'autorisation aura été refusée.

Le maire, avant de le former, a-t-il besoin d'y être habilité par le Conseil municipal ? Le Conseil d'État et les auteurs ne considéraient pas comme indispensable que ces délibérations précédassent le dépôt du pourvoi. D'après eux, elles pourraient intervenir postérieurement, et régulariseraient le pourvoi ; il y aurait seulement lieu, en pareil cas, de surseoir à statuer, jusqu'à ce que la commune se fût prononcée. Ils accordent au maire le droit de le former à titre conservatoire (2).

Cependant, le législateur de 1837 paraissait avoir nettement indiqué que la délibération du Conseil municipal était une condition de validité du pourvoi. En effet, l'article 50 de la loi de 1837 déclarait « que la commune pourra se pourvoir », ce qui signifie, en général, « le maire habilité par le Conseil municipal », et l'article 53 § 2 répétait la même idée sous une forme encore plus explicite « le maire pourra, en vertu d'une délibération du Conseil municipal, se pourvoir...... conformément à l'article 50 ». Néanmoins, la jurisprudence ne s'était pas montrée

---

(1) Sans traiter explicitement la question, Reverchon paraît n'accorder un recours contre un arrêté d'autorisation que dans le cas où il est entaché d'excès de pouvoir, *l. c.*, p. 201.

(2) Reverchon, *l. c.*, p. 213, — C. E. 16 mars 1842. Ville d'Hyères.

aussi exigeante. Il en résultait, notamment, au cas où la commune était défenderesse, que le Conseil d'État ne pouvait souvent statuer dans le délai de deux mois qui lui était fixé par l'article 53 § 3 : cependant, à l'ex-·piration de ce délai, l'effet suspensif du pourvoi était terminé, et l'adversaire avait le droit de poursuivre l'instance par défaut contre la commune : celle-ci en effet ne pouvait défendre qu'après y avoir été expressément autorisée (art. 54) ; l'autorisation, lorsqu'elle était ensuite accordée à la commune, se trouvait avoir en partie manqué son effet.

Sous l'empire de la loi de 1884, les conséquences de cette manière de comprendre les conditions de formation du pourvoi sont encore plus importantes. Elle entraîne forcément une dérogation au texte des articles 126 et 127. En effet, il résulte de leur combinaison, qu'après deux mois écoulés depuis l'enregistrement du pourvoi, la commune est autorisée à plaider : or, on ne peut, cependant, admettre que, si le maire se pourvoit sans l'assentiment du Conseil municipal, et si la délibération, approuvant ce pourvoi, n'arrive que peu de jours avant l'expiration du délai ou même après son expiration, la commune se trouve, néanmoins, autorisée à agir. Faut-il, alors, dire que, dans ce cas, le délai d'autorisation légale a, pour point de départ, le jour où la délibération est parvenue au Conseil d'État, et a régularisé la demande du maire ? Nous croyons qu'il serait préférable de maintenir les termes de la loi. En effet, les textes paraissent indiquer que le pourvoi ne peut être déposé au Conseil d'État par un maire non habilité par une délibération du Conseil municipal : se pourvoir contre l'ar-

rêté, c'est véritablement saisir le Conseil d'État de la
demande de la commune; si l'on permet au maire de le faire
avant la délibération, cela équivaut simplement à allon-
ger, en faveur de la commune, le délai fixé par l'article 126 :
le Conseil municipal, en prenant le parti de se pourvoir
80 jours après l'arrêté de refus, validerait le pourvoi précédemment formé par le maire, or l'article 126 de la loi de
1884 disant, d'une part : « la *commune* peut se pourvoir »,
d'autre part, « le pourvoi doit, à peine de déchéance,
être formé dans le délai de deux mois », il nous semble
que la délibération du Conseil municipal doit nécessairement intervenir dans ce délai ; sinon, on ne pourrait
véritablement dire que « la commune s'est pourvue ». Il
n'y aurait donc pas lieu de rappeler l'article 122, comme
le fait M. Morgand (1), pour accorder au maire la faculté
de former le pourvoi avant que le Conseil municipal ait
délibéré. Cet article énumère les actes que le maire peut
faire sans autorisation préalable. Or, dans toute cette
matière, le mot « autorisation » s'applique uniquement à la
décision du Conseil de préfecture. En vertu de cet article, le maire peut donc, sans autorisation du Conseil de
préfecture, accomplir au nom de la commune certains
actes, soit à titre conservatoire, soit à titre définitif ;
mais cet article ne lui donne pas qualité à cet effet, alors
qu'il n'a pas été habilité par le Conseil municipal (2).

(1) *Loi municipale* de 1884, t. II, p. 260.

(2) Le Conseil d'État ne paraît-il pas revenir sur sa jurisprudence antérieure ? Le 10 décembre 1877, il s'exprime ainsi : « Considérant qu'aux termes de l'article 50 de la loi du 18 juillet 1837, les pourvois contre les arrêtés
des Conseils de préfecture refusant l'autorisation de plaider doivent être
formés à peine de déchéance dans le délai de trois mois à dater de la notification de l'arrêté ; qu'il ne semble pas résulter de l'instruction que le pourvoi
ait été formé en temps utile, et que, d'ailleurs, le requérant ne justifie pas

Le contribuable, auquel l'article 126 donne le droit
de se pourvoir, est seulement celui qui, ayant demandé
au Conseil de préfecture l'autorisation d'exercer l'action
de la commune, s'est vu refuser cette faculté : mais le
texte, que nous rappelons, ne lui impose, pour former son
recours, aucune condition d'autorisation. Le Conseil
d'État remplit ici, au deuxième degré de juridiction, le
même office que le Conseil de préfecture. Le contribuable doit pouvoir s'adresser librement à l'un et à l'autre.

En sens inverse, nous ne croyons pas, comme le
pense un auteur (1), que toutes les parties qui auraient
qualité pour demander l'autorisation puissent se pourvoir contre l'arrêté qui la refuse ; qu'en conséquence, il
y ait ici, pour tout contribuable, faculté de se prévaloir
de l'article 123 pour former, au nom de la commune,
après y avoir été autorisé par le Conseil de préfecture,
un pourvoi contre l'arrêté de ce conseil qui a refusé à
celle-ci l'autorisation de plaider. En effet, l'article 123
dit que le contribuable pourra exercer l'action que la

qu'il ait été autorisé à « former son recours » par une délibération du Conseil municipal conformément à l'article 53 de la même loi... etc.

Dans un décret du 18 mars 1885 (Lebon, p. 1020) nous remarquons cette
phrase : « Sans examiner si le recours formé par le maire de la commune
de Fontaine-lès-Luxeuil, sans que le Conseil municipal de ladite commune
ait autorisé le maire à se pourvoir devant le Conseil d'État est recevable...... ».

(1) Chauveau, *l. c.* t. II, p. 236. Il se fonde sur une décision du Conseil
d'État du 29 février 1852, Lebon, p. 736. Ce décret déclarait non recevable,
pour défaut d'autorisation du Conseil de préfecture, le pourvoi d'un contribuable contre un arrêté ayant refusé à une commune l'autorisation de
plaider. Ainsi que nous l'expliquons, il nous semble que ce n'était pas là
le véritable motif pour lequel le pourvoi n'était pas recevable. Nous
croyons que le contribuable, auquel a été refusée l'autorisation d'exercer
l'action communale, peut se pourvoir sans avoir à remplir aucune formalité nouvelle. Tel nous paraît être le texte de l'article 126. Ne serait-il pas
singulier que le Conseil de préfecture fût appelé à permettre ou à interdire
l'exercice d'un recours contre un de ses propres arrêtés.

commune aura négligé ou refusé d'intenter; or, le recours organisé par l'article 50 contre l'arrêté du Conseil de préfecture, n'est pas une action communale. Nous avons étudié, ailleurs, la question de savoir si le refus ou la négligence de se pourvoir contre l'arrêté du Conseil de préfecture, constituait un refus ou une négligence d'agir aux termes de l'article 123, mais, en tous cas, cela ne pourrait être, pour le contribuable, que le point de départ d'une demande en autorisation de plaider au nom de la commune, demande, qui devrait être tout d'abord portée devant le Conseil de préfecture.

L'article 49 de la loi de 1837 et l'article 123 de la loi de 1884 ne donnent au contribuable que le droit d'exercer les actions qui appartiennent à la commune, alors que celle-ci néglige ou refuse de le faire : or, le pourvoi d'une commune contre l'arrêté de refus du Conseil de préfecture n'est pas, à proprement parler, une action de la commune, relevant des tribunaux administratifs ; il ne peut donc être formé, en son nom, par un contribuable.

D'autre part, l'article 126 ne parlant exclusivement que du contribuable, *auquel* l'autorisation a été refusée, le contribuable, qui se pourvoirait contre l'arrêté portant refus d'autoriser la commune à plaider, ne remplirait donc pas la condition exprimée par la loi. En conséquence son pourvoi ne serait pas recevable.

Les pourvois, contre ces arrêtés, peuvent être formés sans le ministère d'avocat au Conseil d'État et à la Cour de cassation, et sont adressés au président du Conseil d'État, soit directement, soit par l'intermédiaire du préfet. Cette dernière voie, que le Ministre de l'Intérieur qualifiait de plus régulière dans une circulaire du 1er juillet 1840, probablement parce qu'elle met l'administration au courant de l'acte de la commune, offre, néanmoins, un danger : par suite du retard qui résulte de la communication au préfet, le pourvoi peut, dans certains cas, ne pas parvenir dans le délai de deux mois au Secrétariat général du Conseil d'État : il se trouve alors frappé de déchéance.

La loi de 1884 (art. 126) a, en effet, raccourci d'un mois le délai que la commune avait auparavant. Son but a été de parer à des lenteurs aussi regrettables pour la commune, lorsqu'elle est demanderesse, qu'à son adversaire, lorsqu'elle est défenderesse. En effet, dans ce dernier cas, le demandeur peut, deux mois après le dépôt du mémoire exigé par l'article 124, introduire son action, mais l'instance doit être suspendue lorsque la commune se pourvoit contre l'arrêté qui lui refuse l'autorisation (art. 137, § 1). Cet effet, accordé au pourvoi de la commune est, il est vrai, une dérogation à la règle générale en matière de pourvois devant le Conseil d'État ; mais il était nécessaire d'édicter cette disposition, sinon, dans le cas où le Conseil de préfecture aurait, peut-être à tort, refusé à la commune l'autorisation de défendre, celle-ci eût été exposée à voir son adversaire poursuivre par défaut l'instance contre elle, alors qu'il n'était pas définitivement certain qu'elle ne pourrait défendre contradictoirement.

Ce délai de deux mois court du jour de la notification de l'arrêté du Conseil de préfecture. Elle est généralement faite au maire par le préfet : car l'on sait que les significations par actes extra-judiciaires ne sont nécessaires, pour donner ouverture aux déchéances, que dans les hypothèses où les Conseils de préfecture statuent par voie contentieuse (1).

Depuis l'ordonnance du 17 mars 1831 sur la procédure du Conseil d'État, la procédure, suivie par le Conseil d'État en matière contentieuse, n'est plus applicable aux autorisations de plaider : par suite, pas de publicité des audiences, pas de défense orale. Cette réforme avait soulevé des objections de la part de la commission de la Chambre des pairs. Celle-ci soutenait que décider si une commune doit introduire une action, défendre ou ne pas défendre, est évidemment une question contentieuse ; qu'il s'agit de prononcer entre elle et le Conseil de préfecture (2). C'était oublier que, lorsqu'on demande à une autorité la réformation d'une décision non contentieuse prise par une autorité d'un degré inférieur, cette dernière n'est pas, pour cela, prise à partie ; il ne peut y avoir là, à proprement parler, un débat contradictoire.

Depuis le décret du 21 août 1872 (art. 6), le recours est examiné par la section de l'Intérieur. Il n'est porté à l'Assemblée générale que si le Ministre, le président de la section ou la section le demandent. La section prépare le projet du décret par lequel le Président de la République statue définitivement.

Bien que, ni la loi de 1837, ni celle de 1884, ne prescrivent au Conseil d'État de motiver les décisions par lesquelles il refuse aux communes l'autorisation de plaider, celui-ci, cependant, depuis 1839 a adopté l'usage de le faire.

(1) Lettre du Ministre de l'Intérieur, 15 octobre 1841, *Bulletin*, 1842, p. 318.
(2) Reverchon, *l. c.*, p. 208.

Les communes se trouvent ainsi renseignées sur l'examen qui a été fait de leur demande. Ce n'est pas seulement pour elles une preuve de l'examen qui a été fait de leurs droits, mais, si l'on se rappelle que ces décisions ne sont pas des jugements et que, plus tard, sur des moyens nouveaux, il n'y a pas d'empêchement de droit à ce que la commune renouvelle au Conseil de préfecture la demande d'autorisation, on comprend qu'il peut y avoir intérêt pour elle à connaître ceux de ces moyens qui, par analogie avec ceux qui ont fait échouer la première demande, seraient de nature à en faire écarter une deuxième. Par exemple, l'insolvabilité de l'adversaire, le défaut d'intérêt suffisant, sont une des causes fréquentes de refus d'autorisation, car la commune n'a alors aucun avantage à agir. Si, plus tard, l'adversaire revient à meilleure fortune, si la nécessité du procès devient plus évidente, la commune, sachant que le Conseil d'État n'a pas écarté sa demande pour absence de chances de succès, pourra utilement la renouveler au Conseil de préfecture.

Au contraire, depuis 1883, le Conseil d'État ne motive plus les décrets par lesquels il accorde l'autorisation. Il le faisait auparavant en termes aussi restreints que possible, en déclarant, par exemple, qu'il y avait des chances de succès et intérêts suffisants pour que la commune fût autorisée à agir. Dans ces conditions, il était aussi simple de supprimer tous motifs.

Nous avons vu que le Conseil d'État n'exigeait plus que le pourvoi fût accompagné d'une consultation de trois jurisconsultes. En fait, il le communique aujourd'hui au Ministre de l'Intérieur, et vise dans sa décision la réponse qui a été faite à cette communication.

La loi nouvelle (art. 127) a fixé au Conseil d'État, comme elle l'a fait au Conseil de préfecture, un délai de deux mois dans lequel il doit rendre sa décision, sinon la commune se trouve, par une disposition de la loi, autorisée à ester en justice. Cette disposition peut paraître singulière, car elle conduit à ce résultat que les effets de l'examen du Conseil de préfecture se trouvent annihilés par le fait du silence et de la négligence de son supérieur hiérarchique. Toutefois, en pareil cas, le pourvoi de la commune n'est pas réputé admis ; la décision du Conseil de préfecture n'est pas annulée par le silence du Conseil d'État ; c'est le législateur qui intervient personnellement : pour hâter la solution de l'affaire et faire cesser l'incertitude de la commune, il lève la prohibition qu'il lui avait faite de plaider sans autorisation. Cette disposition peut paraître imprévoyante, car, si le Conseil de préfecture a refusé l'autorisation, peut-être y avait-il été déterminé par des motifs sérieux, dont la commune, en se pourvoyant devant le Conseil d'État, ne comprend pas, ou ne veut pas comprendre l'importance : le législateur ne s'est pas arrêté à cette considération ; il a voulu que la commune fût libre de suivre l'instance, dès que les autorités administratives diffèrent, plus qu'il ne l'a jugé convenable, les réponses qu'elles doivent faire aux demandes d'autorisation.

D'ailleurs, cette autorisation légale n'a d'effet que pour saisir le tribunal de l'ordre judiciaire devant lequel la commune demandait à plaider. Lors de la discussion de la loi, un sénateur, M. Luro, avait pensé que ces mots de l'article 127 *in fine* : « en cas d'appel ou de pourvoi en cassation, il doit être procédé comme il est dit à l'article 121 » équivalaient à ceux-ci :

« La commune peut, par le fait du silence du Conseil d'État, être habilitée à saisir le premier degré de juridiction, mais elle ne peut appeler ou se pourvoir en cassation qu'en vertu d'une autorisation expresse ». Au contraire, d'après les observations présentées par M. Baragnon, l'objet de cette dernière phrase de l'article est d'établir que l'autorisation légale, dans le cas où le Conseil d'État ne statue pas sur le recours, ne donne pas à la commune le droit de parcourir, sans autorisation nouvelle, les divers degrés de juridiction, mais lui ouvre seulement la faculté d'agir devant le tribunal de l'ordre judiciaire qu'elle demandait à saisir : elle ne peut se pourvoir en appel après un jugement, en cassation après un arrêt, sans avoir obtenu une nouvelle autorisation, qui doit être, d'abord, demandée au Conseil de préfecture.

CHAPITRE VIII

L'ARRÊTÉ DU CONSEIL DE PRÉFECTURE ENTACHÉ D'EXCÈS
DE POUVOIR PEUT-IL ÊTRE DÉFÉRÉ
AU CONSEIL D'ÉTAT STATUANT AU CONTENTIEUX.

Nous venons d'étudier dans quels cas l'arrêté du Conseil de préfecture est susceptible d'un pourvoi, qui sera jugé dans la forme administrative ; nous allons maintenant examiner la question de savoir si un arrêté peut, lorsqu'il est entaché d'excès de pouvoir, être déféré au Conseil d'État statuant au contentieux.

En effet, à différentes reprises, on a vu des Conseils de préfecture outrepasser leur mission, soit en autorisant des communes à se porter demanderesses, alors que les Conseils municipaux n'avaient pas préalablement été appelés à délibérer sur l'utilité de l'action (1), soit en désignant, pour représenter la commune, des personnes qui n'y étaient pas appelées par la loi (2), soit en appréciant le fond de l'affaire dans le dispositif de l'arrêté d'autorisation, soit en statuant au fond sur l'affaire qui faisait l'objet de la demande d'autorisation (3).

Il y a donc lieu de se demander par quelle voie de

(1) Espèces des pourvois en cassation du 29 juillet 1823. Dalloz, t. X, n° 1570, et Sirey, 1865, 1. 265.

(2) V. Cass., 16 février 1841. D. 1841, 1. 118. C. E. 11 juillet 1884. Section de Mazel.

(3) C. E. 16 avril 1863. Comm. de Courcelles.

recours la commune, ou son adversaire, pourront repousser les effets de tels arrêtés.

A l'époque où il était de jurisprudence que le recours
contentieux fût ouvert contre tout acte administratif entaché d'excès de pouvoir, la question ne présentait pas
de difficulté : la commune avait de plein droit cette voie
de recours (1).

La controverse qui s'élevait alors, sur le point de savoir si, dans ce cas, le recours par voie administrative
était admissible, n'avait qu'une importance secondaire.
Aujourd'hui, au contraire, elle a acquis un intérêt nouveau ; en effet, d'après une jurisprudence qui s'affermit
chaque jour davantage, le Conseil d'État déclare non
recevables au contentieux les pourvois fondés sur un
excès de pouvoir, lorsqu'il existe une autre voie pour
obtenir la réformation de l'acte incriminé. Il est donc
très utile de savoir si le recours organisé par l'article 50
s'applique exclusivement au cas où l'arrêté emporte refus
d'autorisation, ou s'il peut, et même doit, être le seul
ouvert, lorsque l'arrêté, qui accorde l'autorisation, est entaché d'excès de pouvoir. Sous l'empire de l'ancienne
jurisprudence, on disait, dans un système, que la commune ne peut demander la rétractation d'un arrêté d'autorisation qu'en se fondant sur une allégation d'excès
de pouvoir, laquelle ne peut être soumise au Conseil
d'État qu'en la forme contentieuse ; il en résultait que
le recours administratif, ouvert par l'article 50, était
réservé aux pourvois contre refus d'autorisation, pourvois qui ne soulèvent en général que des questions administratives. Cependant le Conseil d'État, s'appuyant

(1) Reverchon, *l. c.*, p. 202.

sur ce que l'arrêté, qui accorde, comme celui qui refuse l'autorisation, n'est qu'un acte de surveillance, déclarait que l'esprit de la loi devait lever les doutes et qu'en conséquence le pourvoi en la forme administrative était recevable dans les deux cas (1).

Depuis cette époque, la jurisprudence du Conseil d'État paraît s'être confirmée dans le sens que le pourvoi en la forme administrative est la voie naturelle et unique d'attaque contre les arrêtés des Conseils de préfecture, quel que soit le motif pour lequel on puisse en demander l'annulation. C'est ainsi, qu'en 1884, le Conseil d'État posait en principe « que les décisions rendues en matière d'autorisation de plaider ne sont pas susceptibles de recours au Conseil d'État par voie contentieuse. N'est-ce pas là forcer les termes de la loi qui n'organise le recours administratif qu'en cas de refus d'autorisation. En pareille hypothèse, en effet, la commune se plaint de ce que ses intérêts ont été mal appréciés par le Conseil de préfecture : alors, de même qu'une assemblée administrative a été appelée à les examiner au 1er degré, de même une assemblée administrative les examinera en dernier ressort. Lorsque l'autorisation a été accordée, le point sur lequel porte la plainte de la commune n'a plus le même caractère. Elle invoque qu'une violation de la loi ou qu'un excès de pouvoir sont contenus dans un acte administratif qui la concerne. Le législateur n'a pas prévu ce cas, et, peut-être, ne doit-on pas le lui reprocher comme un oubli ; car, en n'accordant à la commune le droit de se pourvoir administrativement qu'en cas de refus d'autorisation, ne pouvait-il pas penser que

____

(1) Reverchon, p. 235 et 236, C. E. 9 juillet 1840, Comm. de St.-Pierre.

l'arrêté d'autorisation, entaché d'excès de pouvoir, serait susceptible de recours contentieux, suivant les règles du droit commun?

Si l'on renvoie la commune devant une section administrative du Conseil d'État, on ne lui ferme pas seulement l'accès d'une juridiction, pour lui ouvrir l'accès d'une autre : on réduit le délai de recours. En effet, l'article 126 (1. 1884) déclare que la commune doit se pourvoir dans un délai de 2 mois, tandis qu'elle aurait 3 mois pour se pourvoir au contentieux (1).

La jurisprudence actuelle du Conseil d'État déclare non recevable tout recours contentieux formé pour excès de pouvoir, lorsque la partie peut trouver dans le droit commun une autre voie de procédure, par laquelle elle pourra s'affranchir des conséquences de l'acte administratif qu'elle incrimine.

Le Conseil d'État a appliqué, pour la première fois, cette nouvelle jurisprudence à notre matière dans un arrêt contentieux du 11 juillet 1884 (2) : il rejetait le pourvoi

(1) Décret du 22 juillet 1806, art. 11.

(2) Sections de Mazel, Allenc et La Prade C. section de Larzalier. Les dé. légués des trois sections ayant été nommés, le sieur Renouard fut chargé de représenter la section de Mazel. Une protestation fut adressée au préfet contre cette nomination. Le conseil de préfecture, 27 octobre 1881, déclara la délibération sans valeur, et, autorisant la section de Larzalier à exercer une action en revendication contre les trois autres sections, désigna le sieur Basset, membre de la Commission syndicale de la section de Mazel, pour représenter cette section dans l'action intentée par la section de Larzalier contre les trois sections.

Renouard forma au nom de la section de Mazel opposition devant le Conseil de préfecture qui la rejeta le 24 mai 1882.

Renouard se pourvut, au contentieux, devant le Conseil d'État contre ces deux arrêts. Le Conseil d'État décida : Vu les lois du 28 pluviôse an VIII et du 18 juillet 1837 : Vu les lois des 7 et 14 octobre 1790, et 24 mai 1872, article 9 :

1° Considérant que l'arrêté du 27 octobre 1881 a autorisé la section de

formé, au nom d'une section de commune, contre un arrêté d'un Conseil de préfecture qui désignait, pour représenter cette section de commune en justice, non pas le représentant que la commission syndicale avait choisi, mais un individu qui n'en faisait pas partie.

La décision du Conseil d'État, portant visa des lois du 28 pluviôse an VIII, 18 juillet 1837, 7-14 octobre 1790 et 24 mai 1872 article 9, était ainsi motivée :

« Attendu que l'arrêté du Conseil de préfecture a été pris par application des articles 49 et suivants de la loi de 1837 et que les décisions, rendues par les Conseils de préfecture en matière d'autorisation de plaider, ne sont pas susceptibles de recours au Conseil d'État par la voie contentieuse ».

C'était donc inaugurer une jurisprudence nouvelle. Quelle en est l'étendue ? Dans quel sens faut-il entendre les derniers mots de l'arrêt précité, d'après lesquels les décisions, en matière d'autorisation de plaider, ne sont pas susceptibles de recours par voie contentieuse ? Faut-il les appliquer exclusivement aux recours formés par les communes, auxquelles le Conseil d'État, étendant les termes de l'article 126, a ouvert la voie du recours admi-

Larzalier à intenter une action contre les trois sections.... que cet arrêté a été pris par application de l'article 49 de la loi de 1837, et que les décisions, rendues par les Conseils de préfecture en ces matières, ne sont pas susceptibles du recours au Conseil d'État par voie contentieuse.

2° En ce qui concerne l'arrêté du 24 mai 1882, considérant qu'aucune disposition de la loi n'a donné au Conseil de préfecture compétence pour connaître par la voie contentieuse de réclamations formées contre les décisions par lui rendues et portant autorisation de plaider : qu'ainsi le Conseil de préfecture de la Lozère, en statuant sur la demande dont il a été saisi par le sieur Renouard, a excédé ses fonctions, et que dès lors son arrêté doit être annulé :

1° L'arrêté du 24 mai 1882 est annulé ; — 2° Le surplus de la requête est rejeté.

nistratif, même dans le cas d'autorisation ? Faut-il les
entendre dans un sens plus large, qu'ils comportent aisément, et qui est, croyons-nous, celui dans lequel le Conseil d'État les a employés ? Veulent-ils dire que l'acte,
accompli par le Conseil de préfecture, n'est susceptible
de recours contentieux, ni de la part de la commune, ni
de la part de l'adversaire de celle-ci ? Étant donné l'ordre d'idées dans lequel le Conseil d'État se place actuellement en matière de recours pour l'excès de pouvoir,
nous pensons que l'arrêt précité a cette portée. Il est
vrai, qu'en 1860, on reconnaissait à l'adversaire d'une
commune, autorisée à plaider, un intérêt et, par suite, un
droit à déférer au Conseil d'État, pour excès de pouvoir,
un arrêté d'autorisation (1) ; mais, de même, qu'à cette
époque, on reconnaissait à la commune le droit de former
son recours, indifféremment, par voie administrative ou
par voie contentieuse et que cette dernière faculté
lui est actuellement refusée, de même, nous pensons,
bien qu'il n'y ait pas d'arrêt formel sur ce point, que la

(1) C. E. 6 décembre 1860. Talleyrand (Décision contentieuse). Le Conseil de préfecture avait donné l'autorisation d'agir comme demandeur à
un maire non habilité par une délibération préalable du Conseil municipal.
Le commissaire du gouvernement disait que la partie adverse avait intérêt à demander l'annulation de l'arrêté, par conséquent avait qualité pour
se pourvoir.

Puis, il examinait la question de savoir si la partie adverse n'aurait pas
dû agir suivant les formes particulières aux recours contre les arrêtés des
Conseils de préfecture, en matière d'autorisation de plaider. Son opinion
était que, du moment où il y avait excès de pouvoir, le recours était recevable au contentieux.

La même opinion est exprimée dans une décision administrative du
30 mai 1868. Commune de Marguerides : « considérant que les décisions des
Conseils de préfecture qui accordent ou refusent aux communes l'autorisation de plaider, constituent, à leur égard, des actes de tutelle administrative, que, dès lors, les parties adverses sont sans qualité « sauf le cas d'abus
de pouvoir » pour attaquer les arrêtés qui ont accordé ou refusé l'autorisation. »

jurisprudence du Conseil d'État tend à déclarer non recevable, en cette matière, un pourvoi quelconque formé
par voie contentieuse. C'est, du reste, l'opinion que soutenait le commissaire du gouvernement, lors de la discussion de l'arrêt de 1884. Il exposait, alors, une théorie
générale de la recevabilité des recours en matière d'autorisation de plaider, et déclarait que la question de validité ou de non validité de l'arrêté rendu par le Conseil de
préfecture ne pouvait être soulevée, par l'adversaire de
la commune, que devant les tribunaux judiciaires, comme
moyen d'exception opposé aux prétentions de la commune. Il pensait que les tribunaux ne pouvaient, sans
violer le principe de la séparation des pouvoirs, statuer
au fond sur la validité de l'autorisation, mais devaient
renvoyer l'examen préjudiciel de la question à la juridiction administrative. D'après lui, il suffisait que la difficulté pût être relevée devant les tribunaux judiciaires,
pour qu'il n'y eût pas place au recours direct devant le
Conseil d'État. On a dit que c'était appliquer à notre matière la jurisprudence adoptée par le Conseil d'État, relativement aux autorisations administratives qui interviennent pour approuver des contrats.

Et, en effet, voici comment l'adversaire de la commune
peut repousser, devant les tribunaux, l'arrêté du Conseil
de préfecture qui est entaché d'excès de pouvoir ; on ne
peut méconnaître que cet arrêté constitue l'une des conditions de la capacité de la commune à agir en justice.
Or, tout plaideur ayant intérêt à ne suivre une instance
que contre une personne capable, et la commune ne
l'étant pas, quand l'autorisation qui lui a été donnée
n'est pas régulière, il en résulte que l'adversaire pourra

contester la capacité de la commune, en soulevant une exception devant les tribunaux judiciaires, lesquels ont qualité pour apprécier les difficultés qui s'élèvent sur la capacité des parties. Nous étudierons plus tard comment, en raison du caractère administratif de l'acte, les tribunaux devront déclarer cette exception recevable, et quelle sera l'autorité appelée à statuer, au fond, sur son bien fondé : mais l'adversaire aura, dès le début de l'instance, une voie de procédure qui pourra conduire à l'examen de l'autorisation par l'autorité compétente.

Si l'on considère les paroles du rapporteur de l'arrêt du 11 juillet 1884 et les termes de cet arrêt comme étant dictés nécessairement par les principes qui doivent définitivement être admis en matière de recours pour excès de pouvoir, notre tâche sera terminée, alors que nous aurons indiqué les changements qu'ils apportent dans la jurisprudence ancienne ; car, il n'est pas de notre sujet de discuter l'interprétation que le Conseil d'État donne aux textes qui organisent actuellement le recours pour excès de pouvoir (1).

(1) Sur la question générale de recevabilité des recours pour excès de pouvoir, voyez *Revue critique*, années 1870 et 1876. Aucoc, *Communication à l'Académie des sciences morales et politiques*, année 1878. Ducrocq, *l. c.* 6ᵉ édit. p. 252 et 253, Lebon, *Arrêts du Conseil d'État*, année 1882, p. 753. Laferrière, *Traité de la juridiction administrative*, t. I, p. 435.

Pour les uns, le recours doit pouvoir être dirigé contre tous les actes administratifs sans exception. Ce système est, dit-on, le seul conforme à l'esprit des lois des 7-14 octobre 1790 : « Les réclamations d'incompétence à l'égard des corps administratifs ne seront, en aucun cas, du ressort des tribunaux, elles seront portées au Roi, chef de l'administration générale ». Sous la monarchie et sous l'Empire, le Conseil d'État donnait son avis, mais, en droit, sinon en fait, c'était le Chef de l'État qui rendait le décret. On invoque, dans le même sens, l'article 9 de la loi du 24 mai 1872 : « Le Conseil d'État statue souverainement sur les recours en matière contentieuse administrative, et sur les demandes d'annulation pour excès de pouvoir, formées contre les actes des diverses autorités administratives ». Ces

Seulement, s'il faut admettre pour critérium de la recevabilité du recours pour excès de pouvoir contre l'arrêté du Conseil de préfecture une distinction fondée sur l'existence et l'efficacité du recours ouvert à la partie devant l'autorité judiciaire, il faudra qu'il s'établisse un accord entre la jurisprudence du Conseil d'État et celle de la Cour de cassation, pour tracer aux tribunaux leurs droits et leurs devoirs, lorsqu'une exception, contestant la capacité de la commune, sera soulevée devant eux, au

textes, dit-on, ne font aucune distinction entre les divers actes, et déclarent que, dans tous les cas, ces actes pourront être annulés. Le trouble à l'ordre public doit disparaître au plus tôt. On a voulu donner aux intéressés le moyen de faire promptement rétablir l'ordre des compétences, et, bien qu'agissant dans un intérêt privé, ils ont été armés d'un moyen qui sert à l'intérêt général. Cette intention sera-t-elle observée si le recours pour excès de pouvoir n'est pas reçu toutes les fois qu'il existe un autre moyen d'arriver au même résultat ? En s'adressant à la juridiction spéciale, les parties obtiendront-elles le même résultat ? La procédure sera plus longue et plus coûteuse : la jurisprudence n'est pas immuable, les tribunaux ne rendront pas des décisions conformes. Les contradictions que ce système peut produire entre les solutions que les autorités judiciaires et administratives apportent sur la même question, sont la conséquence de l'indépendance respective des juridictions et de la séparation des pouvoirs administratifs et judiciaires.

Dans un autre système, le recours pour excès de pouvoir serait un appel au chef de l'État pour obtenir justice, dans le cas où une autre juridiction ne peut protéger les citoyens intéressés contre l'arbitraire de l'Administration. Mais, toutes les fois qu'un tribunal administratif ou judiciaire est compétent pour réprimer ces effets, on ne comprend plus qu'une autre voie soit ouverte ; le principe de l'action est l'utilité : il n'existe pas lorsqu'elle fait double emploi avec une autre : On ne cumule pas l'appel et l'opposition. D'autre part, une action ne peut être basée que sur un intérêt personnel; or. le citoyen, qui est protégé personnellement par un moyen de droit, ne peut rien réclamer de plus. Le Conseil d'État ne peut avoir des attributions aussi étendues ; il ne les avait pas lorsqu'il était conseil statuant sur des projets de décrets ou d'ordonnances, et que le recours était considéré comme une pétition adressée au souverain. Depuis 1872, il est investi d'un pouvoir juridictionnel. Il ne peut pas substituer sa juridiction à celles que la loi a organisées en certaines matières. Il doit donc se déclarer incompétent toutes les fois qu'il existe une autre voie de recours, tendant à protéger les citoyens contre l'application d'actes entachés d'excès de pouvoir.

début du procès. Nous verrons que la question peut faire difficulté. C'est ainsi, qu'en 1865, la Cour de cassation, dans une espèce analogue à celle du pourvoi formé en 1884 devant le Conseil d'État, rendit un arrêt critiqué par certains auteurs, et qui, s'il était rendu aujourd'hui, mettrait l'adversaire de la commune dans l'impossibilité de se soustraire aux effets de l'arrêté qui lui portait préjudice. A cette époque, un maire, malgré une délibération négative du Conseil municipal, avait demandé au Conseil de préfecture l'autorisation de se porter, au nom de la commune, demandeur en intervention, et celui-ci l'avait accordée ; en quoi faisant, il avait évidemment excédé ses pouvoirs. L'adversaire, en première instance et en appel, opposa l'incapacité du maire de représenter la commune dans ces conditions, et demanda que l'action fut déclarée non recevable. Son exception fut repoussée par le tribunal, par la Cour, et aussi par la Cour de cassation (1), pour ces motifs « qu'il n'entre pas dans les attributions de l'autorité judiciaire d'examiner si, en accordant l'autorisation, le Conseil de préfecture a régulièrement ou irrégulièrement procédé ; que se livrer à cet examen serait s'immiscer dans des fonctions administratives : que, s'il existe un recours légal, il ne saurait être exercé que devant l'autorité administrative supérieure ».

Cet arrêt a été vivement critiqué, mais nous montrerons que rien ne prouve, bien qu'on en ait dit, que la Cour de cassation ait adopté par arrêt solennel du 3 avril 1867 (2) une jurisprudence absolument contraire.

(1) D. 1865, 1, 249.
(2) D. 1867, 1, 146.

Quoi qu'il en soit, à cette époque, les tribunaux ne se reconnaissaient pas le droit de mettre en question la capacité du maire, lorsqu'il se présentait muni de l'autorisation du Conseil de préfecture et la Cour de cassation déclarait que le tribunal et la Cour d'appel avaient avec raison statué au fond et sans prendre connaissance des protestations de l'adversaire, lequel ne s'était pas pourvu directement devant l'autorité administrative. Si la Cour de cassation maintenait cette jurisprudence, en face de celle que le Conseil d'État a nouvellement adoptée, l'adversaire de la commune se trouverait dans l'impossibilité d'obtenir l'examen de l'exception qu'il soulève.

Il est donc très utile de déterminer nettement le rôle de l'autorité judiciaire.

Toutefois, comme on l'a fait observer, les raisons données à l'appui de cette jurisprudence, permettent d'indiquer quelques cas dans lesquels la commune ou son adversaire pourraient encore se pourvoir directement devant le juge des excès de pouvoir, car ce serait alors pour eux le seul moyen de faire annuler la décision qui leur porte préjudice.

Ces hypothèses sont rares, mais elles peuvent cependant se présenter : l'adversaire de la commune pourrait évidemment se pourvoir contre un arrêté par lequel le Conseil de préfecture, au lieu d'accorder ou de refuser l'autorisation qui lui était demandée, aurait statué sur le fonds du litige.

La commune pourrait se pourvoir par voie contentieuse si le décret en Conseil d'État, lui accordant ou lui refusant l'autorisation de plaider, était entaché d'excès de pouvoir ou d'un vice de forme.

CHAPITRE IX

COMPÉTENCE DES TRIBUNAUX A CONNAITRE DES EXCEP-
TIONS SOULEVÉES CONTRE LA CAPACITÉ DES REPRÉ-
SENTANTS DES COMMUNES, LORSQUE CEUX-CI SONT
MUNIS D'UNE AUTORISATION ÉMANANT DE L'AUTORITÉ
ADMINISTRATIVE (1).

Nous venons d'indiquer l'intérêt qu'il peut y avoir à
discerner quelle détermination doivent prendre les tribunaux de l'ordre judiciaire, lorsque l'adversaire de la
commune oppose, devant eux, que la personne qui se
présente, munie de l'autorisation du Conseil de préfecture, n'est pas en droit de représenter la commune.

Lorsqu'ils examinent les arguments invoqués à l'appui de cette exception, ils sont souvent amenés à reconnaître que l'arrêté du Conseil de préfecture a été pris en
violation d'une disposition des lois municipales. Dans
de telles hypothèses, la Cour de cassation a cassé, tantôt
des arrêts qui déclaraient recevable à plaider celui qui,
en vertu de l'arrêté d'autorisation, se prétendait en droit
d'agir au nom de la commune, tantôt des arrêts qui,
malgré cet arrêté, le déclaraient irrecevable. Nous rap-
porterons les espèces sur lesquelles ont été rendus ces
différents arrêts. On a cherché à trouver entre eux une
conciliation qui, d'après l'avis de plusieurs auteurs,
serait le point de départ du système à admettre.

Auparavant, nous ferons remarquer que nous n'avons

(1) Il ne peut y avoir lieu à conflit. Ord. 1er juin 1828, art. 3, § 1.

trouvé aucune décision par laquelle les tribunaux
auraient renvoyé aux autorités administratives la question préjudicielle de prononcer sur la régularité de
l'arrêté du Conseil de préfecture.

Dans certains cas, où, en présence de l'arrêté d'autorisation, ils se sont cru obligés de statuer sur le fond de
l'affaire, sans examiner, préalablement, le bien fondé de
l'exception, ils ont déclaré que l'arrêté aurait dû être
attaqué devant le Conseil d'État par voie de recours
pour excès de pouvoir. En effet, à l'époque où ont été
rendues ces décisions judiciaires (1823 et 1865), la jurisprudence du Conseil d'État considérait comme recevables les pourvois formés, par des adversaires des communes, contre des arrêtés des Conseils de préfecture
entachés d'excès de pouvoir : cette voie de recours leur
serait fermée, d'après la jurisprudence nouvelle du Conseil d'État : il y a donc lieu de bien préciser jusqu'où
s'étend la mission de l'autorité judiciaire.

Le 29 juillet 1823 (1) et le 6 mars 1865 (2), des Conseils de préfecture, ayant autorisé des communes à se
porter demanderesses, alors que, dans la première espèce
le Conseil municipal n'avait pas été préalablement consulté, et que, dans la seconde, le Conseil avait déclaré
que la commune ne devait pas agir, la Cour de cassation décida que les Cours d'appel avaient, avec raison,
admis à plaider les maires autorisés par les Conseils de
préfecture, et, qu'à bon droit, elles avaient tenu pour
non avenues les protestations de l'adversaire. Les considérants de l'arrêt de 1865 sont les suivants : « Attendu

(1) Dalloz, *Rép.*, tome X, n° 1570.
(2) D. 1865, 1, 249.

que le Conseil de préfecture a autorisé la commune de
Miserey à plaider ; que, d'ailleurs, cet arrêté est un acte
administratif ; attendu qu'il n'appartient pas à l'autorité
judiciaire d'examiner si, en accordant ou en refusant
l'autorisation de plaider, le Conseil de préfecture a
régulièrement ou irrégulièrement procédé ; que se livrer à cet examen serait s'immiscer dans les fonctions
de l'autorité administrative ; que, s'il existe un recours
légal, il ne saurait être exercé que devant l'autorité administrative supérieure, rejette, etc....

A l'inverse, le 21 novembre 1837 (1) et le 16 février
1841 (2), la Cour de cassation admet les pourvois formés
contre des arrêts qui, en raison de l'autorisation administrative, avaient reconnu le droit d'agir, au nom de la
commune, et en remplacement du maire, soit à un habitant désigné par le Conseil de préfecture, mais qui
n'était ni l'adjoint, ni le conseiller municipal appelé par
l'ordre du tableau (3), soit à un commissaire spécial,
nommé par le même Conseil, mais dont la substitution
au maire n'était, dans l'espèce, motivée par aucun intérêt sérieux.

Dans toutes ces hypothèses, il y avait donc eu excès
de pouvoir de la part du Conseil de préfecture.

Les décisions de la Cour de cassation semblent cependant dériver de principes contradictoires ; en 1823
et en 1865, elle admet qu'il ne peut appartenir aux tri-

(1) D. 1838, 1, 10.
(2) D. 1841, 1, 118.
(3) La loi du 21 mars 1831 (art. 5) avait déjà décidé que le maire, en cas
d'absence ou d'empêchement, serait remplacé par un adjoint dans l'ordre
des nominations ou par un conseiller municipal dans l'ordre du tableau.
La loi de 1884, articles 83 et 84, établit quelques distinctions dans la manière
dont peut se faire cette substitution : mais elle maintient le principe.

bunaux de méconnaître la force de l'autorisation administrative dont l'un des plaideurs est muni : à l'inverse,
en 1837, elle décide « que l'autorisation donnée comme
confirmative d'une délibération municipale ne peut autoriser les Cours et tribunaux saisis à s'écarter du vœu
de la loi, qui ne permet aux communes de plaider que
par l'organe de l'adjoint en cas d'empêchement du maire,
et, en cas d'empêchement de tous deux, du plus ancien
conseiller municipal ». En 1841, elle déclare « que l'arrêté du Conseil de préfecture n'a pu conférer au commissaire spécial la qualité nécessaire pour former la demande à l'exclusion du maire ou adjoint, alors que les
intérêts de la commune n'exigeaient pas le choix de ce
commissaire : qu'ainsi la Cour royale a dû juger que le
demandeur n'était pas recevable, quant à présent ».

Faut-il chercher à concilier les solutions données dans
ces deux groupes d'arrêts ? M. Reverchon, dans son *Traité
des autorisations de plaider* (1), avait pensé pouvoir le
faire et plusieurs auteurs se sont rangés à son opinion.
Parlant du cas où l'autorisation avait été donnée au
maire alors que le Conseil municipal n'a pas été consulté,
il remarque que « la qualité du représentant de la commune n'était pas, alors, contestée, mais que ses pouvoirs
seuls l'étaient, parce que les conditions et formalités
administratives qui devaient précéder l'autorisation
n'avaient pas été remplies ». En conséquence, il conclut
que « l'autorité judiciaire ne pouvait, sans s'immiscer dans
l'examen d'actes administratifs, méconnaître la régularité de l'autorisation produite devant elle ». Au contraire,
lorsqu'il considère les autres espèces, il constate « que

(1) P. 284.

la qualité même du prétendu représentant était déniée » ;
il déclare alors « qu'il appartient à l'autorité judiciaire
seule de résoudre les questions de cette nature », et il
invoque les motifs suivants : « les arrêtés des Conseils
de préfecture, accordant ou refusant l'autorisation, sup-
posent bien la solution implicite et préalable de ces
questions, mais la solution directe et définitive ne leur
en appartient point. Le droit de l'autorité judiciaire, à
cet égard, pourrait d'autant moins être méconnu, que la
partie adverse, à laquelle il importe de procéder contre
un mandataire qui puisse engager la commune envers
elle, ne serait pas même recevable à demander la réformation de l'arrêté, et que, d'ailleurs, il serait trop
rigoureux de lui imposer une telle obligation : c'est à
chaque plaideur à établir sa qualité, et il est clair que le
(prétendu) représentant de la commune n'établirait point
la sienne, par la production d'un arrêté qui n'aurait, ni
ne pourrait avoir cet objet ».

Il nous semble, au contraire, difficile d'établir une distinction bien marquée entre les conditions et formalités
administratives, qui constituent les pouvoirs du représentant de la commune, et la qualité même de ce représentant.

La qualité de représentant de la commune appartient
certainement bien au maire ; cependant, en matière de
procès, l'exercice des droits et devoirs inhérents à cette
qualité est intimement liée aux pouvoirs que le Conseil
municipal donne et que le Conseil de préfecture sanctionne, mais que celui-ci seul ne peut conférer : par
suite, l'irrégularité que ces deux Conseils commettent
dans l'exécution de leur mission ou l'absence de délibé-

ration de l'un deux, enlèvent toute valeur à cette qualité, qui n'existe en la personne du maire qu'à l'état latent.

A l'inverse, le pouvoir de représenter la commune peut, pour un procès, appartenir non au maire, mais à tel conseiller municipal auquel il a été conféré par une délibération du Conseil municipal (art. 83, L. 1884). Le Conseil de préfecture, par sa mission, est appelé à contrôler la régularité de cette substitution, et l'arrêté, qui intervient, peut former une des conditions de la qualité de ce représentant.

Nous ne croyons donc pas qu'on puisse dire que les tribunaux aient le droit de rechercher et d'apprécier la qualité du représentant, mais non les pouvoirs de ce représentant. Comme nous essayons de le démontrer, il n'y a pas là une alternative nettement tranchée, qui puisse constituer un critérium, d'après lequel il serait facile aux tribunaux de discerner le rôle qui leur incombe.

D'ailleurs, M. Reverchon, commentant l'arrêt rendu par la Cour de cassation le 6 mars 1865 (1), nous paraît avoir lui-même réfuté l'opinion qu'il avait soutenue dans son *Traité des autorisations de plaider*.

Un maire était intervenu dans une instance, en vertu de l'autorisation donnée par le Conseil de préfecture, alors que le Conseil municipal avait déclaré que la commune était sans intérêt au procès. Comme en 1823, et pour le même motif, l'arrêté du Conseil de préfecture était entaché d'excès de pouvoir, aussi la Cour de cassation, reprenant le raisonnement émis par elle 40 années auparavant, confirma l'arrêt qui avait déclaré le maire recevable et décida « qu'il n'entrait pas dans les

____

(1) *Revue critique*, année 1865, p. 481.

attributions de l'autorité judiciaire d'examiner si, en accordant à une commune l'autorisation de plaider, le Conseil de préfecture avait régulièrement ou irrégulièrement procédé, que se livrer à cet examen serait s'immiscer dans les fonctions administratives ».

Ainsi que le fait remarquer M. Reverchon, « comme en 1823, les pouvoirs du maire étaient seuls attaqués, par ce motif, que les conditions et formalités qui devaient précéder l'autorisation n'avaient pas été remplies ». Or M. Reverchon, dans son *Traité des autorisations de plaider*, approuvant l'arrêt de 1823, considérait la délibération du Conseil municipal comme une des conditions et formalités administratives qui doivent précéder l'autorisation, et qui, par suite, doit être réputée régulièrement remplie, lorsque celle-ci a été donnée, ou, en tous cas, soustraite à l'examen des tribunaux ; comment expliquer, sinon par un changement d'opinion, les critiques si énergiques qu'il formule contre l'arrêt de 1865. Il soutient que le tribunal ne devait pas passer outre à l'exception, mais l'examiner au fond, car « c'est à l'autorité judiciaire seule qu'est dévolu le soin de statuer, non pas sur le sens et la régularité de l'autorisation administrative, mais sur la qualité et les pouvoirs légaux du mandataire qui se présente, avec ou sans cette autorisation, pour plaider au nom d'une commune ».

« A quoi bon, poursuit-il, renvoyer les parties devant l'autorité administrative supérieure pour faire trancher une question qui, fût-elle tranchée dans le sens de la régularité et de la validité de l'autorisation (1), laisse-

____

(1) N'est-ce pas véritablement porter un soupçon injuste sur l'intégrité de l'autorité administrative supérieure que supposer qu'elle déclarerait

rait toujours à juger, par l'autorité judiciaire, la question
de savoir si cette autorisation, régulière et valable, dispense le maire de représenter celle du Conseil municipal ». C'était faire du concours du Conseil municipal et
de l'autorisation de Conseil de préfecture deux conditions indépendantes l'une de l'autre, et également indispensables pour les actions des communes, et dont la
première, du moins, devrait être examinée par l'autorité
judiciaire, parce qu'elle constitue la qualité du représentant de la commune.

On prétend (1) que la Cour de cassation a adopté cette
distinction avant l'arrêt du 6 mars 1865 (30 novembre
1863, D. 1863, 1, 448) et l'a reproduite depuis par arrêt
solennel du 3 avril 1867. On en conclut « que la décision de la Chambre des requêtes en 1865 est en contradiction avec celle de la Chambre civile, car elle assujettit
la partie, qui excipe seulement du défaut de délibération
conforme du conseil municipal, à attaquer la délibération du Conseil de préfecture, alors qu'il y avait identité
de raisons pour qu'elle proclamât, en termes formels, la
règle de compétence judiciaire sous-entendue dans les
autres arrêts ».

Ce rapprochement nous paraît absolument dénué de
fondement : il est basé sur un certain nombre d'arrêts
de cassation (notamment 30 novembre 1863), qui déclarent que le préfet ne peut se substituer au maire pour
défendre à une action en justice, à l'encontre de la vo-

régulier et valable un arrêté du Conseil de préfecture donnant à un
maire l'autorisation d'intenter un procès comme demandeur, à l'encontre
de la volonté du Conseil municipal ?

(1) V. les notes qui accompagnent l'arrêt du 6 mars 1865, D. 1865, 1,
249 et S. 1865, 1, 265, celui du 3 avril 1867, D. 1867, 1, 145 et enfin celui du
18 janvier 1869, D. 1869, 1, 121.

lonté du Conseil municipal, alors même que le Conseil de préfecture aurait donné à la commune l'autorisation de « défendre ». — Il est bien évident que, dans ce cas, les tribunaux ont qualité pour apprécier si l'autorisation invoquée a habilité la partie (le préfet) qui s'en prévaut, et l'arrêt de 1867 est donc bien motivé, car il était déjà de jurisprudence constante à cette époque (1) qu'en une telle hypothèse, le préfet ne pouvait invoquer l'article 15 de la loi de 1837 pour défendre au nom de la commune, contre la volonté de celle-ci. En effet, lorsqu'elle est défenderesse, le Conseil de préfecture est appelé à se prononcer sur l'autorisation, alors même que le Conseil municipal aurait décidé qu'il n'y a pas lieu de défendre (art. 52, L. 1837 et 125, L. 1884). Dans ces conditions, l'arrêté qui contiendrait une autorisation ne serait entaché d'aucune irrégularité.

Lorsque la commune est défenderesse, il peut donc se faire que les tribunaux aient, dans certains cas, à examiner, comme condition distincte de la capacité du représentant de la commune, la question de savoir si le Conseil municipal lui a, par une délibération postérieure à l'arrêté d'autorisation, donné mandat d'user de la faculté ouverte par l'arrêté d'autorisation : ils auraient alors à faire l'application des lois municipales, en recherchant si cette délibération a été prise, ainsi que cela est nécessaire d'après les lois administratives que les tribunaux doivent appliquer comme les lois civiles.

En résumé, il ne nous paraît pas exact de dire que, dans tous les cas, l'existence et la validité de la délibération du Conseil municipal forment une condition absolument dis-

(1) Cass., 30 nov. 1863. D. 1863, 1, 448.

tincte de l'autorisation du Conseil de préfecture, et qui, par suite, puisse être examinée par les tribunaux, « sans faire grief à l'acte administratif ». En effet, lorsque la commune est demanderesse, le Conseil de préfecture a été appelé à faire, comme condition de son arrêté d'autorisation, l'examen 1° de la régularité de délibération par laquelle le Conseil municipal (1) se décide pour l'action, 2° de la demande d'autorisation faite en vertu de cette délibération : or, cette mission du Conseil de préfecture comporte évidemment la constatation de l'existence de cette délibération et l'appréciation de l'aptitude légale de celui que la commune a désigné pour représenter ses intérêts et pour adresser au Conseil de préfecture la demande d'autorisation. Il en serait de même si, sur la communication du mémoire de l'adversaire, le Conseil municipal avait résolu de défendre, et que le Conseil de préfecture l'eût ensuite autorisé à le faire.

Dans ces hypothèses, par suite des lois qui organisent les conditions d'exercice des actions communales, avant que la justice ne soit saisie, une autorité administrative a été appelée à approuver la détermination de la commune, et à confirmer les pouvoirs donnés à celui qui a qualité pour agir. Lorsque celui-ci se présente devant les tribunaux, il serait donc très délicat pour eux, de méconnaître l'autorité de l'acte administratif intervenu, quand même les faits prouveraient qu'il est irrégulier, car l'irrégularité provient de l'inaccomplissement, par le Conseil de préfecture, de la mission qui lui était confiée,

---

(1) Ainsi que nous l'avons exposé précédemment, la mission du Conseil de préfecture comporte, notamment, la vérification du point de savoir si les membres du conseil municipal, qui ont pris part à la délibération, n'avaient point d'intérêt dans l'affaire.

et les tribunaux n'ont pas qualité pour rejeter l'autorité de ces arrêtés.

Au contraire, lorsque l'exception qu'on soulève est fondée sur des faits, qu'il ne rentrait pas dans la mission du Conseil de préfecture d'apprécier, les tribunaux retrouvent toute leur compétence. Par exemple, l'adversaire prétend-il que le Conseil municipal, après l'autorisation donnée à la commune d'agir comme demanderesse ou comme défenderesse, et avant le commencement du procès, a pris une délibération décidant que son intention n'était plus d'introduire l'action ou d'y défendre, les tribunaux devraient, évidemment, apprécier cette délibération, et déclarer le représentant de la commune non recevable, s'il les saisissait de l'affaire. Dans ce cas seulement, ces mots de Reverchon nous paraissent, véritablement, en situation : « C'est alors qu'il ne faudrait pas que, sur l'allégation de l'existence d'un acte administratif, autorisant celui qui se présente pour plaider, le tribunal fût saisi d'une crainte révérentielle et que ce mot vague produisît sur l'autorité judiciaire, comme il le fait trop souvent, un effet magique qui la détermine à se voiler la face sans examen, et à se dessaisir, avec empressement, d'affaires dont la connaissance lui appartient cependant ».

De même, dans le cas où la commune se présenterait comme autorisée par le fait de l'expiration du délai de deux mois depuis le jour de sa demande, ce serait uniquement aux tribunaux à statuer au fond sur sa capacité. Nous devons maintenant dire quel nous paraît devoir être leur rôle, dans l'hypothèse où le Conseil de préfecture a irrégulièrement procédé.

Sont-ils placés dans cette alternative, soit de se prévaloir, comme en 1823 et en 1865, de leur incompétence à juger ou apprécier un acte administratif, pour conclure que sa validité présumée les oblige à procéder à l'examen du fond du litige, et à le juger, comme si aucune critique n'était élevée, par l'adversaire de la commune, contre la capacité du maire à agir ; soit, comme en 1837 et en 1841, d'invoquer leur compétence à appliquer les lois administratives, pour déclarer non recevable le demandeur autorisé.

En raison du caractère de l'autorité, qui, après les délibérations des Conseils municipaux, est appelée à confirmer les pouvoirs des représentants des communes, nous ne croyons pas que les tribunaux aient le droit de statuer, au fond, sur le bien fondé de l'exception soulevée. C'est à l'autorité administrative qu'il appartiendra d'examiner l'acte incriminé, et de fournir à l'autorité judiciaire une solution que celle-ci devra prendre comme point de départ de son jugement.

Telle est la manière dont il nous semble qu'on peut déterminer le rôle de l'autorité judiciaire. Elle nous paraît en conformité avec ces mots de M. Laferrière (1) : « Les actes, par lesquels l'autorité administrative habilite les administrations locales et les établissements publics à prendre certaines décisions, ou à passer certains actes, sont des actes de puissance publique. A la vérité, ils ne contiennent ni prescription, ni défense ; ils se bornent à autoriser ou à approuver les décisions prises par autrui. Mais, par cela seul qu'ils donnent aux auteurs de

____

(1) *Traité de la juridiction administrative et des recours contentieux*, t. I, p. 435.

ces décisions un pouvoir qu'ils n'auraient pas sans une intervention spéciale de l'autorité publique, ils constituent des actes de cette autorité. Ils sont donc compris dans l'interdiction générale, faite aux tribunaux par les lois des 16-24 août 1790 et du 16 fructidor an III. Mais, si les actes de tutelle sont des actes administratifs, ils ne communiquent pas ce caractère aux décisions qu'ils autorisent ou qu'ils approuvent.

Si elles consistent en contrats ou autres engagements relevant de la compétence judiciaire, cette compétence subsiste, nonobstant l'acte de puissance publique qui s'y est annexé. Les tribunaux, juges des engagements régis par le droit civil et leur validité, ont seuls qualité pour décider si l'acte de tutelle a habilité la partie qui s'en prévaut.

Mais, si la contestation vient à porter, non sur la validité du contrat, mais sur celle de l'acte de tutelle considéré en lui-même, au point de vue de sa régularité administrative, ce n'est pas aux tribunaux qu'il appartient d'en connaître ; ils ne pourraient le faire sans juger un acte d'administration qui échappe à leur compétence ; ils doivent renvoyer cette question à l'autorité administrative (1) ». En appliquant ces idées générales à notre

(1) En effet, le Conseil d'État a toujours reconnu que l'adversaire de la commune pouvait exercer un recours devant lui, lorsque l'arrêté du Conseil de préfecture était entaché d'excès de pouvoir (V. paroles du commissaire du Gouvernement, décision contentieuse du C. d'État, 6 décembre 1860 (Talleyrand) : de même, décision administrative du 6 mai 1868 (Marguerides).

Par l'arrêt du 11 juillet 1884 (Section de Mazel), le Conseil d'État parait avoir voulu simplement poser en principe que l'adversaire ne pouvait se pourvoir *directement* devant lui, mais devait préalablement s'adresser aux tribunaux de l'ordre judiciaire. En effet, le commissaire du Gouvernement, M. Marguerie, s'exprimait ainsi : « La question de validité ou d'invali-

matière, nous dirons : « les tribunaux sont juges des
questions qui touchent à la capacité des parties, ils ont
donc qualité pour décider si l'acte d'autorisation a habilité la partie qui s'en prévaut, par exemple, pour repousser le préfet qui voudrait se prévaloir de l'arrêté
d'autorisation pour défendre à l'encontre de la volonté
exprimée du Conseil municipal, ou bien le maire qui,
dans un cas semblable, voudrait se prévaloir de cet arrêté pour défendre au nom de la commune, ou encore
le maire, qui se prévaudrait d'un arrêté d'autorisation
pour exercer une action, qui ne serait pas exactement la
même que celle sur laquelle le Conseil de préfecture a
été appelé à donner son avis.

Mais, toutes les fois que la difficulté reposerait sur des
questions dont le Conseil de préfecture, en exerçant régulièrement sa mission, a dû nécessairement « donner
la solution préalable et implicite », nous ne croyons pas
que la solution directe et définitive en appartienne à
l'autorité judiciaire. Nous préférons dire que la question
est, alors, tellement liée à celle de la validité de l'acte
d'autorisation, considéré en lui-même, au point de vue de
sa régularité administrative, que, suivant l'expression
de M. Laferrière, « les tribunaux ne pourraient l'examiner sans juger un acte d'administration qui échappe à
leur compétence », mais qu'ils doivent renvoyer cette
question à l'autorité administrative. Il en serait ainsi,

dité de l'arrêté rendu ne peut être soulevée que devant les tribunaux judiciaires, comme moyen d'exception aux prétentions de la commune. Sans
doute, les tribunaux ne pourront statuer sur elle, mais devront en renvoyer
l'examen préjudiciel à la juridiction administrative. Mais il suffit que la
difficulté puisse être relevée devant les tribunaux judiciaires pour enlever
toute place au recours direct pour excès de pouvoir ».

notamment, si, les espèces de 1823 et de 1865 se renouvelant, l'autorisation donnée à la commune demanderesse n'avait pas été précédée d'une délibération du Conseil municipal, ou si, en désignant telle ou telle personne pour suivre le procès, le Conseil de préfecture avait méconnu les lois administratives qui règlent la représentation communale.

Nous ne soutiendrons donc pas un système (1) qui, partant de ce principe que « les adversaires des personnes morales n'ont aucune voie administrative pour faire rectifier ou annuler les actes de cette nature, arrive à cette conclusion, que le pouvoir judiciaire est appelé à examiner la capacité de la personne morale qui plaide, la validité des actes intervenus ; que, par suite, les tribunaux sont compétents pour statuer au fond sur toutes les exceptions fondées sur l'insuffisance ou l'irrégularité de l'autorisation, notamment dans le cas où le Conseil municipal n'aurait pas préalablement délibéré sur l'utilité de l'action, et, aussi, dans l'hypothèse où le Conseil de préfecture aurait statué, sans être composé du nombre de membres réglementaire ».

L'éminent auteur qui a écrit ces lignes s'appuie sur ce que « le tiers est en droit de s'assurer de la capacité de la personne contre laquelle il plaide, sans qu'il y ait lieu de distinguer si cette personne est une femme mariée, un mineur, ou une personne morale, tous inhabiles à agir seuls et sans le concours d'une autorité ». Certes, c'est là une faculté qu'on ne peut contester à aucun plaideur ; mais nous pensons que le pouvoir judi-

____

(1) V. *Code d'Instruction administrative* de Chauveau Adolphe, 5ᵉ éd. t. II, p. 260 et suivantes.

ciaire a, lorsque l'examen de l'exception soulevée l'amène en face d'une autorisation donnée par un mari, une liberté d'appréciation qu'il n'a pas lorsque l'autorisation émane d'un Conseil de préfecture.

La différence nous paraît inhérente à la nature de l'autorité chargée d'habiliter l'incapable. Le respect dû, par l'autorité judiciaire, à l'acte accompli par une autorité administrative, doit entraîner une réserve dans la manière dont les tribunaux peuvent apprécier les conditions dans lesquelles il est intervenu et les vices qui peuvent l'entacher.

Nous repousserons ce système, car il conclut « à ce qu'il n'existe qu'un seul cas dans lequel le pouvoir judiciaire serait incompétent: c'est lorsque l'adversaire de la commune prétend que le Conseil de préfecture a eu tort d'autoriser la commune à plaider, parce que l'action est mal fondée ». Au contraire, toutes les fois que la critique ne portera pas sur l'opportunité de l'autorisation, les tribunaux doivent en connaître, « alors même qu'elle présenterait l'arrêté comme illégal ». Nous espérons avoir montré que ce serait leur attribuer un rôle qui ne leur appartient pas.

CHAPITRE X

Les actions des sections de commune sont, au point de vue de l'autorisation, soumises aux mêmes règles que les actions des communes.

La demande d'autorisation est adressée au Conseil de préfecture, par la personne qui devra agir en justice au nom de la section ; c'est sous ce rapport seulement, que nous devons brièvement indiquer les particularités que présente la représentation des sections de commune.

La section de commune, ayant une personnalité distincte de celle de la commune, ou des autres sections de la même commune, peut avoir des procès à soutenir, soit contre ces personnes morales, soit contre des tiers. Dans cette dernière hypothèse, bien que la loi ne soit pas explicite sur ce point, l'avis unanime des auteurs et de la jurisprudence est, que la section sera valablement représentée par le maire de la commune, et qu'il appartiendra au Conseil municipal d'apprécier l'utilité et l'opportunité de l'action.

Au contraire, « lorsqu'une section se propose d'intenter ou de soutenir une action judiciaire, soit contre la commune dont elle dépend, soit contre une autre section de la même commune, il est formé pour la section, ou pour chacune des sections intéressées, une commission syndicale distincte (art 128, 1. 5 avril 1884).

L'article 129 exprime comment, et dans quels cas, cette commission doit être formée : « Les membres de la commission syndicale sont choisis parmi les éligibles de la commune et nommés par les électeurs de la section qui l'habitent et par les personnes qui, sans être portées sur la liste électorale, y sont propriétaires fonciers.

« Le préfet est tenu de convoquer les électeurs dans un délai d'un mois, pour nommer une commission syndicale, toutes les fois qu'un tiers des habitants ou propriétaires de la section lui adresse, à cet effet, une demande motivée sur l'existence d'un droit litigieux à exercer, au profit de la section, contre la commune ou une autre section de la commune.

« Le nombre des membres est fixé par l'arrêté qui convoque les électeurs.

« Ils élisent parmi eux un président chargé de suivre l'action » (Art. 129).

Les dispositions de cet article sont claires et précises ; en déterminant les conditions dans lesquelles il y a obligation pour le préfet de pourvoir à la réunion d'une commission syndicale, elles ont consacré la jurisprudence qui, dans le silence de la loi de 1837, décidait que le préfet ne pouvait, sans excès de pouvoir, refuser de procéder à la nomination de la commission.

En outre, la loi nouvelle a prévu l'hypothèse où le procès, qui s'élève entre la commune et la section, empêcherait (art. 64) un certain nombre de conseillers municipaux, intéressés dans la contestation, de prendre part aux délibérations relatives à l'instance. En conséquence, l'article 130 décide que, si le Conseil municipal se trouve, pour ce motif, réduit à moins d'un tiers de ses membres, le préfet doit convoquer les électeurs de la commune, déduction faite de ceux qui habitent ou sont propriétaires sur le territoire de la section, à l'effet d'élire (1) ceux d'entre eux qui doivent prendre part aux délibérations, au lieu et place des conseillers municipaux obligés de s'abstenir.

En dehors de ces questions, qui se rapportent, principalement, à la représentation des sections de communes, il en est une sur laquelle les auteurs ont donné des solutions différentes : tous sont d'accord pour décider que l'article 123 doit être étendu aux actions des sections de commune ; qu'en conséquence un contribuable, lorsque la commission syndicale refuse ou néglige d'agir, peut être admis à agir en justice, au nom d'une section, à la condition d'avoir obtenu l'autorisation du Conseil de préfecture : mais les opinions se partagent sur le point de savoir si cette faculté n'appartient qu'à un contribuable de la section ; ou, au contraire, si tout contribuable de la commune peut y prétendre. Reverchon (2) pense que, si la section ne plaide pas contre la commune, il n'y a pas lieu d'opposer, en principe, une fin de non recevoir au contribuable de la commune, qui serait étranger à la section : le Conseil de préfecture conserverait sur ce point toute liberté d'appréciation. M. Aucoc (3), au contraire, s'exprime en ces termes : « Comment un contribuable, qui ne ferait pas partie de la section, aurait-il qualité pour exercer les actions de la

(1) D'après l'article 56 § 2 de la loi de 1837 le préfet nommait lui-même les électeurs appelés à compléter le conseil municipal.
(2) *L. c.*, § 112.
(3) Sections de communes, § 264.

section, quand il n'aurait pas qualité s'il agissait en son nom personnel? Les contribuables de la section ont seuls intérêt à prendre en main la cause que celle-ci abandonne: ils doivent seuls avoir qualité à cet effet ». La même opinion est celle de Dalloz (Commune, 1744), parce que « l'article 49 n'accorde ce droit à un particulier, qu'en raison de l'intérêt qu'il lui suppose à faire reconnaître un droit qui lui profite comme membre de la commune : d'où il suit que, si la section a un droit propre et exclusif de la commune, les contribuables des autres sections n'ont pas l'intérêt qu'exige la loi et doivent être repoussés ». Cette solution paraît, en effet, plus conforme aux intentions du législateur.

CHAPITRE XI

ALGÉRIE ET COLONIES

Section I. — Communes Algériennes (1).

En Algérie, les communes sont, au point de vue administratif et juridique, divisées en trois catégories. Les conditions dans lesquelles elles peuvent être autorisées à plaider varient, suivant qu'elles appartiennent à l'une ou l'autre de ces catégories. Nous indiquerons brièvement les dispositions qui les concernent respectivement.

§ 1. — *Communes de plein exercice.*

La loi du 5 avril 1884 leur est applicable sous la réserve des règles en vigueur, relatives à la constitution de la propriété communale, aux formes et conditions des acquisitions, échanges, aliénations et partages, et sous réserve des dispositions concernant la représentation des musulmans indigènes (Loi 5 avril 1884, art. 164).

§ 2. — *Communes mixtes.*

Elles ont été organisées sur les territoires qui ne ren-

(1) Les textes cités sont reproduits d'après l'ouvrage de M. Sautayra, *Législation de l'Algérie.*

ferment pas une population européenne suffisante pour
être constitués en commune de plein exercice. Elles apparaissent comme une agglomération de centres de co-
lons, de douars et de tribus ayant chacun ses propriétés
distinctes, et constituant, avec une personnalité distincte, une section de la dite commune.

Elles sont administrées par des commissions municipales, dont la composition est réglée par l'article 3 de
l'arrêté du 24 novembre 1871 et par l'arrêté du 22 juillet 1874, si la commune mixte se trouve en territoire
civil, et par les articles 6 et suivants de l'arrêté du 20 mai
1868, si la commune se trouve en territoire militaire.
Dans le premier cas, elle est représentée en justice par
un maire nommé par le préfet (arrêté du 24 nov. 1871,
art. 7), dans le second cas, par le commandant du cercle, qui est appelé à présider la commission municipale
(arrêté du 20 mai 1868, art. 10).

En ce qui concerne les conditions dans lesquelles les
actions judiciaires doivent être intentées, l'article 12 de
l'arrêté du 20 mai 1868 fait renvoi général à l'ordonnance du 28 novembre 1847. C'est donc le chapitre IV
du titre II de cette ordonnance (articles 60-66) qui indique les règles applicables à ces communes. Ce chapitre reproduit les dispositions des articles 49 et suivants
de la loi municipale du 18 juillet 1837, à l'exception de
celle du paragraphe 3 de l'article 49. En conséquence,
des controverses se sont élevées sur le point de savoir
si les contribuables pouvaient, en Algérie comme en
France, plaider au nom de leur commune : nous résu-
merons plus loin les arguments présentés à l'appui de
chaque système. En outre, les attributions qui avaient

été faites par l'ordonnance de 1847 au Conseil de direction (autorisations de plaider) et au Directeur des affaires civiles (réception du mémoire de l'adversaire) sont maintenant respectivement dévoulues au Conseil de préfecture et au préfet. (Décret du 9 déc. 1848, art. 1, 11 et 13).

§ 3. — *Communes indigènes en territoire militaire.*

Elles comprennent les douars constitués en exécution du sénatus-consulte du 22 avril 1863 et les tribus qui seront soumises à son application ; l'élément européen y est sans importance. Elles sont personnes civiles (Arrêté du 20 mai 1868, art. 4).

Elles avaient été organisées par l'arrêté du 20 mai 1868 (sections 1 à 7), sous la dénomination de communes subdivisionnaires. Cette organisation a été modifiée par l'arrêté du 13 novembre 1874, dont les articles 2 et 3 sont ainsi conçus :

Art. 2. « Les circonscriptions territoriales et administratives, existant sous le nom de cercles ou annexes, seront érigées successivement en communes indigènes ayant leur autonomie et leur budget distinct.

« Les cercles ou annexes qui, par l'insuffisance de leurs ressources financières et administratives, ne pourraient être érigées en communes indépendantes formeront provisoirement des sections de communes indigènes.

Art. 4. « Elles sont administrées par le commandant supérieur du cercle ou le chef de l'annexe assistés d'une commission municipale. »

« Cette commission municipale délibère sur les actions

judiciaires et les transactions sur lesquelles les Conseils municipaux délibèrent, d'après les lois et ordonnances. » (Arrêté du 20 mai 1868, art. 29, § 8.)

» Les délibérations sont adressées au général commandant de la province, qui les transmet au gouverneur général. Elles ne sont exécutoires qu'après avoir reçu l'approbation du général commandant la province ou du gouverneur général dans les cas spéciaux déterminés » (arrêté du 20 mai 1868, art. 30).

Il nous paraît résulter de ces dispositions que c'est le général commandant la province, qui est appelé à donner à ces communes les autorisations nécessaires, pour qu'elles puissent plaider valablement ; car, à lire la suite des articles de l'arrêté, « les cas spéciaux déterminés », dans lesquels le gouverneur général doit donner son approbation, semblent être seulement ceux de ventes dépassant 5.000 francs, de baux de plus de neuf années, de dons immobiliers et de dons mobiliers au-dessus de 3.000 francs (art. 49).

Douars. — Dans ces communes indigènes, les douars, constitués en exécution du sénatus-consulte du 22 avril 1863, forment des sections distinctes.

Ils ont une représentation spéciale, qui porte le nom de djemmâa. Les djemmâas, composées suivant les articles 57 et suivants de l'arrêté du 20 mai 1868, sont présidées par le caïd ou cheikh du douar (art. 56, même arrêté). Elles sont appelées à délibérer sur les actions judiciaires et transactions (art. 63, § 5, même arrêté).

« Les délibérations ne sont exécutoires qu'après avoir reçu l'approbation du général commandant la province, ou du gouverneur général selon les distinctions établies

par le décret du 23 mai 1863 et par le présent arrêté »
(art. 65, arrêté du 20 mai 1868).

En conséquence, nous pensons que c'est le général
commandant la province qui doit donner l'autorisation
de plaider ; car le renvoi à l'autorité du gouverneur général ne nous paraît viser que les délibérations concernant les aliénations ou les échanges des biens appartenant aux douars et dont la propriété leur a été reconnue
en vertu du S. C. du 22 avril 1863.

§ 4. — *Communes indigènes du territoire civil.*

Dans certaines parties du territoire civil (Kabylie et
région tellienne), où les mœurs des indigènes étaient
compatibles avec une vie municipale, on a érigé en
communes, dans chaque canton, les territoires des po-
pulations indigènes non comprises dans le périmètre
des communes de plein exercice ou des communes mixtes. Elles sont administrées par un fonctionnaire civil,
assisté d'une commission municipale, et peuvent être
divisées en autant de sections qu'elles comprennent de
douars (déc. du 24 novembre 1871 et déc. du 21 septembre 1873). La commission municipale indigène,
composée de la réunion des présidents des djemmâas
des douars, a reçu les attributions conférées aux conseils municipaux des communes de plein exercice. Toutefois, aucune délibération n'est exécutoire qu'après approbation de l'autorité supérieure. (Déc. du 11 sept.
1873, art. 8.) Étant donné que ces communes sont placées en territoire civil, nous pensons que l'autorité supérieure, compétente pour les autoriser à plaider, est le
Conseil de préfecture. Il en serait de même à l'égard des

délibérations des djemmâas, relatives à des procès intéressant particulièrement les douars.

Question. — Les contribuables des communes mixtes et indigènes peuvent-ils, après autorisation des autorités compétentes (1), exercer, au nom des communes
et sections de communes, les actions que celles-ci refu-
seraient ou négligeraient d'exercer ?

Il y a controverse sur ce point, car cette faculté n'a
pas été expressément accordée aux contribuables algériens par les textes qui réglementent les actions communales.

Depuis la loi du 5 avril 1884 (art. 164), il ne peut plus
y avoir aucun doute à l'égard des communes de plein
exercice, puisque celles-ci ont été soumises au même
régime municipal que les communes de France.

Au contraire, la question reste entière à l'égard des
autres communes, auxquelles s'appliquent encore la
législation résultant de l'ordonnance du 28 septembre
1847, de l'arrêté du 20 mai 1868, et de l'arrêté du 24 novembre 1871.

Le 5 août 1874 (D. 1876, 1, 17), la Chambre des requêtes de la Cour de cassation, après avoir visé ces trois
textes, décidait, contrairement à l'opinion exprimée dans
un arrêt de la Cour d'Alger, qu'en Algérie, les actions
appartenant à une commune ou à une section de commune, telle qu'un douar ou une tribu, ne peuvent être
soutenues que par leurs représentants légaux, et non
par les contribuables.

Depuis cette époque, la Cour d'Alger, le 17 février

____

(1) Ces autorités seraient évidemment celles qui doivent autoriser les
communes à agir.

1877, a, de nouveau, reconnu, aux contribuables d'une commune de plein exercice, la faculté d'agir au nom de la commune, et comme, à cette date, les actions des communes de plein exercice étaient encore régies par les anciens textes, les considérants de cet arrêt présentent encore aujourd'hui un intérêt manifeste, pour résoudre la question, telle qu'elle subsiste depuis la loi du 5 avril 1884.

A l'appui du système admis par l'arrêt, l'avocat général (1) invoquait des arguments de deux natures.

En premier lieu, il donnait un motif du silence que l'ordonnance de 1847 garde sur le droit de plaider des contribuables : il faisait remarquer que ce droit est corrélatif du pouvoir donné aux contribuables d'élire les Conseils municipaux (2); que, dans le cas où les Conseils municipaux sont électifs, ils ont une indépendance réelle dont ils pourraient abuser au détriment des communes, si un contribuable n'était admis à se substituer à eux pour défendre en justice les intérêts de celle-ci : au contraire, lorsque les Conseils municipaux sont nommés par l'autorité supérieure, ce qui était le cas en 1847, l'administration peut les remplacer, s'ils oublient leurs devoirs.

En second lieu, il se prévalait d'un texte formel, l'article 9 de l'arrêté du 4 novembre 1848, ainsi conçu : « Les lois, qui régissent, en France, l'administration municipale, sont applicables en Algérie, en ce qui concerne... 3° les actions judiciaires et les transactions »

---

(1) V. *Bulletin judiciaire de l'Algérie*, année 1877, p. 357.

(2) V. en ce sens, Avis du Ministre de l'Intérieur, dans l'affaire Dumorisson, C. E. 30 août 1847.

L'avocat général ajoutait que le caractère constitution-
nel et la légalité de cet arrêté n'avaient jamais été con-
testés, bien que son importance fût considérable, et
que, notamment, il instituât la taxe des loyers ; il affirmait que, parmi les nombreuses questions soulevées
devant le Conseil de préfecture en raison de la percep-
tion de cette taxe, on n'avait jamais rencontré une objection relative à sa constitutionnalité. Enfin, il faisait
remarquer que cet arrêté était visé dans de nombreux
arrêtés qui, de 1854 à 1869, ont constitué des communes
de plein exercice.

Le pourvoi en cassation (1), déposé contre l'arrêt
rendu, prétendait, néanmoins, que l'article dont se prévalait l'avocat général ne doit plus être considéré comme
étant en vigueur ; car il n'était que le corollaire de l'arrêté du 16 août 1848 sur l'organisation municipale de
l'Algérie, lequel a été expressément abrogé par le décret
du 8 juillet 1854, article 5 : ce serait pour ce motif qu'il
n'est pas cité dans le décret du 27 décembre 1866 sur
l'organisation municipale de la colonie.

- A cette objection nous répondrons que l'arrêté du 4 novembre 1848 est visé par l'arrêté du 20 mai 1868 dans
son préambule et dans son article 12.

La Cour de cassation n'a pas eu à se prononcer sur
la question, car elle a rejeté le pourvoi par une autre fin
de non recevoir.

En résumé, pour démontrer la possibilité d'admettre
les contribuables à plaider au nom des communes mixtes, on s'appuie sur le visa de l'arrêté du 4 novembre
1848, mis en tête de l'arrêté du 20 mai 1868 et sur l'ar-

(1) V. **Dalloz**, 1881, 1, 353.

ticle 12 de ce dernier arrêté, ainsi conçu : « Les dépenses..
acquisitions... des communes mixtes sont réglées par
les dispositions de l'ordonnance du 28 septembre 1847,
de l'arrêté du 4 novembre 1848, et du décret du 28 juillet
1860, en tout ce qui n'est pas contraire au présent arrêté.
Il en est de même en ce qui concerne les actions judiciaires ». Or, dit-on, l'arrêté du 4 novembre 1848 applique à l'Algérie les lois qui régissent en France l'administration municipale ; et la faculté de plaider, donnée à
un contribuable, n'étant pas contraire aux dispositions
de l'arrêté du 20 mai 1868, peut être considérée comme
appartenant aux contribuables des communes mixtes.
A l'égard des communes indigènes, situées en territoire
militaire et des douars, on devrait admettre la même
solution, car elles sont régies par l'arrêté du 20 mai
1868, lequel porte visa de l'arrêté du 4 novembre 1848.
Les communes indigènes du territoire civil devraient
être traitées de la même manière, en vertu d'un raisonnement analogue. En outre, on fait valoir que, dans les
colonies françaises, le droit en question a été expressément reconnu aux contribuables, et qu'il serait singulier que les contribuables algériens fussent moins fa-
vorisés.

Dans le système opposé, on se refuse à approuver la
combinaison de textes que nous avons rapportée, et on
fait remarquer que, dans les communes dont nous parlons, les représentants municipaux ne sont pas électifs ;
dans ces conditions, dit-on, les communes mixtes et indigènes sont administrées par les agents du pouvoir central, en dehors de toute participation des contribuables,
à la différence de ce qui a lieu dans les communes

coloniales, dont les Conseils municipaux sont élus.

La réponse à la question dépend donc de l'interpréta-tion qui doit être donnée de l'intention du législateur, telle qu'elle apparaît dans les divers textes que nous avons cités. La solution admise par la Cour d'Alger ne nous paraît pas trop audacieuse, alors surtout que l'autorité administrative reste toujours maîtresse d'empê-cher les contribuables de s'ingérer d'une manière intempestive **dans** les procès des communes ou sections.

Aux colonies, les communes, dont l'organisation communale est, d'ailleurs, et forcément, peu uniforme, doivent, suivant les lieux, demander à des autorités différentes les autorisations nécessaires pour plaider.

Nous indiquerons les règles qui sont respectivement applicables à quatre groupes de colonies.

1ᵉʳ *Groupe. Martinique, Guadeloupe, Réunion.* Ces colonies sont soumises à la loi municipale du 5 avril 1884, sous les réserves faites par l'article 165 de cette loi. Nous rappellerons celles qui concernent notre sujet.

Les attributions, dévolues aux Conseils de préfecture par les articles 121 et suivants, sont conférées aux Conseils privés.

Les attributions dévolues au préfet par l'article 125 sont remplies par le directeur de l'Intérieur.

2ᵉ *Groupe. St-Pierre et Miquelon, Sénégal, Guyane, Nouvelle-Calédonie, Rufisque (Sénégal).* L'organisation municipale de ces colonies résulte de décrets qui concernent particulièrement chacune d'elles : ils ont été rendus le 13 mai 1872 pour St-Pierre et Miquelon, le 10 août 1872 pour le Sénégal, le 15 octobre 1879 pour la Guyane, le 8 mars 1879 pour la Nouvelle-Calédonie, le 12 juin 1880 pour Rufisque (1).

---

(1) Ces décrets ont été insérés au *Bulletin des lois*, et réunis dans l'ouvrage de M. Dislère : *Traité de l'administration coloniale.*

Ces décrets sont à peu près uniformes : le décret type
est celui du 13 mars 1872 qui est applicable à St-Pierre
et Miquelon.

Ce décret reproduit presque exactement (art. 62 et suivants) les dispositions des articles 49 et suivants de la
loi municipale du 18 juillet 1837 : il accorde même aux
contribuables des communes la faculté d'exercer les
actions communales, dans les mêmes conditions que
dans la métropole.

Nous noterons cependant quelques particularités :

Les autorisations sont données par le Conseil privé
statuant au contentieux ; le mémoire que l'adversaire
doit remettre à l'administration, avant d'exercer une action contre une commune, doit être adressé au gouverneur.

Lorsqu'une section de commune plaide contre la commune dont elle fait partie, ou contre une section de la
même commune, il est formé une commission de 3 à 5
membres nommés par le gouverneur et choisis parmi les
électeurs municipaux. Les membres du Conseil municipal, intéressés au procès, doivent être remplacés par un
nombre égal d'électeurs municipaux, que le gouverneur
chosira parmi les habitants ou propriétaires étrangers à
la section.

3ᵉ *Groupe. Possessions françaises de l'Inde.* Une organisation municipale leur a été donnée par le décret du
12 mars 1880, dont le chapitre IV est la reproduction du
décret du 13 mai 1872 concernant St-Pierre et Miquelon.
Nous ferons seulement remarquer que l'adversaire contre
la commune doit déposer un mémoire entre les mains du
directeur de l'Intérieur.

4ᵉ *Groupe. Cochinchine.* Le décret du 8 janvier 1877
a donné une organisation municipale à la ville de Saïgon.
Le chapitre VIII est également conforme au chapitre du
décret du 13 mai 1872.

CHAPITRE XII

AUTORISATIONS NÉCESSAIRES AUX ÉTABLISSEMENTS
PUBLICS. CONTROVERSES QUI SE SONT ÉLEVÉES A L'ÉGARD
DE CERTAINES PERSONNES MORALES.

Section I. — Hospices et Hôpitaux.

L'ordonnance du 12 décembre 1698, relative à l'administration des hôpitaux, n'obligeait pas ces établissements à soumettre à l'autorité supérieure les actions
qu'ils voulaient intenter ou soutenir et à se pourvoir
de son autorisation : elle voulait seulement (art. 5) qu'il
y eût, au préalable, une délibération prise dans l'assemblée générale de l'hôpital.

Après la Révolution, les lois du 16 vendémiaire an V et
du 16 messidor an VII sont muettes sur ce point. Pour
la première fois, l'arrêté du 7 messidor an IX, relatif aux
rentes et domaines nationaux affectés aux hospices, exigeait que, pour la revendication de biens qui leur étaient
attribués, les hospices se pourvussent de l'avis d'un
comité consultatif formé dans chaque arrondissement
communal, et obtinssent du Conseil de préfecture l'autorisation de plaider. Toutefois, comme les lois des
16 vendémiaire an V et 16 messidor an VII avaient placé
les hospices sous la surveillance des municipalités et
avaient confié à celles-ci la nomination des commissions
administratives, la jurisprudence les avait considérés

comme des « démembrements des communes » (1) et
avait pensé qu'il n'y avait entre eux d'autre différence
que celle qui existe entre la partie et le tout. Partant de
ces principes, elle avait cru logique d'assujettir toutes
les actions des hospices aux mêmes formalités que celles
des communes, bien que l'arrêté de l'an IX ne fût pas
aussi général. La loi du 7 août 1851 (art. 9 et 10) maintint la surveillance de l'autorité communale sur les actions de l'hospice, en soumettant à l'avis du Conseil municipal, comme l'avait fait l'article 21 de la loi de 1837,
les délibérations prises, en matière de procès, par la commission administrative qui représente l'hospice ; de plus,
elle consacra les précédents de la jurisprudence, en décidant que les délibérations des commissions administratives suivraient, quant aux autorisations, les mêmes
règles que les délibérations des Conseils municipaux.

Cette assimilation, faite par la loi de 1851, nous dispense, après les développements que nous avons donnés
sur les autorisations des communes, d'insister longuement sur les autorisations des hospices : car nous
croyons, qu'étant donnés les termes de la loi de 1851,
cette assimilation doit être complète.

Nous ne parlerons que de quelques points sur lesquels
ont été données des solutions différentes : 1° Les actions
possessoires des hospices doivent-elles être autorisées
par le Conseil de préfecture. On doit décider que cela
n'est pas nécessaire, car les délibérations des Conseils municipaux, reconnues indispensables pour qu'un
maire puisse exercer l'action possessoire communale,

(1) Durieu et Roche, *Répertoire de l'administration des établissements de
bienfaisance*, t. II, p. 565.

ne sont pas soumises à l'approbation du Conseil de
préfecture. Nous concluons donc, qu'après avoir été soumise à l'avis du Conseil municipal, la délibération de
la commission administrative peut être suivie par le
maire, président de cette commission. Pour des motifs
identiques, la même dispense doit être étendue aux actions qui sont de la compétence des tribunaux administratifs.

Il faudra nécessairement, en vertu de l'article 126 de
la loi de 1884, déclarer déchu du droit de recours l'hospice, qui ne se serait pas pourvu contre un refus d'autorisation, dans les deux mois de la notification de l'arrêté
du Conseil de préfecture. Mais, faut-il décider que, si ce
Conseil n'a pas statué dans les deux mois de la demande
d'autorisation, l'hospice est, comme la loi nouvelle le
décide pour la commune, autorisé à agir. La solution
de cette question nous paraît de nature à offrir de sérieuses difficultés. Si on parcourt la discussion qui a
précédé le vote du paragraphe 3 de l'article 121, il ne
nous semble pas douteux que le législateur n'ait eu absolument en vue que d'accorder à la commune seule la
faculté d'agir, dans certains cas, sans être tenue de représenter une autorisation expresse. Toutefois, voici comment il nous semble qu'on peut être conduit à la nécessité d'appliquer cette disposition aux délibérations
des hospices. Le législateur de 1884 a abrogé formellement et en entier les lois municipales de 1837 et de
1855 : les délibérations des commissions administratives des hospices, qui doivent suivre, quant aux autorisations, les mêmes règles que les délibérations du
Conseil municipal, ne peuvent donc être actuellement

soumises qu'à une seule loi qui est celle de 1884, **et,** dès lors, n'est-il pas arbitraire de distinguer entre tel ou tel article. Peut-on, comme nous le lisons dans un ouvrage paru en 1885 (1), « persister à croire que les hospices restent soumis au droit commun et qu'aucun délai n'est imparti pour examiner leur demande ou statuer sur leur pourvoi ». Étant donné l'abrogation des lois municipales antérieures, où peut-on trouver pour les hospices, en dehors de la loi de 1884, « ce droit commun » qui doit cependant, en vertu de la loi de 1851, être aussi celui des communes ?

On a critiqué le législateur de 1884 d'avoir procédé par voie d'abrogation générale, au lieu de déclarer que les dispositions des lois antérieures, contraires aux dispositions de la nouvelle loi, étaient seules abrogées ; dans l'espèce qui nous occupe, on peut trouver un exemple des inconvénients de la manière d'agir du législateur de 1884. En effet, s'il n'eût pas abrogé expressément la loi de 1837, on aurait pu, peut-être, soutenir que le paragraphe 3 de l'article 121 modifiait bien, à l'égard des communes, le principe posé par l'article 49 de la loi de 1837, mais, qu'à l'égard des hospices, ce dernier article demeurait applicable. Dans les circonstances actuelles, ce raisonnement ne nous semble pas pouvoir être fait. Nous conclurons donc, qu'en vertu des lois de 1851 et de 1884 combinées, le Conseil d'État et le Conseil de préfecture sont tenus de se hâter et de statuer dans les deux mois sur les demandes d'autorisation qui leur sont faites par les hospices.

Les auteurs sont généralement d'accord pour déclarer

(1) Fleury Ravarin, *Assistance communale en France*, p. 134.

que les articles 11, 12, 13 de l'arrêté du 7 messidor an IX
sont encore en vigueur, et pour exiger que la commission administrative, avant d'envoyer sa délibération au
Conseil municipal, demande, sur le procès qu'elle veut
engager, l'avis d'un comité de trois jurisconsultes choisis
par le sous-préfet parmi les plus éclairés de l'arrondissement. Un auteur (1) remarque, cependant, ce qu'il y a peu
de logique à maintenir cette exigence, malgré le silence
de la loi de 1851, alors que la loi municipale de 1837,
malgré son silence sur ce point, est réputée, de l'avis
des mêmes auteurs, avoir entraîné l'abrogation du décret du 17 avril 1812, lequel imposait aux communes
une formalité analogue. Il semble, cependant, se rési-
gner à admettre « cette nouvelle preuve de l'incohérence
qui existe, dans la jurisprudence, entre les autorisations
de plaider aux communes et aux hospices ». Nous ferons
remarquer que tous les arguments qu'on invoque en faveur de l'abrogation implicite de ce dernier texte, et que
le Conseil d'État et la Cour de cassation ont reconnus
fondés, pourraient être rappelés pour affranchir les hospices de la nécessité de cet avis. Le législateur, en rappelant dans l'article 10 de la loi de 1851 la disposition
de la loi de 1837, qui prescrivait de soumettre au Conseil
municipal la délibération de la commission administrative, et en ne rappelant pas l'arrêté du 7 messidor an IX,
nous paraîtrait, si son intention était de le maintenir,
avoir commis un oubli vivement regrettable. Il nous
semble difficile de l'accuser d'une telle faute. Disons
donc que l'arrêté du 7 thermidor an IX n'était relatif
qu'à une classe particulière d'actions des hospices ; qu'il

(1) Serrigny, *l. c.*, t. I, p. 588.

avait été étendu par la jurisprudence, qui, sans cela,
n'aurait su à quelle approbation soumettre l'exercice des
autres actions ; mais que c'est se montrer trop absolu
que de le déclarer encore en vigueur à leur égard, alors
qu'une loi est venue indiquer à quelles autorités sont
soumises, d'une manière générale, les délibérations des
commissions administratives en matière de procès, et
n'a pas rappelé cette disposition.

Section II. — Bureaux de Bienfaisance.

Les bureaux de bienfaisance furent organisés par la
loi du 7 frimaire an V. Ils devaient, aux termes de cette
loi, s'enrichir du produit de certaines taxes dont la per-
ception était, pour un certain temps, autorisée dans le
but de leur permettre de distribuer à domicile des secours aux indigents. Ces taxes, d'abord temporaires,
furent prorogées par diverses dispositions, et définitivement maintenues par le décret du 9 décembre 1809.
Les auteurs et la jurisprudence sont unanimes à déclarer que les bureaux de bienfaisance sont soumis à la
nécessité d'obtenir, pour plaider, une autorisation préalable, attendu, dit-on, « qu'il y a assimilation faite entre
les hospices et les bureaux de bienfaisance ». Il est intéressant de discuter les divers groupes de textes administratifs qu'on a combinés et cités à l'appui de cette assimilation. La portée de chacun d'eux nous paraît fort
différente et devoir conduire à des solutions contraires,
sur l'importante question de savoir si la loi de 1884 est
applicable aux bureaux de bienfaisance dans les mêmes
conditions qu'aux hospices.

A l'appui de cette assimilation, les auteurs (1) ont invoqué : 1° L'arrêté du 9 fructidor an IX. Or, il dit seulement qu'on appliquera aux bureaux de bienfaisance la loi du 4 ventôse an IX, laquelle affecte aux hospices certaines rentes appartenant à la République et certains domaines nationaux usurpés par des particuliers. Il leur constituait donc un patrimoine, mais ne leur traçait aucune règle concernant la gestion de ce patrimoine, pas plus que l'arrêté du 4 ventôse an IX n'en traçait aux hospices. Un auteur a soutenu que le législateur avait entendu leur rendre communes les dispositions de l'arrêté du 7 messidor an IX qui, ainsi que nous l'avons vu, imposait aux hospices certaines formalités pour intenter les actions en restitution des biens qui leur avaient été attribués.

Il se peut que telle ait été son intention. La jurisprudence l'a même présumée telle, et, en conséquence, elle s'est crue autorisée à étendre, en partie, aux bureaux de bienfaisance, les dispositions de cet arrêté qui ne concernait que les hospices. Mais ce n'est pas dans l'arrêté du 7 fructidor an IX qu'on peut trouver le moindre indice de cette intention.

2° A l'appui de l'assimilation qu'il admet comme faite, Dufour (2) cite deux textes qui ont imposé aux bureaux de bienfaisance l'obligation de prendre, dans certains cas, l'avis du comité de juriconsultes établi, dans chaque arrondissement communal, en vertu de l'arrêté du 7 messidor an IX (3). Le premier de ces textes est, pour

(1) Durieu et Roche, t. I, p. 323. Dalloz, *Secours publics*, n° 403.
(2) Dufour : *Droit administratif*, t. VI, page 502.
(3) L'un est un arrêté du 10 thermidor an XI, qui proroge d'une année

nous, celui dont les termes se prêteraient peut-être le
mieux, à motiver l'extension de l'arrêté du 7 messidor
an IX donnée, par la jurisprudence, à toutes les actions
des hospices et des bureaux de bienfaisance.

L'article 3 de cet arrêté est ainsi conçu : « Les contestations, qui pourront se présenter sur l'exécution du
présent arrêté, seront décidées par le Conseil de préfecture, sur l'avis motivé des comités consultatifs, établis,
en vertu de l'arrêté du 7 messidor an IX, dans chaque
arrondissement communal, pour le contentieux de l'administration des pauvres et des hospices.»

Des derniers mots de cet article, il semble qu'on pouvait tirer cette conséquence que l'article 13 de l'arrêté
de messidor an IX ne devait pas rester spécial aux cas
où les hospices agissaient en revendication des rentes et
des domaines qui leur avaient été affectés, mais qu'il
devait être étendu à tout leur contentieux en général, et
même à celui de l'administration des pauvres. Le comité de jurisconsultes ne devait plus être consulté pour
certaines actions seulement : dès lors, on pouvait peut-
être légitimement penser que l'autorisation du Conseil
de préfecture était, elle aussi, nécessaire, d'une manière
générale, pour le contentieux des bureaux de bienfaisance.

Quoi qu'il en soit, le 20 septembre 1809, le Conseil
d'État statue sur un pourvoi formé par un adversaire
d'un bureau de bienfaisance contre un arrêté du Conseil
de préfecture, qui avait donné à ce bureau l'autorisation
d'agir en justice.

les droits à percevoir sur les bals en faveur des pauvres et des hospices.
L'autre est un décret du 11 thermidor an XII, concernant les mains-levées
d'opposition formées pour la conservation du droit des pauvres et des hospices.

Dès cette époque, on peut dire que la jurisprudence est fixée ; elle n'admettra les bureaux de bienfaisance à plaider, qu'en vertu d'une autorisation du Conseil de préfecture. Mais alors, on a peine à comprendre comment il se fait, qu'en 1828 (1), la Cour de cassation ait dû déclarer qu'ils n'étaient pas tenus de prendre l'avis d'un comité de jurisconsultes, « attendu qu'il n'en avait été établi aucun auprès des bureaux de bienfaisance ». En effet, sur quel texte peut-on appuyer la nécessité de l'autorisation du Conseil de préfecture, si l'on n'exige pas l'autre formalité imposée alors aux hospices (2)? Nous venons de rapporter deux textes qui, dans les hypothèses qu'ils prévoient, imposent aux bureaux de bienfaisance l'obligation de prendre l'avis du comité de jurisconsultes, avant de soumettre leur demande au Conseil de préfecture : l'un d'eux, même, semble peut-être, comme nous l'avons montré, permettre une extension générale de l'arrêté de messidor an IX : nous n'avons, au contraire, vu citer nulle part un arrêté ou décret de cette époque, astreignant les hospices ou les bureaux de bienfaisance, même pour une hypothèse unique, à l'obligation de demander seulement l'autorisation du Conseil de préfecture.

Dans ces conditions, comment faire une distinction

____

(1) Req. 10 juillet 1828, Davy C. bureau de bienfaisance de Villedieu.

(2) Durieu et Roche, *Répertoire de l'administration des établissements de bienfaisance*, p. 323, critiquent cet arrêt : « Nous ne saurions admettre cette solution : l'arrêté du 9 fructidor an IX, qui a étendu aux bureaux de bienfaisance le bénéfice de la loi du 4 ventôse an IX sur les rentes et domaines nationaux affectés aux hospices, leur a virtuellement rendu communes les voies d'exécution tracées pour ces derniers, et a entendu les entourer de la même protection.» Dans ces derniers mots, ces auteurs font probablement allusion aux dispositions de l'arrêté du 7 messidor an IX.

entre les deux formalités prescrites par l'arrêté de messidor ? Doit-on exiger seulement l'une d'elles, en se fondant, comme quelques auteurs, sur les principes généraux de la tutelle administrative ? La Cour de cassation n'a pas invoqué un tel argument : certains auteurs, embarrassés par l'absence de textes précis, l'ont fait : mais, lorsque nous exposerons leur opinion, nous dirons quelles réflexions nous suggère leur raisonnement.

La loi de 1837 article 21, en appelant les Conseils municipaux à donner leur avis sur les autorisations de plaider demandées par les établissements de charité et de bienfaisance, suppose implicitement que cette nécessité existait déjà pour eux ; mais ses termes ne permettent pas de discerner quel était, aux yeux du législateur de 1837, le fondement légal de cette nécessité. Il y a, cependant, grand intérêt à le connaître, pour déterminer les conséquences pratiques qu'il doit entraîner. Aussi, en 1841, dans la première édition de son *Traité des autorisations de plaider,* M. Reverchon (1), remarquant qu'aucun texte général et formel n'imposait cette formalité aux hospices et aux bureaux de bienfaisance, et que, cependant, depuis l'an X, le Conseil d'État la considérait comme indispensable pour l'exercice de toute action judiciaire, justifiait ainsi cette jurisprudence : « On peut dire, écrivait-il, que, par cela seul qu'ils sont soumis à la tutelle administrative, les principes ordinaires de cette tutelle doivent leur être appliqués ; que, puisqu'ils ne peuvent disposer de leurs biens, s'obliger, transiger, sans autorisation de l'administration, cette même autorisation doit leur être nécessaire pour inten-

____

(1) Reverchon, *l. c.*, première édition, p. 334.

ter ou soutenir des procès, qui pourraient leur fournir indirectement le moyen de s'engager et d'aliéner ».

Malgré l'autorité de cet éminent auteur, nous nous permettrons de critiquer le raisonnement qu'il faisait : nous ne croyons pas qu'il y ait, à proprement parler, de principes absolus et généraux de tutelle administrative entraînant des conséquences uniformes. Toutefois, même en se plaçant à son point de vue, une tutelle, quelle qu'elle soit, n'est qu'un ensemble de conditions que le législateur déclare indispensables pour l'accomplissement régulier des actes de la vie civile de tel ou tel incapable : mais, ces conditions varient suivant les différentes espèces de personnes qu'elles concernent. Il est très délicat d'étendre à l'une, par simple argument d'analogie, les règles posées pour l'autre, et d'établir un principe en généralisant des espèces.

Le législateur, qui crée des personnes morales, peut parfaitement leur imposer, pour l'accomplissement du même acte, des formalités différentes. C'est ainsi que les départements peuvent maintenant plaider librement ; qu'avant 1837, les communes devaient demander l'avis de jurisconsultes, alors que les curés, agissant au nom des cures, n'y étaient pas astreints. D'autre part, ceux-ci doivent encore, pour intenter une action possessoire, demander une autorisation dont les communes sont maintenant affranchies. Enfin, nous verrons que les congrégations religieuses reconnues, bien qu'elles soient, pour accomplir certains actes, obligées d'obtenir une autorisation préalable, peuvent, cependant, d'après la majorité des auteurs, plaider librement.

Le même auteur, avant d'arriver à la conclusion que

nous critiquons, discutait la portée de l'article 1032 du
Code de procédure et reconnaissait que « le principe général de l'autorisation préalable pour tous les établissements publics n'était écrit nulle part ; que l'article 1032 n'y faisait même pas allusion, mais renvoyait
seulement aux lois administratives, qui ont statué spécialement pour chaque espèce d'établissement ; qu'en
conséquence, on ne pouvait trouver dans cet article un
argument suffisant pour soumettre les hospices et bureaux de bienfaisance à la nécessité de l'autorisation ».
Comment donc pouvait-il ensuite invoquer les « principes ordinaires de la tutelle administrative » ? Pour nous,
ces principes ordinaires nous paraissent aussi difficiles
à trouver que le principe général soumettant les établissements publics à l'autorisation préalable.

Quant à dire que la faculté d'accéder librement auprès
des tribunaux puisse constituer un moyen indirect de s'engager ou d'aliéner (1), et doive être refusée à une personne
morale par cela seul qu'elle n'est pas capable de s'engager ou d'aliéner librement, c'est une déduction qui ne
nous paraît pas acceptable. Elle a été admise, en 1841,
par le Conseil d'État, qui croyait, à cette époque, pouvoir s'appuyer sur certaines dispositions de la loi de
1825 pour obliger les congrégations religieuses à demander au Conseil de préfecture l'autorisation de plaider. Depuis, il est revenu sur cet avis, et nous exposse-
rons, en parlant des congrégations, les motifs qui portent
à croire que sa première argumentation ne pouvait être
maintenue.

En résumé, en 1841, M. Reverchon ne raisonnait

(1) Reverchon, *l. c.*, 1re édition, p. 334.

ainsi que, parce qu'après avoir analysé les textes antérieurs (1), il n'en trouvait aucun qui fût assez formel
pour permettre d'astreindre les hospices et bureaux de
bienfaisance à la nécessité de l'autorisation.

Depuis cette époque, la loi du 7 août 1851 sur les hospices et hôpitaux a, d'une manière explicite, soumis
les délibérations de leurs commissions administratives,
en matière d'actions judiciaires, aux mêmes règles d'approbation que les délibérations des Conseils municipaux, et le décret du 17 juin 1852 a appliqué, à la composition des commissions administratives des bureaux
de bienfaisance, les règles d'organisation tracées pour
les hospices. En combinant ces deux textes, on déclare (2) « que, quels qu'aient pu être, avant 1851, les raisons de douter, elles ne peuvent plus prévaloir aujour-
d'hui, et que les bureaux de bienfaisance doivent être
soumis, pour plaider, aux autorisations qui sont maintenant communes aux hospices et aux municipalités.»

(1) Ces textes ont été examinés plus haut. M. Reverchon récuse aussi,
en ces termes, l'autorité de l'Instruction ministérielle de 1823 : « Cette instruction n'a d'autre valeur que celle des lois dont elle règle l'exécution ; si
ces lois n'existent pas, elle ne peut y suppléer. Cette circulaire avait été
rédigée sous l'empire de l'ordonnance du 31 octobre 1821 : or, le même
auteur (p. 331) soutenait que cette ordonnance ne pouvait être invoquée,
parce que, d'après lui, il résultait de la combinaison des articles 8 et 11
de cette ordonnance que les délibérations prises par les commissions des
hospices, pour intenter ou soutenir un procès, seraient soumises, non au
Conseil de préfecture, mais au préfet. Cette circulaire était relative à l'administration et à la comptabilité des hospices et des bureaux de bienfaisance. Au titre 3, intitulé *De la gestion des biens,* étaient tracées les règles
suivantes : « Il doit être établi, dans chaque arrondissement, un comité
consultatif *des hospices* composé de trois jurisconsultes, choisis par le
préfet. Ce comité est appelé à donner son avis sur toutes les affaires contentieuses qui intéressent ces établissements. Les administrations ne peuvent défendre à des actions judiciaires qu'après avoir obtenu l'autorisation
du Conseil de préfecture, sauf recours au Conseil d'État. »

(2) Reverchon, *l. c.*, 2ᵉ édition, p. 333.

Est-on absolument fondé à faire cette assimilation complète, qui aurait pour conséquences de faire appliquer, sans réserves, aux bureaux de bienfaisance, la loi nouvelle de 1884, sans qu'on y fût contraint par une disposition expresse, comme on l'est, à l'égard des hospices, par l'article 10 de la loi du 7 août 1851.

La loi de 1851 ne concerne certainement que les hospices : aucune de ses dispositions ne permet de penser que le législateur ait eu en vue de réglementer, en même temps, les bureaux de bienfaisance : il a fallu un décret spécial pour étendre à ces derniers les règles formulées par le décret du 25 mars 1852 pris en exécution de cette loi. N'était-ce pas une preuve qu'elle leur était complètement étrangère? Depuis cette époque, les lois du 21 mai 1873 et du 5 août 1879 sont, comme le décret du 17 juin 1852, exclusivement relatives à l'organisation administrative de ces deux espèces de personnes morales. Reverchon, dans le passage précédemment cité, reconnaît que la loi de 1851 est spéciale aux hospices, mais, pour l'étendre aux bureaux de bienfaisance, il s'appuie sur ce que les biens de ces deux sortes d'établissements ont été, à toute époque, administrés d'après les mêmes principes. Invoquer une telle considération, pour conclure que les bureaux de bienfaisance sont, sur le point qui nous occupe, entièrement assimilés aux hospices, n'est-ce pas déroger à un autre principe, sanctionné par la Cour de cassation (1) et, d'après lequel il faut, pour déterminer dans quelles conditions un établissement public est soumis à la nécessité de l'autorisation, se reporter aux textes qui ont spécialement statué à l'égard

(1) Cass., 25 mars 1879, D. 1879, 1, 160.

des différents établissements publics. En conséquence,
nous avouons ne pas comprendre la manière dont la
chambre civile a motivé, en 1864 (1), un arrêt, cassant
un arrêt d'appel, rendu contre un bureau de bienfaisance, qui n'avait pas été autorisé à se pourvoir devant
le deuxième degré de juridiction. La Cour vise seulement l'article 49 de la loi du 18 juillet 1837, et les articles 9 et 10 de la loi de 1851, puis s'exprime ainsi « Attendu, qu'aux termes de ces articles, les bureaux de
bienfaisance, de même que les communes, ne peuvent
introduire une action en justice sans être autorisés par
le Conseil de préfecture ; qu'après tout jugement intervenu, le bureau de bienfaisance ne peut se pourvoir devant un autre degré de juridiction qu'en vertu d'une
nouvelle autorisation ; attendu que cette dernière disposition est, comme la première, d'ordre public, casse... »
Comment la loi de 1851 peut-elle conduire à de telles
déductions par rapport aux bureaux de bienfaisance ?
La Cour de cassation ne généralise même pas les dispositions du décret du 17 juin 1852 qui, sur certains points,
ont assimilé les bureaux de bienfaisance aux hospices :
n'en résulte-t-il pas qu'elle considère la loi de 1851
comme applicable par elle-même aux bureaux de bienfaisance ? Il nous semble que cette manière d'étendre
certaines dispositions d'une loi à une classe d'établissements publics, que cette loi ne concerne pas, ne saurait
être admise en général, et alors surtout que cette manière de procéder est de nature à entraîner, dans la législation de ces personnes morales, des changements

1. D. 1865, 1, 84.

aussi graves que ceux que nous avons indiqués, en traitant la question de l'autorisation des hospices.

Au contraire, le Conseil d'État (1), même depuis la loi de 1851 et les décrets relatifs à la nouvelle organisation des commissions administratives des bureaux de bienfaisance, a continué, dans les décisions prises sur les pourvois de ces établissements, à viser l'arrêté du 7 messidor an IX et la loi du 18 juillet 1837.

Nous croyons qu'il était préférable, avant la loi de 1884, de motiver ainsi l'obligation faite aux bureaux de bienfaisance de se pourvoir d'une autorisation. En effet, si l'arrêté de messidor an IX ne concerne, à proprement parler, que certaines actions des hospices, d'autres textes administratifs semblent en avoir généralisé l'application, tant aux hospices qu'aux bureaux de bienfaisance. De plus, en admettant même que, étant donnés les termes des lois alors en vigueur, la jurisprudence se soit montrée, jusqu'en 1837, trop exigeante à leur égard, le législateur de 1837 nous semble lui avoir en quelque sorte donné son approbation, en déclarant, article 21, que les Conseils municipaux devraient être consultés sur les autorisations de plaider demandées par les établissements de charité et de bienfaisance : en effet, alors que, depuis trente années, une jurisprudence constante exigeait pour toutes les actions des hospices et des bureaux de bienfaisance, et dans les mêmes conditions que pour celles des communes, une autorisation du Conseil de préfecture, nous ne pouvons croire que le législateur de 1837 se fût exprimé d'une manière aussi générale qu'il l'a fait, s'il avait simplement voulu faire allusion aux

1. Décret du 15 mars 1875. Bureau de bienfaisance de Lyon.

cas où, d'après les termes absolus de l'arrêté de messidor an IX, les hospices seuls devaient se pourvoir d'une autorisation de Conseil de préfecture.

C'est donc dans le paragraphe 5 de l'article 21 de la loi de 1837 qu'on peut, croyons-nous, trouver la sanction législative de la généralisation faite de l'arrêté de messidor an IX. Mais, depuis cette époque, aucun texte n'est venu modifier, à l'égard des bureaux de bienfaisance, la condition qui leur était faite alors en matière d'autorisation de plaider.

En invoquant l'arrêté de messidor et la loi de 1837, comme fondement de l'obligation qui s'impose aux bureaux de bienfaisance d'obtenir pour plaider l'autorisation du Conseil de préfecture, nous dirons donc que cette obligation devrait leur être, actuellement, imposée dans les conditions où on l'imposait aux communes et établissements publics avant la loi de 1837. En effet, l'article 70 § 5 L. 1884 est venu simplement remplacer l'article 21 de la loi de 1837, actuellement abrogée. En conséquence, peut-être, ne devraient-ils pas être dispensés de demander l'autorisation pour exercer les actions possessoires, et pourraient-ils encore se pourvoir librement en cassation : en un mot, il y aurait lieu de faire ici un renvoi général aux règles que nous appliquerons aux établissements publics, qui ne sont pas soumis à l'application des articles 49 et suivants, 121 et suivants, des lois municipales (1).

(1) Dans la circulaire du 15 mai 1884 (actions judiciaires *in fine*) le ministre, après avoir remarqué que la loi du 5 avril ne parle pas des établissements publics dans son chapitre II, reconnaît que les bureaux de bienfaisance ne doivent peut-être pas être admis à se prévaloir de l'article 121 § 2 et, en conséquence, il invite le préfet à veiller à ce que le Con-

Telle est, croyons-nous, la conséquence qu'on peut tirer des motifs invoqués par le Conseil d'État : elle nous paraît contredire l'opinion d'après laquelle on doit étendre aux bureaux de bienfaisance les règles communales.

Les manières différentes, dont le Conseil d'État et la Cour de cassation motivent la prescription, faite aux bureaux de bienfaisance, d'obtenir une autorisation pour agir en justice, ne sont donc pas sans importance. Nous reconnaissons, toutefois, qu'il peut être délicat de décider quel est, en doctrine, le meilleur système.

Section III. — Fabriques.

Les fabriques sont des personnes morales, auxquelles a été confiée l'administration des biens et revenus des églises. Le décret du 30 décembre 1809, qui, dans son article premier, a énuméré les différents éléments qui constituent cette mission, a, dans l'article 77, posé en règle que les marguilliers ne pourront entreprendre aucun procès, ni y défendre, sans une autorisation du Conseil de préfecture.

Cette autorisation doit être précédée d'une délibération prise par le Conseil et le bureau réunis (art. 77), laquelle, aux termes des articles 21 § 5 de la loi de 1837 et 70 § 5 de la loi de 1884, doit être communiquée au Conseil municipal de la commune, pour que celui-ci donne son avis sur le procès.

Ces lois exigèrent cette formalité, parce qu'il était convenable que l'autorité municipale fût consultée sur les

seil de préfecture statue dans le délai de deux mois sur les demandes faites par ces établissements.

procès, comme sur les autres actes, qui peuvent modifier l'actif du patrimoine de la fabrique ; car, sous l'empire de la loi de 1837 (art. 30, § 14), la commune devait,
d'une manière générale, pourvoir à l'insuffisance des revenus de la fabrique, et, aujourd'hui, elle est encore
obligée, dans certains cas, de leur venir en aide (L. 1884
art. 136, §§ 11 et 12). Le Conseil municipal doit donc être
régulièrement convoqué et requis de donner son avis.
Toutefois, s'il néglige ou refuse de le faire, il peut être
passé outre ; en conséquence, en tout autre cas, il y aurait une irrégularité commise par le Conseil de préfecture
qui donnerait l'autorisation, sans que la délibération
du Conseil municipal fut intervenue.

Aussi, croyons-nous que la Cour d'Orléans (1) se mon-
trait trop libérale, lorsque, sous l'empire de l'article 21
§ 5 de la loi de 1837, elle laissait entendre que l'avis du
Conseil municipal n'est plus nécessaire, dans le cas où
les fabriciens prennent l'engagement personnel de payer
les frais éventuels du procès. Le Conseil d'État avait pu
décider ainsi le 25 mai 1818, parce qu'en exigeant, à cette
époque, l'avis du Conseil municipal, on ajoutait une
formalité à celles que le décret de 1809 édictait. Depuis
lors, les lois municipales ont sanctionné cette coutume
de la jurisprudence : mais elles l'ont fait en termes généraux et absolus, qui ne permettent plus d'admettre
aucune distinction (2).

Nous devons maintenant exposer la manière dont la
jurisprudence et les auteurs ont appliqué le décret de

(1) D. 1845, 2, 268.
(2) *Contra*, Mgr André, *Cours théorique et pratique de Législation ecclé-
siastique*, t. IV, p. 177. — Voyez aussi Mgr Affre, *Traité de l'Administration temporelle des paroisses*, 9ᵉ édition, p. 168.

1809, et suppléé à son laconisme. Ils y ont pourvu, dans bien des cas, en appliquant purement et simplement les dispositions formulées par les lois municipales de 1837 et de 1884. C'est là un mode d'interprétation dont la légitimité nous paraît très contestable, alors que la disposition, qu'on veut appliquer aux fabriques, n'était pas imposée aux communes, à l'époque où le décret de 1809 a été rendu. Nous ne doutons pas que ce texte ait, implicitement, entendu leur appliquer les règles admises à cette époque en matière d'autorisation donnée par le Conseil de préfecture, lesquelles se trouvaient provenir de sources très diverses, mais constituaient, néanmoins, un ensemble de règles assez complet. Si le législateur avait eu une intention différente, nous ne pouvons croire qu'il se serait exprimé en 1809 d'une manière aussi concise.

Mais, depuis cette époque, les règles imposées aux communes ont subi de graves modifications : les unes (1) les astreignent à une surveillance plus rigoureuse, à laquelle il ne serait pas légitime de soumettre d'autres établissements publics, sans y être contraint par un texte formel : les autres (2) élargissent les pouvoirs du maire et du Conseil municipal, pour des motifs soigneusement déterminés et étudiés lors de la discussion des lois municipales, et ne peuvent être appliquées à des personnes morales, dont les actes de la vie civile n'ont pas été réglés avec autant de précision, ou envers lesquelles le législateur se fût peut-être montré moins libéral. Il nous semble donc singulier qu'on puisse mo-

(1) Nécessité de l'autorisation pour se pourvoir en cassation.
(2) Dispense d'autorisation pour l'exercice des actions possessoires.

difier, à l'égard des fabriques, les règles admises en 1809 en matière d'autorisation de plaider, alors que le législateur n'a nullement manifesté cette intention à leur égard, et que ces personnes ont, en quelque sorte, droit acquis à ce que les conditions de leur capacité ne puissent être modifiées par des lois qui ne les concernent pas. On a, cependant, invoqué un texte qui trancherait la difficulté d'une manière assez commode pour l'interprête, si, toutefois, il a la portée qu'on lui attribue : on s'est prévalu de l'article 60 du décret de 1809 pour motiver l'assimilation des fabriques aux communes, et on lui donnerait la même portée qu'à l'article 10 de la loi du 7 août 1851, qui impose, aux délibérations des commissions administratives des hospices, les formalités d'autorisation prescrites pour les délibérations des Conseils municipaux. De cette façon, les autres lois municipales ayant été abrogées par la loi de 1884, on se trouverait, comme pour les hospices, conduit à chercher dans cette dernière loi les formalités nécessaires pour l'approbation des délibérations des Conseils de fabrique (1). Or, voici le texte de cet article « les *maisons* et *biens ruraux* seront affermés, régis et administrés par le bureau des marguilliers, dans la forme déterminée pour les biens communaux ». Si l'on parcourt dans son ensemble le décret de 1809, on remarque que cet article est intercalé au milieu des dispositions du chapitre intitulé « de la Régie des biens des fabriques », et qu'il ne peut avoir aucune portée autre que celle qui résulte absolument de ses termes : l'article 60 ne

____

(1) *Sic* Dufour, *Droit administratif*, t. VI, p. 310, et suiv. — Louis Girod, *Traité de l'Administration des Fabriques*, p. 27.

concerne même pas les autres biens immobiliers comme les rentes, à l'égard desquels un autre article (63) s'exprime spécialement et ne fait aucun renvoi général aux règles applicables aux communes.

Les dispositions, qui ont trait aux procès des fabriques, ont été réunies dans quatre articles consécutifs (77 à 81), groupés à la fin du chapitre dont nous parlons, et nous ne croyons pas qu'il faille chercher à les compléter par des propositions, émises dans d'autres parties du décret de 1809.

Après ces explications générales, nous allons donner quelques détails sur la manière dont la jurisprudence a interprété ces articles.

On reconnaît que les fabriques peuvent plaider librement devant les tribunaux administratifs. Le 13 février 1868 (fabrique de la cathédrale de Bourges), le Conseil d'État, bien que le Ministre des finances soutînt devant lui la théorie contraire, a décidé que les mots « aucun procès », employés par l'article 77 du décret de 1809, ne s'appliquent qu'au cas où il s'agit d'exercer une action devant un tribunal de l'ordre judiciaire. Cette décision est évidemment bien fondée ; mais se justifie-t-elle, comme le dit Serrigny (1), « parce que les fabriques se trouvent devant leurs juges naturels » lorsqu'elles plaident devant les tribunaux administratifs. Ceux-ci ne nous paraissent pas être les juges naturels des établissements publics, à un autre titre que ne le sont les tribunaux ordinaires.

Ces deux ordres de juridiction ont chacun leurs règles de compétence ; celles-ci ne subissent aucune mo-

______
(1) *Compétence administrative*, t. I, p. 602.

dification, suivant que c'est une personne morale ou un particulier qui se trouvent en cause, et les tribunaux administratifs et judiciaires ne doivent, ni les uns ni les autres, se montrer plus ou moins favorables aux établissements publics qu'à leur adversaire, quel qu'il soit.

N'est-il pas plus exact de dire que l'obligation de se pourvoir d'une autorisation, pour saisir une juridiction administrative, n'a jamais été imposée à une personne morale, et qu'il n'y a aucun motif de se départir de ce principe à l'égard des fabriques.

La question de savoir si les fabriques peuvent, sans autorisation, exercer les actions possessoires, a été plus discutée. On peut distinguer sur ce point trois systèmes soutenus.

Le Conseil d'État (1) a pensé qu'il y avait, en ce cas, dispense d'autorisation pour ces motifs que le trésorier (art. 78 du décret du 30 décembre 1809) est tenu de faire, tous les actes conservatoires des fabriques et que, d'après l'article 55 de la loi du 18 juillet 1837, les actions possessoires sont placées au nombre des actes conservatoires, pour lesquels l'autorisation n'est pas exigée. Serrigny trouve illogique la conclusion de cet arrêt ; car, dit-il, « si les actions possessoires étaient des actes conservatoires, l'article 55 ne les eût pas nommées ». En tous cas, si l'on assimile les actions possessoires aux actes conservatoires, que le trésorier peut faire en vertu de l'article 78, il en résulte qu'il aurait certainement capacité pour les exercer seul, sans même prendre préalablement l'avis du Conseil de fabrique et du

(1) C. E. 17 novembre 1863. Fabrique de St-Luperce.

bureau des marguilliers. Cette assimilation doit donc être rejetée.

La Cour de cassation a constamment refusé de la faire (1) : elle déclare que l'action possessoire est, comme l'action pétitoire, une action en justice, pour l'exercice de laquelle le représentant d'une personne morale doit se pourvoir d'un mandat auprès du corps délibérant placé auprès de lui.

Nous n'avons pas trouvé d'arrêt de la Cour de cassation permettant de présumer quel serait son avis sur ce point. Mais en 1879 (2), elle a décidé que les actions possessoires, relatives aux biens fonciers des cures, n'étaient pas dispensées d'autorisation. Elle proclamait « que l'article 55 de la loi de 1837 est sans application, en ce qui concerne les biens possédés par le clergé et les droits attribués sur ces biens aux curés et desservants, et que la disposition impérative du décret de 1813, exigeant l'autorisation du Conseil de préfecture, n'admet aucune distinction entre les actions pétitoires et les actions possessoires ». Les dispositions de cet arrêt nous semblent, de tous points, pouvoir être appliquées aux fabriques. A l'époque où le décret de 1809 a été promulgué, cette distinction n'était faite à l'égard d'aucune personne morale. Elle apparut pour la première fois dans la loi de 1837, mais c'était une loi municipale, qui ne s'occupait, par conséquent, que des procès des communes ; on ne peut donc étendre ses dispositions à

(1) V. D. 1880, 1, 208. — Cet arrêt concernait une action possessoire intentée par un maire, mais il n'y a aucune raison de distinguer, au point de vue de la nature de l'action, entre l'action possessoire d'une commune et celle d'une fabrique.

(2) V. D. 1879, 1, 160.

des établissements publics qu'elle ne concernait pas.

Une troisième opinion constitue un système intermédiaire entre les deux précédents : on l'expose ainsi : « Les actions possessoires sont assimilées, il est vrai, aux actes conservatoires : elles peuvent être intentées par le trésorier, mais comme leur exercice a, dans certains cas, des conséquences assez graves, il nous semble nécessaire de restreindre la latitude laissée au trésorier, et d'exiger, en vertu des articles 60 (D. 1809) et 122 (loi municipale de 1884) combinés, une délibération préalable du Conseil de fabrique (1) ».

Cette argumentation nous paraît peu rationnelle ; l'alternative est celle-ci : ou l'exercice d'une action possessoire est un acte conservatoire, ou c'est un procès. Si c'est un acte conservatoire, le trésorier peut le faire seul, en vertu de l'article 78. Si c'est un procès, il n'y a pas lieu de douter que le Conseil de préfecture doive être consulté, non pas en vertu des articles 60, Décret 1809, et 122 Loi 1884, qu'on ne saurait invoquer ici, mais en vertu d'un texte bien autrement précis, l'article 12 du décret de 1809, qui dit : « seront soumis à la délibération du Conseil de fabrique..... § 5, les procès à entreprendre ou à soutenir, etc.. ». Mais alors, la question reste entière de savoir si, pour être exécutée, cette délibération doit être soumise à l'approbation d'une autorité supérieure : nous l'avons, croyons-nous, suffisamment examinée en exposant le précédent système.

Les fabriques ont-elles besoin d'une autorisation du Conseil de préfecture, pour appeler du jugement qui les

____

(1) Louis Girod, *Traité de l'Administration des Fabriques*, p. 27.

condamne. Doctrine et jurisprudence se prononcent en
principe, pour l'affirmative, mais certains auteurs se sépa-
rent sur la manière dont il faut appliquer le principe.

Le principe est qu'il faut à la fabrique une nouvelle
autorisation pour former appel. En effet, en 1809, la jurisprudence, en s'inspirant des édits de 1683, 1703 et 1764,
interprétait les termes laconiques de la loi du 29 vendémiaire an V (art. 3) en ce sens que l'interdiction de
« suivre aucune action devant les autorités constituées »
entraînait, pour les communes, nécessité de se pourvoir
d'une nouvelle autorisation pour l'appel (1). Cette règle
fut donc appliquée aux fabriques ; car, ainsi que nous
l'avons dit, on rechercha dans les règles, alors applicables aux communes, la solution des difficultés que les
seuls termes du décret de 1809 ne permettaient pas de
trancher.

Mais plusieurs auteurs (2) pensent que le Conseil de
préfecture conserve la faculté de les autoriser, par une
simple et même décision, à suivre l'instance jusqu'à l'arrêt définitif, d'autres (3) prétendent que, du moment où
cette faculté lui a été retirée à l'égard des communes
par les lois municipales, il ne peut procéder autrement
à l'égard des fabriques.

Nous croyons, au contraire, qu'il est préférable de
soutenir que cette disposition des lois de 1837 et 1884
ne doit, pas plus que plusieurs autres, être étendue aux
établissements publics, qui n'ont pas été, comme les
hospices, assimilés aux communes par un texte formel.

(1) S. 1809, 1, 267. La fabrique peut librement défendre à l'appel. C.
E. 20 juin 1861. Lebon, p. 1060.
(2) Gaudry, *Traité de la législation des Cultes*, t. III, p. 137. Mgr Affre, *l. c.*
(3) Dufour, *l. c.*, t. VI, p. 311 ; Louis Girod, *l. c.*, p. 28.

Des opinions non moins diverses ont été émises sur la nécessité de l'autorisation pour la validité du pourvoi en cassation.

D'après Serrigny (1), il est « incontestable » qu'il y a, pour y soumettre les fabriques, les mêmes raisons que pour les communes. N'est-ce là faire la loi au lieu de l'appliquer ? Un autre auteur arrive à la même conclusion, en faisant un raisonnement plus compliqué, mais qui ne nous paraît pas plus concluant. « La Cour de cassation, dit M. Gaudry (2), n'est pas une juridiction ; c'est un tribunal extraordinaire chargé de vérifier l'application exacte de la loi. Que si la fabrique croit devoir tenter le moyen de la Cassation, c'est une instance nouvelle pour laquelle elle a besoin d'une autorisation nouvelle ». Nous ne discuterons pas ce raisonnement ; à notre avis, son auteur le condamne lui-même, en disant la fabrique « peut défendre sans autorisation au pourvoi en cassation, car la défense est de droit naturel ; de plus, celui qui a été autorisé à soutenir un droit incertain est autorisé à le soutenir lorsqu'il a été reconnu. » Si se pourvoir en cassation équivaut à entreprendre une instance nouvelle, la défense à ce pourvoi équivaut à défendre à une instance nouvelle et, pour être logique, il faudrait, pour cette défense, exiger une autorisation nouvelle ; car c'est là une formalité à laquelle les fabriques sont soumises, lorsqu'il s'agit, soit d'entreprendre une instance, soit d'y défendre (3). Malgré l'éminente autorité de ces auteurs, nous dirons qu'en 1809, le recours

(1) *Loc. cit.*, p. 602
(2) *Législation des cultes*, t. III, p. 137.
(3) **Mgr André** *l. c.*, exige l'autorisation pour le pourvoi et la défense au pourvoi.

en cassation était absolument libre pour les personnes
morales, précisément parce que, loin d'y voir une instance nouvelle, on pensait qu'il constituait un recours
d'une nature spéciale qu'on ne pouvait leur fermer, lorsqu'elles croyaient avoir à se plaindre d'une application
inexacte de la loi. C'est là une faculté qui a été retran-
chée aux communes, en raison des explications qu'é-
changèrent le rapporteur de la loi de 1837 et plusieurs
membres de la Chambre, lors de la discussion de l'article 49 ; mais elle nous paraît appartenir encore à toutes
les autres personnes morales qui, sous le rapport de
l'autorisation, ne leur ont pas été assimilées par un
texte précis.

Ce mode de raisonnement nous conduit à conclure
que les fabriques peuvent, aujourd'hui encore, se pourvoir, dans un délai de trois mois, contre les arrêtés des
Conseils de préfecture qui leur refusent l'autorisation de
plaider : en effet, d'une part, en 1809, les pourvois contre les arrêtés des Conseils de préfecture en matière
d'autorisation pouvaient être formés dans un délai de
trois mois (art. 11, décret du 22 juillet 1806) et étaient
jugés dans la forme contentieuse organisée par le même
décret ; d'autre part, l'ordonnance du 12 mars 1831 n'a
pas modifié le délai de recours, mais seulement la forme
suivant laquelle le Conseil d'État devait se prononcer
sur ces pourvois.

Nous avons exposé, au sujet des fabriques, comment il nous semblait qu'on devait interpréter un décret, rédigé en termes généraux, et soumettant une personne morale à demander une autorisation avant d'exercer une action judiciaire.

De 1809 à 1837, plusieurs autres décrets de même nature furent rendus, dont la rédaction est aussi vague, et dont la portée pourrait être différente, si on s'en tenait à la lettre des termes dans lesquels ils sont rédigés. C'est ainsi que le décret du 6 novembre 1813 énonce (art. 14), que les titulaires des cures ne pourront plaider, en demandant ou en défendant, sans autorisation, lorsqu'il s'agira de droits fonciers de la cure. D'où, à la rigueur (1), il serait possible de déduire que la défense à l'appel interjeté ne leur est pas permise ; au contraire l'article 70 porte que « nul procès ne pourra être intenté soit en demandant soit en défendant » : d'où l'on pourrait conclure que l'évêque a la faculté, au nom du séminaire, d'appeler sans autorisation ; car appeler n'est pas, à proprement parler,

_____

(1) Le paragraphe 2 de l'article 121, tel qu'il avait été voté par la Chambre, portait : « la commune ne pourra plaider sans autorisation devant un nouveau degré de juridiction ». Au Sénat, M. Batbie fit observer que ces mots pouvaient être entendus comme portant interdiction de défendre à l'appel sans autorisation. Comme telle n'était pas la pensée du législateur, la première rédaction fut modifiée, et remplacée par celle-ci : « après tout jugement intervenu la commune ne pourra se pourvoir, sans autorisation nouvelle, devant un autre degré de juridiction.

intenter un procès. Il n'y a pourtant aucune raison de
faire de telles distinctions : sans compter qu'elles con-
duiraient à des difficultés inextricables, nous croyons
qu'elles seraient absolument contraires à l'esprit de
la loi. Le législateur mérite, certes, le reproche de n'a-
voir pas exprimé sa pensée d'une manière assez précise,
mais peut-il y avoir des doutes sur cette pensée elle-
même ? L'insouciance avec laquelle il se servait de tel
ou tel terme ne prouve-t-elle pas qu'il ne prévoyait
pas qu'on pût se méprendre sur son intention (1)?

Il craignait que les administrateurs de ces établissements ne compromissent, par des actions maladroitement
intentées, le patrimoine dont la gestion leur était confiée.
En conséquence, lorsqu'il rédigea les différents décrets,
dans lesquels il détermine les conditions d'administration de leurs biens, il posa en principe que ces établissements ne pourraient plaider, sans qu'une autorité
administrative eût apprécié les chances de succès et l'opportunité du procès : mais, dans ces décrets, il n'énonça
pas expressément les nombreuses règles qui dérivent
de ce que l'arrêté d'autorisation est un acte d'inspection
et de surveillance. Il sous-entendit celles qui, bien que
nécessaires pour l'application du principe, pouvaient
cependant être déduites, soit du principe lui-même, soit
des textes concernant les communes, soit des solutions
interprétatives données par la jurisprudence. En conséquence, il nous semble rationnel de rechercher, dans
la manière dont ces textes auraient été commentés avant

____

(1) L'ordonnance du 25 mai 1844, qui décide que les synagogues israélites ne pourront plaider sans autorisation, n'indique même pas à quelle
autorité elles doivent la demander.

la loi municipale de 1837, la situation juridique qu'ils ont faite aux personnes morales qu'ils concernaient. Tant qu'ils ne sont pas abrogés ou modifiés expressément par d'autres dispositions, ils restent en vigueur, mais ils y demeurent dans les conditions où ils se trouvaient y être, à l'époque où on aurait pu les appliquer pour la première fois.

En les passant en revue, nous ne mentionnerons donc que les points spéciaux qu'ils peuvent contenir ou les difficultés différentes que quelques-uns ont soulevées.

Section IV. — Cures.

Une cure ou succursale est une personne morale, capable d'acquérir, et distincte de la personnalité de la paroisse, représentée par la fabrique ; on nomme mense curiale l'administration ou l'ensemble des biens qu'un curé possède à ce titre (1). Le curé ou desservant est appelé à exercer les actions relatives à ces biens, et le décret du 6 novembre 1813 (art. 14) ne l'a astreint à demander l'autorisation du Conseil de préfecture que lorsqu'il plaide comme demandeur ou défendeur, dans une action relative aux droits fonciers de la cure.

Le conseil de fabrique est investi d'une mission de surveillance sur la conservation des biens des cures (art. 1 du décret). Aussi, comme ces biens peuvent être compromis par la perte ou les frais d'un procès, l'article 14 décide que le conseil de fabrique doit émettre un avis sur la demande que le curé adresse au Conseil de

____

(1) Ducrocq, *Droit administratif*, t. II, 6ᵉ édition, § 1529.

préfecture, et il prescrit l'envoi de cet avis au Conseil de préfecture.

A cette condition préalable, faut-il en ajouter une autre, et exiger que le titulaire fournisse l'avis du Conseil municipal (1)? On se prévaut pour cela des termes de l'article 70 de la loi de 1884, d'après lequel les Conseils municipaux doivent donner leur avis sur les autorisations de plaider, demandées par les fabriques ou autres « administrations préposées aux cultes, dont les ministres sont salariés par l'État ».

Néanmoins, n'est-il pas difficile de soutenir que l'ensemble des biens, auxquels on a donné une personnalité morale sous le nom de cure, puisse être considéré comme une administration préposée au culte. L'article 70 nous paraît simplement vouloir, par une périphrase, désigner les consistoires protestants et israélites, qui, si l'on fait abstraction des fabriques expressément nommées dans l'article, sont, à proprement parler, les « autres administrations préposées aux cultes dont les ministres sont salariés par l'État ».

Enfin, les termes de l'article 13 du décret de 1813 n'admettent aucune distinction entre les actions relatives à la propriété des biens fonciers, et les actions purement possessoires concernant ces mêmes biens (2). En effet, à cette époque, les actions possessoires étaient assimilées aux actions pétitoires, par tous les textes qui se rapportaient à notre matière, et les articles des lois municipales de 1837 et de 1884, qui modifient ce régime

(1) *Sic* Lefebvre, *Actions judiciaires des communes et établissements communaux*, p. 172.
(2) Cass., 1879, D. 1. 160.

à l'égard des communes, ne peuvent être étendus qu'aux hospices.

Section V. — Menses épiscopales.

Les menses sont, à l'archevêque ou à l'évêque, ce que la cure est au curé ou au desservant : les actions relatives à leurs droits fonciers ne peuvent être exercées, par les évêques titulaires, qu'en vertu d'une autorisation du Conseil de préfecture : telle est la déduction que la jurisprudence a tirée du décret du 6 novembre 1813 (art. 29), lequel porte « les évêques et archevêques auront l'administration des biens de leur mense, ainsi qu'il est expliqué aux articles 6 et suivants du présent décret ». Elle a pensé, avec raison, que ce texte impliquait renvoi à l'article 14, que nous venons de mentionner plus haut.

Section VI. — Chapitres et Séminaires.

Nous rappellerons seulement les textes de notre matière, qui concernent les chapitres et séminaires.

Le trésorier (des chapitres cathédraux et collégiaux) ne pourra plaider, soit en demandant soit en défendant, ni consentir au désistement, sans qu'il y ait eu délibération du chapitre et autorisation du Conseil de préfecture. Il fera tous actes et diligences pour les recouvrements (art. 53, D. 6 nov. 1813).

Nul procès (des séminaires) ne pourra être intenté, soit en demandant, soit en défendant, sans l'autorisation du Conseil de préfecture, sur la proposition de l'archevêque ou de l'évêque, après avoir pris l'avis du bureau d'administration (art. 70, D. 1813).

Cette expression générale « séminaire » s'applique à la fois à l'établissement dit « grand séminaire », destiné dans chaque diocèse à former les jeunes ecclésiastiques, et aux écoles secondaires ecclésiastiques dites « petits séminaires » (1), où l'on instruit les jeunes gens qui se proposent d'entrer dans les séminaires diocésains.

En présence des termes généraux des articles 53 et 70 du décret de 1813, il nous semble évident que l'autorisation du Conseil de préfecture est nécessaire, non seulement pour l'exercice des actions relatives aux droits fonciers des chapitres et séminaires, mais pour toutes les actions en justice, dans lesquelles ces personnes morales doivent être partie.

Section VII. — Consistoires des cultes protestants.

La loi du 18 germinal an X reconnaissait la personnalité civile aux églises consistoriales du culte réformé, qui devraient être établies par 6.000 âmes de la même communion ; elle déterminait, article 18, la composition des consistoires ou assemblées de pasteurs et de notables protestants, auxquelles elle confiait (art. 20) le soin de veiller à l'administration des biens de l'église et des deniers provenant des aumônes.

Depuis le décret du 6 mars 1852, le consistoire n'est plus la seule unité reconnue. Ce décret créa (art. 1) des paroisses ou sections d'églises consistoriales, à l'administration desquelles il préposa un conseil presbytérial

(1) Cassation, 27 mai 1862, D. 1863,1,216; Ducrocq, *l. c.* t. II, 6e éd., § 1532.

composé de 4 à 7 membres. De plus, un certain nombre de paroisses devaient être réunies en groupe, pour former des circonscriptions territoriales ; l'une d'elles devait être désignée comme chef-lieu, et son conseil presbytérial était, en ce cas, doublé et institué comme consistoire, chargé de contrôler l'administration des conseils presbytériaux de son ressort.

Sous l'empire de la loi du 18 germinal an X et de l'article 1032 du Code de procédure civile, la question s'était posée de savoir si un consistoire, par le fait seul qu'il était un établissement public, devait demander au Conseil de préfecture l'autorisation d'agir en justice. La Cour de Colmar (1) s'était prononcée pour l'affirmative, bien qu'à la même époque un avis du Comité de l'Intérieur du Conseil d'État (2) n'osât pas se prononcer d'une manière aussi formelle.

Pour éviter toute nouvelle controverse, le gouvernement prit, le 23 mai 1834, une ordonnance obligeant les consistoires des deux communions (calviniste et luthérienne) à se pourvoir d'une autorisation du Conseil de préfecture, pour entreprendre ou soutenir un procès en justice. D'ailleurs ils doivent, en outre, informer le Conseil municipal de leur demande, afin qu'il émette sur elle un avis qu'on fera parvenir au Conseil de préfecture.

L'ordonnance fait, néanmoins, une petite distinction entre les deux confessions :

Les consistoires (3) du culte réformé adressent direc-

(1) D. 1834, 2, 82.
(2) Cité par Reverchon, *l. c.*, p. 355.
(3) L'ordonnance du 23 mai 1834, ne mentionnait que les consistoires : mais à cette époque, l'organisation de l'Église réformée était différente et le

tement au Conseil de préfecture la délibération dans laquelle ils manifestent l'intention d'agir en justice.

Au contraire, les conseils presbytériaux et consistoires de l'Église luthérienne ou Confession d'Augsbourg doivent, préalablement, transmettre la demande d'autorisation de plaider au directoire du Consistoire général, dont le siège était à Strasbourg, afin qu'il y joignît son avis.

Par suite des modifications que notre territoire a subies en 1870, l'organisation de l'Église de la confession d'Augsbourg a été modifiée et réglementée à nouveau par la loi du 1ᵉʳ août 1879 et le décret du 12 mars 1880.

Sous l'empire de ces nouveaux textes, c'est, croyons-nous, la commission exécutive du synode général, dont les fonctions sont déterminées par les articles 22 et suivants de la loi du 1ᵉʳ août 1879, qui est appelée à jouer le rôle autrefois dévolu au consistoire général. En effet, d'une part, le synode général exerce, dans ses assemblées triennales, ceux des pouvoirs du consistoire supérieur qui n'ont pas été attribués, par la loi de 1879, aux autres corps ecclésiastiques ; d'autre part, la commission exécutive de ce synode est chargée d'instruire les affaires dont il doit être saisi, et peut le convoquer, en session extraordinaire, pour délibérer sur les objets qu'elle désigne (art. 8, § 13, décret du 12 mars 1880).

Il nous semble aussi que le principe posé par l'ordon-

législateur n'avait pas constitué les conseils presbytériaux. Si ces conseils doivent être considérés, non pas comme des rouages d'administration, mais comme les représentants de paroisses ayant une individualité morale propre et personnelle, ils doivent pouvoir agir en leur nom ; mais alors peut-être, ne doit-on les autoriser à le faire que s'ils sont nantis d'un avis favorable de leur consistoire : « car, aux termes du décret de 1852, ils administrent sous l'autorité des consistoires ».

nance de 1884 assujettit les consistoires protestants aux règles appliquées aux fabriques. Il ne nous paraît pas téméraire de nous affirmer ainsi, étant donner que l'ordonnance porte visa de l'article 1032 du Code de procédure et du décret du 30 novembre 1809.

Section VIII. — Synagogues Israélites.

Les synagogues sont, soit des églises consistoriales, c'est-à-dire établies pour permettre à une population, s'élevant au moins à 2000 personnes, de procéder à la célébration de leur culte, soit simplement des temples établis pour le service d'un moins grand nombre d'Israélites. Elles constituent des établissements publics, qui sont représentés en justice par le consistoire départemental, sous la réserve d'une autorisation préalable.

L'ordonnance du 25 mai 1844 (1), qui, la première, a formulé cette condition d'exercice de leurs actions, n'a point explicitement indiqué à quelle autorité les consistoires devaient transmettre leur demande. Néanmoins, on n'a pas mis en doute que ce fût au Conseil de préfecture qu'il appartînt de décider si la synagogue peut plaider, comme tel est son rôle, vis-à-vis des autres établissements publics dont nous parlons.

Cette interprétation, donnée à l'ordonnance du 25 mai 1844, doit, croyons-nous, conduire la jurisprudence à appliquer aux synagogues les règles admises à l'égard des autres établissements publics, que des décrets con-

---

(1) L'article 66 de cette ordonnance est ainsi conçu : « Les consistoires israélites ne peuvent, sans autorisation préalable, intenter une action en justice ou y défendre, accepter des donations ou des legs, en faire emploi, acheter ou vendre ».

çus en termes très généraux soumettent à la nécessité de l'autorisation de plaider.

En 1864, la Cour de cassation (1) a été appelée à se prononcer sur le point de savoir si un consistoire israélite doit nécessairement se pourvoir d'une nouvelle autorisation, avant de former appel d'un jugement. Dans les considérants de l'arrêt rendu elle a envisagé la situation faite, à ce point de vue, aux différents établissements publics, et s'est exprimée ainsi : « Attendu que, lorsque le législateur a voulu astreindre les établissements publics à se pourvoir pour plaider d'autant d'autorisations qu'il y a de degrés de juridiction, il s'en est expliqué d'une manière expresse, comme il l'a fait dans les lois du 18 juillet 1837 pour les communes, 10 mai 1838 pour les départements, des 7-13 août 1851 pour les hospices. Attendu que l'article 66 de l'ordonnance royale du 25 mai 1844 est ainsi conçu : « Les consistoires israélites ne peuvent, sans autorisation préalable, intenter aucune action en justice ou y défendre » ; attendu que rien dans cette disposition n'implique pour les consistoires, une fois pourvus d'une autorisation exprimée en termes généraux, la nécessité d'en obtenir une nouvelle pour chaque degré de juridiction, Rejette etc..... »

Le principe, que cet arrêt tend à poser, peut être ou non l'objet de critiques, suivant la portée qu'on lui donne. S'il entend dire que le Conseil de préfecture, en autorisant un établissement public à introduire un procès en première instance, lui confère, par là, nécessairement et virtuellement, le droit de saisir le degré supérieur de juridiction, et ne possède aucune faculté actuelle

(1) D. 1865, 1, 213.

ou éventuelle de l'en empêcher, l'arrêt contient peut-être une affirmation trop absolue.

En effet, les décrets ou ordonnances concernant l'autorisation de plaider nécessaire aux établissements publics ont tous, sauf l'ordonnance du 25 mai 1844 (1), été promulgués avant la loi de 1837, et nous avons dit, qu'en les interprétant suivant la jurisprudence établie à l'égard des communes, on considéra que ces établissements devaient, en règle générale, demander l'autorisation d'appeler.

Au contraire, ces mots, « rien dans l'ordonnance de 1844 n'implique pour les consistoires une fois pourvus d'une autorisation exprimée en termes généraux, la nécessité d'en obtenir une nouvelle pour chaque degré de juridiction », peuvent simplement signifier que le Conseil de préfecture conserve, vis-à-vis de ces établissements publics, la faculté qu'il avait aussi vis-à-vis des communes jusqu'en 1837, de les autoriser à plaider en première instance et en appel, par un seul et même arrêté rédigé en termes généraux : s'il en est ainsi, l'arrêt de 1864 ne fait qu'appliquer aux synagogues israélites une solution admise à l'égard des autres établissements de même nature.

(1). Il ne nous paraît pas qu'on puisse s'appuyer sur ce que l'ordonnance de 1844 est postérieure à la loi de 1837, pour déclarer que les synagogues israélites sont soumises aux textes de cette loi municipale. N'y a-t-il pas lieu de les assimiler complétement aux autres établissements publics de même nature ?

**Section IX. — Monts-de-Piété. — Caisses d'Épargne. —
Établissements généraux de bienfaisance.**

Les différents établissements publics, dont nous venons de parler, sont les seuls que des textes formels obligent à se pourvoir d'une autorisation, avant d'intenter une action en justice.

Néanmoins, à différentes reprises, la question s'est posée de savoir, si l'interprète ne devait pas, en outre, soumettre à la même règle quelques personnes morales, vis-à-vis desquelles l'État s'est réservé le droit, soit de faire participer ses agents à leur administration, soit de contrôler leurs opérations.

1° *Monts-de-piété et caisses d'épargne*.

A leur égard on a raisonné de manières très diverses :

1er *Raisonnement*. — On a dit que ces personnes morales avaient le caractère d'établissements publics ; qu'en conséquence, en vertu de l'article 1032 du Code de procédure, « ils étaient tenus, pour former une demande en justice, de se conformer aux lois administratives » car ce renvoi aux lois administratives équivalait à l'obligation d'obtenir l'autorisation du Conseil de préfecture.

Les monts-de-piété sont-ils des établissements publics? On répond non, si l'on se reporte à l'article 1er de la loi de 1851 : « les monts-de-piété seront établis comme établissements d'utilité publique avec l'assentiment des Conseils municipaux », si l'on se refuse à considérer l'opération de prêt sur gages, comme pouvant constituer

un service public ; si l'on remarque que les conditions
de certains de leurs emprunts ne sont pas de tous points
semblables à celles des établissements publics.

On pourrait peut-être déclarer la question douteuse,
si l'on considère, d'une part, que les dénominations
des textes législatifs sont souvent peu précises : ainsi
l'article 1ᵉʳ de l'ordonnance du 21 février 1841 donne
la qualification, d'établissements généraux de bienfaisance et d'utilité publique, aux établissements généraux
de bienfaisance qui, néanmoins, de l'avis unanime, sont
des établissements publics ; d'autre part, que leur dotation se compose de fonds appartenant aux caisses
municipales et hospitalières : qu'ils sont administrés
sous la surveillance du Ministre de l'Intérieur, du préfet
et de l'autorité municipale : que leurs budgets et leurs
comptes sont soumis aux Conseils municipaux : qu'ils
sont placés sous la surveillance d'un conseil analogue
aux commissions de surveillance, dont les membres
sont nommés par le ministre ou le préfet, et pris pour
un tiers, parmi les autres administrateurs des établissements charitables.

Les caisses des monts-de-piété ont le privilège, de
recevoir le cautionnement des receveurs d'établissements charitables : et, lorsque leur dotation dépasse
une certaine somme, leurs excédents de recettes sont
attribués aux hospices.

Les caisses d'épargne sont-elles des établissements
publics ? La Chambre des requêtes de la Cour de cassation leur avait reconnu implicitement cette qualité, dans
un arrêt du 3 avril 1854 : mais, deux années plus tard,
la Chambre civile leur refusa l'hypothèque, que l'arti-

cle 2121 accorde aux établissements publics sur les
biens de leurs comptables : elle se fonda, notamment,
sur ce que l'autorité gouvernementale n'intervient pas
directement dans leur gestion (1), sur ce que le vote et
l'exécution de leur budget ne sont pas soumis aux règles
propres aux établissements publics, et, en conséquence,
déclara que les caisses d'épargne, créées dans un but
général et d'utilité publique, sont néanmoins des établissements privés, auxquels les principes du droit commun sont applicables.

En tous cas, l'arrêt de 1854 se prononce d'une manière catégorique, sur la portée qu'il faut attribuer à
l'article 1032 du Code de procédure « attendu, dit-il,
que cet article n'impose pas aux établissements publics
la nécessité de se pourvoir d'une autorisation, pour agir
ou défendre en justice, qu'il ne fait que se référer aux
lois administratives : que c'est donc dans ces lois qu'il
faut rechercher la nécessité de l'autorisation. Attendu
que cette nécessité ne découle d'aucune règle générale,
d'aucun principe absolu ; que, loin d'être sanctionnée
par le droit commun, la privation d'ester en jugement
est une faculté exorbitante, qui ne peut être suppléée ou
admise par induction, et qu'elle doit être rejetée lorsqu'elle ne se trouve pas écrite dans une loi spéciale ».

En effet, lors de la préparation du Code de procédure,
l'article 1032 était conçu en termes dont le but était
d'indiquer, explicitement, les conditions et formalités
que les communes devaient remplir pour agir ou appeler

(1) Les caisses d'épargne n'ont pas de directeur nommé et révocable par
l'autorité supérieure. Les membres des conseils sont, pour chacune, désignés, dans les règles prescrites par les statuts, et non choisis par les préfets parmi certaines catégories de citoyens.

valablement. La section du Tribunat, après avoir montré que le projet ne pouvait les résumer en un court article, sous peine d'erreurs ou d'omissions, ajoutait, « qu'elle ne pensait pas que ce fut ici le lieu de fixer le mode de procéder sous le rapport administratif : il lui semblait que, pour compléter le Code de procédure civile, il suffisait d'énoncer l'objet, en se référant aux lois administratives (1) ». Elle proposa donc la rédaction actuelle, qui comprenait, non seulement les communes, mais aussi les établissements publics.

2me *Raisonnement*. — En partant de l'argumentation que la Cour de cassation a tenu dans l'arrêt précité, on a soutenu qu'il y avait un texte, dont l'application conduisait à soumettre les monts-de-piété et les caisses d'épargne aux règles de notre matière : En effet, disait-on, l'article 21 de la loi de 1837, avant la loi de 1884, supposait bien que les monts-de-piété et les caisses d'épargne devaient demander l'autorisation de plaider, puisqu'il dispose que les Conseils municipaux seront consultés sur les autorisations de plaider, demandées par les établissements de charité et de bienfaisance.

Tout d'abord, est-il certain que les monts-de piété et les caisses d'épargne aient le caractère d'établissements de charité et de bienfaisance ?

A l'égard des monts-de-piété, il peut être délicat de répondre d'une manière catégorique (2) ; à l'égard des

---

(1) Locré, *Esprit du Code de proc.*, art. 1032.

(2) M. Ducrocq, — *Droit administratif*, t. II, § 1597, — exprime les difficultés qu'il rencontre pour les classer, soit parmi les institutions de prévoyance, car elles sont des institutions de prêt sur gages ; soit parmi les institutions de charité, car les prêts, au-dessous de 10 francs, se font à intérêts usuraires ; soit enfin parmi les institutions de crédit, parce que l'emprunteur commence par aliéner son capital.

caisses d'épargne, on est généralement d'accord pour les classer parmi les institutions de prévoyance ou même de crédit (1) ; mais, il ne nous paraît pas nécessaire de trancher cette question d'une manière définitive ; il nous semble qu'on doit, pour établir la portée de l'article 70 loi de 1884, raisonner comme la Cour de cassation l'a fait, pour établir celle de l'article 1032. Le Conseil municipal, dirons-nous, doit, en vertu de l'article 70, donner son avis sur les autorisations de plaider, que demandent les établissements de charité et de bienfaisance communaux ; cependant, le but de cet article n'est pas de créer une obligation à ces établissements ; mais d'indiquer une des attributions du Conseil municipal. Pour que ce Conseil ait à donner son avis, il faut que l'établissement ait une autorisation à demander : et pour être fixé sur ce dernier point, il faut se reporter aux lois spéciales, qui ont déterminé les règles suivant lesquelles ces établissements doivent être administrés.

En 1866, un pourvoi était déposé qui rappelait de

____

(1) Walter. — *Traité de l'Administration des Caisses d'Épargne* : « Sont-elles des établissements de bienfaisance ? la question présente un intérêt juridique, administratif, et économique. Nous soutenons que ce ne sont pas des établissements de charité, mais des institution de crédit. Ce sont des caisses où les dépôts sont reçus par fractions minimes, placés par les soins de la caisse et restitués à première réquisition..... A quel titre pourrait-on considérer les caisses d'épargne comme des établissements de bienfaisance ? Est-ce parce que leur administration est généralement gratuite ? Mais, sans compter que cette gratuité n'est jamais absolue, puisque, sur les produits des sommes placées, une fraction est toujours réservée aux frais d'administration, bien d'autres établissements de crédit, qui n'ont aucune prétention à faire la charité, opèrent gratuitement le placement des fonds déposés, et opèrent les remboursements, en se contentant des bénéfices que l'agio peut leur procurer. Est-ce parce que le paiement doit toujours être d'une somme égale à celle qui a été déposée, quelle qu'ait pu être la variation subie par les cours de la somme placée ? Mais cette condition est commune à tous les dépôts de choses fongibles. »

nombreux textes, desquels il résulte, que les monts-de-piété sont institués dans un but de bienfaisance : les lettres patentes des 9-12 décembre 1777 déclarent avoir rejeté, pour leur organisation, tous les plans qui n'offraient que des spéculations de finances, et s'être arrêtées à un plan formé uniquement par des vues de bienfaisance. L'article 1 du décret du 24 messidor an XII dispose, que le mont-de-piété de Paris sera régi à l'avenir au profit des pauvres.

Un avis du Conseil d'État du 12 juillet 1807 décide, qu'il ne peut être pourvu à la dotation du mont-de-piété au moyen de sommes provenant d'émission d'actions.

Le pourvoi invoquait encore l'ordonnance du 18 juin 1823, qui assujettit, aux règles posées pour les hospices, les budgets et comptes des monts-de-piété (art. 1), leurs constructions, reconstructions, ventes et emprunts autres que les opérations ordinaires de cette nature, autorisées par le règlement (art. 2), et en conséquence, il demandait à la Cour la cassation d'un arrêt, pour ce motif, que l'article 21 de la loi de 1837 suppose que les établissements de charité et de bienfaisance doivent demander une autorisation pour pouvoir plaider. La Cour de cassation (1) rejeta cette prétention « attendu que la nécessité d'une autorisation préalable est une exception exorbitante, qui ne peut être admise ou suppléée par induction ; qu'elle est, par sa nature, hors du droit commun et qu'elle doit être écartée, lorsqu'elle n'est pas écrite textuellement dans un texte spécial ».

3e *Raisonnement.* — Cette solution, bien nettement exprimée, est préférable au système que soutenait Dal-

(1) D. 1867, 1, 122.

loz (1), et d'après lequel, les établissements dont nous parlons, étant placés sous la tutelle administrative. ne peuvent plaider, qu'après les formalités prescrites aux communes.

Comme nous l'avons déjà dit, et comme nous aurons encore l'occasion de le répéter en parlant de certaines congrégations religieuses, nous ne croyons pas que le législateur ait placé les personnes morales, dans l'administration desquelles l'État intervient, ou dont il contrôle les actes, sous une tutelle entraînant, pour chacune d'elles, des conséquences identiques.

Nous ne pouvons approuver une telle opinion. Nous la trouvons, cependant, émise dans les lignes que nous allons rapporter. « A défaut de texte précis, les monts-de-piété et les caisses d'épargne devraient être considérés comme appartenant, par leur nature et leur organisation, à la classe de ces établissements publics. qui, d'après l'article 1032 du Code de procédure, sont tenus, pour former une demande en justice, de se conformer aux lois administratives ; car cet article ne règle pas seulement le développement et le mode d'application du principe de la nécessité d'une autorisation, il établit le principe dérivant du droit de tutelle et de protection qui appartient à l'État, droit qui doit s'exercer sans exception et qui implique l'obligation nécessaire d'entourer les actions judiciaires de ces établissements de toutes les garanties qui sont accordées aux communes et aux hospices » (2).

L'article 1032 ne s'applique pas à une classe d'établis-

(1) Dalloz, *Répertoire*, au mot *Établissements d'épargne*, n° 79, et au mot *Mont-de-piété*.

(2) Lefebvre, *Actions judiciaires des communes et établissements communaux d'utilité publique*, p. 142.

sements publics plutôt qu'à une autre. Les travaux préparatoires du Code de procédure prouvent que le législateur n'a voulu établir aucun principe ; il a entendu
seulement rappeler que les actions judiciaires des communes et de certaines autres personnes morales, qu'il a
désignées sous la dénomination générale d'établissements publics, pouvaient être soumises à des règles
spéciales édictées ailleurs que dans le Code de procédure.

Néanmoins, nous devons reconnaître que l'opinion
contraire a été développée par M. Dufour (1). Elle est
la base de critiques qu'il adresse à un arrêt de la Cour de
Paris (9 avril 1836, Palluy) lequel décidait que la maison
de Charenton, placée par l'arrêté du 27 germinal an V
sous la surveillance immédiate du Ministre de l'Intérieur, et directement à la charge de l'État, n'est pas soumise à l'avis du Comité consultatif et de l'autorisation
du Conseil de préfecture ; car ces formalités préalables
ne peuvent être applicables à un établissement indépen-
dant de l'administration départementale et municipale.

De l'avis de cet auteur, « les lois et arrêtés, qui soumettent les hospices à l'obligation de se munir de l'autorisation du Conseil de préfecture, n'ont nullement
leur raison d'être dans les liens qui unissent ces établissements à l'administration départementale et municipale. Elles ont leur source dans une règle fondamen-
tale de notre organisation administrative, celle qui veut,
que tout établissement public, ayant une individualité,
soit entouré de protections analogues à celles que la loi
assure aux mineurs, et qu'il trouve une assistance tutélaire, dans les circonstances où ces intérêts peuvent

____

(1) *Traité de Droit administratif*, t. VI, p. 502.

être compromis. Or, les hospices à la charge de l'État, n'en constituent pas moins des établissements pourvus d'une existence individuelle et capables d'actes de la vie civile. Pourquoi donc, en l'absence d'une exception formelle, les soustraire à l'empire d'un principe, qui a été étendu aux hospices, par l'unique raison qu'ils ont le caractère d'établissements publics? Dira-t-on que la surveillance du Ministre de l'Intérieur renferme toutes les garanties désirables? On aurait pu en attendre autant de la surveillance du préfet pour la commune. La mission tutélaire, confiée au Conseil de préfecture, se distingue de l'action administrative ordinaire, en ce que sa position, qui le rapproche des établissements auxquels il doit son assistance, permet à ce Conseil d'obtenir, pour se guider dans ses appréciations, une lumière qui ne saurait dans tous les cas parvenir jusqu'au Ministre ».

Malgré l'autorité qui s'attache au nom de cet auteur, nous ne pouvons partager l'opinion que les Conseils de préfecture aient l'attribution générale de donner les autorisations de plaider aux établissements publics, qui sont établis dans leur département ; et que ces établissements, par le seul fait qu'ils sont établissements publics, soient tenus de s'en munir.

L'État, en créant ces personnes morales, a jugé nécessaire d'organiser leur administration, ou le contrôle de leurs opérations, suivant la nature de chacune d'elles ; c'est aux textes, dans lesquels il a pourvu à ce soin, qu'on doit se reporter, si l'on veut connaître à quelles formalités sont soumises leurs actions, aussi bien que les autres actes de leur vie civile.

ÉTABLISSEMENTS GÉNÉRAUX DE BIENFAISANCE (1)

Après les explications qui précèdent, il ne nous reste qu'à généraliser à leur égard l'arrêt que nous avons cité, et qui a été rendu par la Cour de Paris dans l'instance du sieur Palluy contre la maison de Charenton.

Ainsi que nous l'avons vu, M. Dufour soutenait qu'on devrait, quant au point qui nous occupe, les traiter comme des hospices ; il n'arrivait toutefois, à cette conclusion qu'en se prévalant d'un principe général de tutelle administrative, dont nous avons cherché à établir l'inexistence.

L'ordonnance du 21 février 1841 a, il est vrai, rendu applicable à ces établissements, les ordonnances du 31 octobre 1821 et du 29 novembre 1831, qui déterminent les règles de comptabilité des hospices ; de plus les commissions administratives, placées auprès de chacun d'eux, doivent être renouvelées tous les ans par quart, conformément aux règles suivies par les commissions administratives des hospices, mais, l'ensemble des dispositions de l'ordonnance, indique, d'une manière très évidente, que les représentants de ces personnes morales n'agissent pas sous la surveillance des pouvoirs administratifs locaux.

L'article 1 porte « qu'elles seront administrées, sous l'autorité du Ministère de l'Intérieur et sous la surveillance d'un conseil supérieur, par des directeurs responsables, assistés de commissions consultatives. » Or, les

____

(1) Ils sont au nombre de neuf, ce sont : l'hospice du Mont-Genèvre, la maison de Charenton, l'Institution des sourds et muets, celle des Jeunes aveugles, des Sourdes-muettes de Bordeaux et de Chambéry l'asile de Vincennes et celui de Vésinet.

membres du conseil supérieur devaient être nommés par le roi, et ceux de la commission consultative par le Ministre de l'Intérieur.

Le conseil supérieur qui, en vertu de l'article 4, devait donner son avis sur les questions contentieuses, ayant cessé d'être convoqué depuis 1847, les commissions administratives, dont les attributions ont été fixées par arrêté ministériel du 22 juin 1841, sont donc, maintenant, seules appelées à délibérer sur les actions judiciaires.

En conséquence, le directeur se trouve habilité à agir par une commission, dont les membres peuvent être considérés comme de véritables agents du pouvoir central. On comprend ainsi qu'il n'y ait pas lieu de soumettre les délibérations de cette commission, à des autorisations analogues à celles qui doivent compléter la validité des commissions administratives des autres hospices (loi du 7 août 1851, art. 10).

Section X. — Congrégations religieuses de femmes.

Nous ne pouvons terminer ce travail sans étudier la question de savoir quelle est, en ce qui concerne les procès, la capacité des congrégations religieuses de femmes légalement reconnues (1). Doivent-elles, avant de plaider, demander et obtenir une autorisation ?

C'est là un point sur lequel la jurisprudence administrative et les auteurs ont, à diverses reprises, admis des

---

(1) Les décrets de 1809 et 1810 et la loi du 24 mai 1825 n'étant pas applicables aux congrégations d'hommes autorisées, celles-ci peuvent plaider librement.

systèmes différents : nous allons rappeler les textes qui constituent les éléments de leurs discussions et qui motivent leurs doutes.

Le 18 février 1809, un décret, autorisant la formation de congrégations hospitalières de femmes, portait (art. 14) que les biens, donations, revenus de quelque nature qu'ils soient, seront possédés et régis conformément au Code civil, et ne pourront être administrés que conformément à ce Code et aux lois et règlements sur les établissements de bienfaisance.

Le 26 décembre 1810, un autre décret soumet aux mêmes dispositions les revenus et biens des maisons dites « du Refuge ».

Le 24 mai 1825, une loi, relative à l'autorisation et à l'existence légale des congrégations religieuses de femmes, dispose (art. 4), qu'une fois autorisées, elles pourront, avec l'autorisation spéciale du roi : 1° accepter des legs et donations, 2° acquérir à titre onéreux des biens meubles et immeubles, 3° aliéner ces mêmes biens; et, article 8, que les dispositions de cette loi, autres que celles relatives à l'autorisation (de se former), sont applicables aux congrégations religieuses de femmes reconnues avant la loi du 2 janvier 1817.

Que résulte-t-il de ces textes ? — 1° que les congrégations de femmes autorisées par les décrets de 1809 et de 1810 sont soumises à certaines dispositions de la loi de 1825 et qu'il y aura lieu de rechercher les conséquences qu'entraînent pour elles la combinaison de ces textes.

2° Que la loi de 1825 n'impose pas formellement aux autres congrégations la nécessité d'obtenir une autorisation avant de commencer un procès. Cependant, certains auteurs, se rangeant à une opinion émise par le Conseil d'État le 21 mai 1841 (1), croient pouvoir poser une règle contraire et l'appliquer à toutes les congrégations religieuses reconnues. Ils passent en revue les dispositions de la loi de 1825 et font ce raisonnement : « Il est défendu aux congrégations reconnues d'aliéner sans autorisation : or, leur reconnaître la libre faculté de plaider, serait leur fournir un moyen indirect d'aliéner, puisque le procès peut amener la perte du bien sur lequel on plaide ». Cette déduction nous paraît inexacte pour plusieurs motifs. En premier lieu, elle tend à assimiler un procès à une aliénation : or, celui qui gagne ou perd un procès n'acquiert ou n'aliène rien. Le jugement n'opère pas transmission de propriété, mais est la déclaration d'une propriété préexistante. La preuve en est que l'enregistrement ne perçoit aucun droit de mutation. Dans bien des cas, les incapacités de plaider et d'aliéner ne sont pas régies par les mêmes règles : les formalités que doivent remplir le tuteur, le mineur émancipé, le mari dotal, et les hospices diffèrent, suivant qu'il s'agit de procéder à une vente ou d'exercer une action en justice (2).

---

(1) Cet avis est cité par M. Reverchon, 2ᵉ édition, p. 361.

(2) L'autorisation du conseil de famille pour aliéner les biens immeubles des mineurs doit être homologuée par le tribunal, l'autorisation pour une action immobilière est dispensée d'homologation.

Le mineur émancipé peut intenter une action immobilière avec l'assistance de son curateur, il a besoin, pour aliéner ses immeubles, d'une autorisation du conseil de famille.

Le mari dotal peut exercer sans autorisation toutes les actions relatives à la dot qu'il ne peut aliéner.

Il faut que le Conseil municipal émette un avis favorable aux aliénations des hospices. Ceux-ci peuvent plaider alors même que le Conseil municipal désapprouverait le procès.

« Ces deux actes sont donc distincts : l'action en justice est plus facilement permise que la vente. La défense, qui porte sur celle-ci, ne saurait être étendue à celle-là par voie d'analogie (1) ».

Enfin, comme le fait observer M. Batbie (2), admettrait-on même que les procès peuvent conduire à l'aliénation, ne serait-il pas absolument arbitraire de conclure que, de ce qu'il faut un décret pour aliéner, il faut une autorisation du Conseil de préfecture pour plaider.

Un autre motif d'écarter ce raisonnement est que, pour pouvoir légitimement étendre les termes d'un texte, il faut être certain qu'on reste, cependant, fidèle à l'esprit dans lequel il a été conçu. Or, ce serait se méprendre sur les intentions du législateur de 1825, que de croire, qu'il cherchait à réglementer dans ses détails l'administration des biens des communautés, afin d'être à même de donner à ces personnes des conseils et des avis, et de veiller à ce que leurs intérêts ne fussent pas maladroitement compromis (3). Craignant, au contraire, leur enrichissement excessif, il voulait seulement se réserver le droit d'autoriser toute modification grave dans la composition de leur patrimoine. En conséquence, lorsqu'on s'aperçut que ces lois de surveillance pouvaient être éludées par le moyen d'échanges ou de

______

(1) *Sic* Ravelet, *Traité des congrégations réligieuses*, p. 198.

(2) *Droit administratif*, t. V, § 245.

(3) C'est, cependant, ce que paraît penser M. Bressolles dans son ouvrage intitulé : *Effets de la reconnaissance légale des communautés religieuses de femmes.* Ayant passé en revue les dispositions de l'article 4 de la loi de 1825, il se résume ainsi, p. 136 : « En un mot la communauté sera soumise à ce qu'on appelle, d'une manière générale, la tutelle administrative exercée par voie d'autorisation gracieuse pour accepter les dons et legs, ester en justice, enfin aliéner ses biens. »

transactions simulées, ces actes furent soumis, par l'ordonnance du 14 janvier 1831, à l'autorisation gouvernementale.

Au contraire, « il est impossible de supposer que les tribunaux permettront d'éluder, par un simulacre de procès, les lois qui régissent les congrégations religieuses ». Tel est l'argument sur lequel le Conseil d'État s'est fondé, le 6 juillet 1864 (1), pour abandonner le système qu'il avait soutenu en 1841, et pour émettre l'avis que les congrégations religieuses de femmes peuvent plaider sans autorisation.

L'Instruction ministérielle, sur l'exécution de la loi concernant les communautés religieuses de femmes, avait voulu restreindre leur liberté en déclarant, article 18 : « les dispositions des lois et règlements, qui prescrivent les formalités à remplir, par les établissements d'utilité publique, pour acquisitions, aliénations, et en général pour l'administration des biens, sont applicables aux actes de cette nature, concernant les congrégations et communautés ».

Cette prétention n'était pas seulement conçue en dehors des termes et de l'esprit de la loi de 1825, mais elle était de nature à présenter de grandes difficultés d'application ; car elle faisait allusion, en termes généraux et vagues, à des textes épars dans les lois administratives : il eût été difficile de les grouper, de les concilier entre eux pour en imposer l'observation aux communautés religieuses.

Aussi, en 1854, le Ministre des Cultes, dans un rapport à la section de l'Intérieur, reconnut qu'elles avaient

____
(1) Cité par Ravelet, *l. c.*, p. 139.

pleine et entière capacité pour tous les actes d'administration, comme pour tout ce qui n'est pas compris dans l'énumération de l'article 4 de la loi du 24 mai 1825. Le Conseil d'État, en 1864, a émis un avis conforme ; nous croyons donc que c'est là la solution, à laquelle il faut définitivement s'arrêter.

Nous devons maintenant rechercher si cette solution doit être étendue à toutes les communautés religieuses sans distinction, ou s'il faut, en s'attachant aux décrets de 1809 et de 1810, faire une classe à part des congrégations que ces décrets concernaient (1).

Nous venons d'exposer que la loi de 1825 n'imposait aux congrégations aucune formalité préalable, pour pouvoir intenter leurs procès et faire les actes d'administration non compris dans son article 4. Il nous semble donc logique de conclure que cette loi, en appliquant aux congrégations hospitalières les dispositions comprises dans cet article, a laissé, en dehors de sa sphère d'action, les actes que cet article ne prévoyait pas. Or, les décrets de 1809 et de 1810 assimilaient, aussi complétement que possible, ces congrégations aux établissements de bienfaisance.

Faut-il décider que les congrégations hospitalières, auxquelles cet article 4 est devenu applicable en vertu de l'article 8 de la loi de 1825, demeurent, pour les actes que cet article ne réglemente pas expressément, soumises aux lois et règlements qui régissent les établissements de bienfaisance ? Ce système a été soutenu et encore appliqué par le Conseil de préfecture de la Vienne, le 24 no-

____

(1) *Sic* Trochon, *Les communautés religieuses*, p. 244 et suiv.

vembre 1876 (1). Faut-il, au contraire, dire, qu'en vertu
de cet article 8, les congrégations hospitalières ont été assimilées à toutes les autres congrégations, et ne forment
plus une classe à part, et ont obtenu une capacité civile,
qui n'est limitée que pour les actes d'acceptation de
succession, d'acquisition et d'aliénation.

C'est le système que le Conseil d'État (2) a adopté en
déclarant, « que les dispositions restrictives des décrets de 1809 et 1810, étant inconciliables avec la liberté
d'administration, qui appartient à ces établissements,
ont été implicitement abrogés ; que le caractère général
et organique de la loi de 1825 est établi par l'article 8,
qui en déclare les dispositions applicables à tous les
établissements autorisés, même à ceux qui l'étaient
avant la loi du 2 janvier 1817. »

En exposant ainsi ces deux systèmes, nous avons indiqué les principaux arguments invoqués à l'appui de
chacun d'eux : ces arguments ont, les uns et les autres,
une telle importance qu'il est délicat de dire lesquels
doivent être préférés. Toutefois nous ne serions pas
conduits, comme M. Batbie, à préférer le second système « pour éviter d'amener une grande incohérence dans
la législation, et de déclarer quelques communautés libres de plaider, tandis que d'autres auraient à se pourvoir de l'autorisation ». Il nous semble que c'est là une
considération par laquelle l'interprète d'une loi ne doit
pas se laisser influencer ; son devoir n'est pas de reculer
devant les conséquences bizarres que l'application d'un
texte peut entraîner. La question est donc uniquement

---

(1) V. *Jurisprudence des Conseils de préfecture*, 1877, p. 70.
(2) *Avis du Cons. d'Ét.* 6 juillet 1864, cité par Ravelet, *l. c.*, p. 139.

celle-ci : quelle portée doit-on attribuer à l'article 8
de la loi de 1825, ainsi conçu : « toutes les dispositions
de la présente loi sont applicables aux congrégations
religieuses et maisons religieuses de femmes autorisées
avant la publication de la loi du 2 janvier 1817. »

Cette portée est, croyons-nous, déterminée par le titre
même de la loi de 1825. A cette époque le législateur a
voulu poser, pour l'avenir, des règles nouvelles, sur le
mode d'autorisation des congrégations religieuses de
femmes, et sur les conditions « d'existence légale » de
ces communautés.

Elles peuvent accomplir librement les actes de la vie
juridique, sauf à obtenir l'autorisation du chef de l'État,
pour ceux dont le libre exercice pourrait occasionner
deux dangers que le législateur veut éviter. Ces dangers
sont, la concentration excessive des biens entre les mains
d'établissements de main morte, et l'enrichissement de
ces personnes morales par voie de donation ou de legs
faits au détriment des familles. L'objet des dispositions
de la loi de 1825 est donc d'établir, sur le patrimoine des
communautés, non pas une surveillance protectrice destinée à le garantir contre les fautes, que leurs administrateurs pourraient commettre dans leur gestion, mais de
soumettre les actes qui augmentent ou diminuent ce
patrimoine, à une réglementation qui mette l'administration à même d'écarter les inconvénients qu'elle re-
doute.

En conséquence, en appliquant aux congrégations religieuses, autorisées avant la loi de 1825, les dispositions
que cette loi formulait, le législateur a entendu nécessairement modifier le régime auquel elles avaient été

soumises par les décrets de 1809 et de 1810, régime qui était celui des établissements de bienfaisance, régime qui est conçu dans un esprit absolument contraire à celui de la loi de 1825.

APPENDICE

FORMALITÉ DONT L'ACCOMPLISSEMENT EST IMPOSÉ
A CEUX QUI EXERCENT
UNE ACTION JUDICIAIRE CONTRE UNE COMMUNE.

Au XVIIe et au XVIIIe siècles, plusieurs édits furent
promulgués, qui obligèrent les communes, à se pour-
voir de l'autorisation des commissaires royaux, avant
d'intenter une action judiciaire. Nous avons longuement
expliqué les raisons d'être, les caractères et les conséquences de ces dispositions; peut-être n'est-il pas inutile
d'exposer les formalités, dont le législateur imposa l'accomplissement aux adversaires des communes, dans le
but de compléter et de rendre absolument efficaces, les
mesures qu'il avait prises à l'égard de celles-ci.

Pour être sûrement informé des procès qui seraient
commencés contre les communes, pour empêcher toute
dissimulation, toute connivence coupable entre les représentants de la commune et ses adversaires, enfin
pour être à même de conjurer, par son autorité ou son
influence, des procès inutiles, le pouvoir royal, par l'é-
dit d'août 1683, fit « défense, aux créanciers des communautés, d'intenter contre elles aucunes actions, qu'à-
près qu'ils en auraient obtenu la permission, par écrit,
des sieurs intendants ou commissaires départis, dont
ils feraient donner copie avec l'exploit de demande, à
peine de nullité de toutes les Procédures qui pourraient

être faites au préjudice, et des jugements rendus en conséquence ».

Ces défenses furent probablement mieux observées par les adversaires des communes, que celles qui avaient été faites pareillement aux syndics des communautés : peut-être les juges tenaient-ils mieux la main à leur exécution, que dans l'hypothèse où l'irrégularité provenait du fait des représentants communaux ; toujours est-il qu'elles demeurèrent en vigueur jusqu'en 1789, sans que l'autorité royale, ait été obligée de rappeler les créanciers des communautés et les juges, au respect des dispositions de l'édit de 1683.

Après la Révolution, la loi du 29 vendémiaire an V avait, de nouveau, soumis les communes à la nécessité de l'autorisation de plaider : mais elle était muette à l'égard des obligations précédemment imposées aux créanciers des communes. Le 17 vendémiaire an X, les Consuls crurent qu'il était opportun de réparer cette omission et arrêtèrent : « que les créanciers des communes ne pourraient intenter contre elles aucune action, qu'après qu'ils auraient obtenu la permission par écrit du Conseil de préfecture, *sous les peines portées par l'édit d'août 1683* ». La nullité de la Procédure et du jugement était donc la sanction attachée à l'inaccomplissement des formalités imposées aux créanciers des communes.

Ces dispositions n'avaient pas pour but, de donner à l'autorité administrative le droit d'accorder ou d'enlever à l'adversaire de la commune, tout moyen de la contraindre à payer sa dette ; elles servaient seulement à avertir cette autorité de l'action projetée, afin qu'elle fût à même d'inviter la commune à prendre les mesures qu'exigeaient ses intérêts. Ces dispositions ne concernaient que les actions tendant à faire reconnaître un droit de créance, et non les autres actions ; car on pensait alors, (Avis du 3 juillet 1806 (1), conforme à la jurisprudence antérieure), que les procès, fondés sur des créances, étaient les seuls que l'administration pouvait éviter, en faisant inscrire d'office la dette au budget de la commune.

La loi de 1837 ne maintint pas cette distinction : on considéra que l'administration avait, dans toutes les hypothèses, sinon une voie directe de supprimer le procès, du moins une autorité qui lui permettait d'empêcher les Conseils municipaux de défendre et de faire ainsi des frais inutiles. L'article 51 de la loi de 1837 portait donc que : « quiconque voudra intenter une action contre une commune ou une section de commune, sera tenu d'adresser préalablement un mémoire au préfet, en exposant les motifs de sa réclamation. Il lui en sera donné récépissé. La présentation du mémoire interrompra la prescription et toutes les déchéances. Le préfet transmettra le mémoire au maire avec l'autorisation de convoquer immédiatement le Conseil municipal pour en délibérer ».

Nous avons transcrit en entier cet article de la loi de 1837, alors qu'il n'a plus aujourd'hui qu'un intérêt historique, pour montrer en quoi il différait des textes antérieurs, et quelles modifications la loi de 1884 a apportées à la législation préexistante.

____

(1) Cité par Reverchon, *l. c.* **p. 6.**

Tout adversaire d'une commune devait présenter un mémoire, sans qu'il y eut à distinguer, suivant que l'action judiciaire était de telle ou telle nature.

D'un autre côté, la loi ne mentionnait plus expressément la sanction, qui s'attachait à l'obligation du dépôt. Il en est résulté, qu'à diverses reprises, la jurisprudence a hésité sur le point de savoir quelles conséquences entrainait l'omission de la formalité requise (1). Enfin, le mémoire devait être déposé à la préfecture.

L'article 124 de la loi du 5 avril 1884 a reproduit l'article 51 de la loi de 1837, mais en le complétant, et en faisant cesser plusieurs controverses qui s'étaient élevées sur l'interprétation de ce texte.

« Aucune action judiciaire, autre que les actions possessoires, ne peut, à peine de nullité, être intentée contre une commune, qu'autant que le demandeur a préalablement adressé, au préfet ou au sous-préfet, un mémoire exposant l'objet et les motifs de sa demande. Il lui en est donné récépissé.

« L'action ne peut être portée devant les tribunaux que deux mois après la date du récépissé, sans préjudice des actes conservatoires.

« La présentation du mémoire interrompt toute prescription ou déchéance, si elle est suivie d'une demande en justice dans le délai de trois mois ».

La dispense du dépôt, en cas d'exercice d'une action possessoire, déjà admise par la jurisprudence, est motivée par cette raison, qu'en pareille circonstance, la

---

(1) V. un arrêt de la Cour de Lyon (4 fév. 1871, S. 1872, 2, 11) qui déclarait que l'irrégularité résultant de l'inaccomplissement de la formalité était couverte par l'autorisation de défendre donnée à la commune.

commune elle-même peut défendre sans autorisation : en conséquence, le mémoire ne serait d'aucune utilité à l'autorité administrative, qui n'a, dans ce cas, aucune autorisation à donner à la commune.

En se servant de cette formule : « aucune action judiciaire », la loi de 1884 a nettement consacré la jurisprudence qui avait décidé que l'article 51 de la loi de 1837 ne concernait pas les actions administratives.

Le mémoire peut être maintenant déposé à la sous-préfecture : il interrompt la prescription ; la loi de 1837 contenait déjà cette disposition, mais la loi de 1884 a fait cesser le doute qui s'élevait, sur le point de savoir si l'interruption de la prescription n'était pas subordonné à la condition d'être suivie d'une demande en justice, dans un certain délai. En outre, les actes conservatoires du droit commun, que l'exploit d'ajournement ne rend pas inutiles, doivent être accomplis indépendamment du mémoire.

La nullité, prononcée par l'article 124, présente un caractère analogue à celui de la nullité qui résulte de l'inaccomplissement des formalités imposées aux communes. Si l'adversaire avait lancé l'exploit d'ajournement sans avoir préalablement déposé le mémoire prescrit, cet exploit ne serait pas entaché d'une de ces nullités que prévoit l'article 173 du Code de procédure ; mais l'adversaire serait, en quelque sorte, sans qualité pour agir valablement contre la commune, et celle-ci, à tout moment de l'instance, pourrait demander sa mise hors de cause. Nous pensons que les tribunaux pourraient, soit sur les conclusions du ministère public, soit d'office, déclarer l'adversaire non recevable ; la preuve de l'accomplissement de cette formalité peut se faire par la production du récépissé délivré par le préfet (1).

Il faut remarquer que l'article 124 prévoit seulement l'hypothèse où une action doit être intentée contre une commune, et non celle où son adversaire appelle d'un jugement rendu contre lui, ou se pourvoit en cassation ; dans ces hypothèses, l'autorité administrative n'a pas besoin d'être éclairée sur le parti que la commune doit prendre, puisque celle-ci peut librement défendre à l'appel, ou au pourvoi en cassation.

Les dispositions de l'article 124, sont-elles applicables aux actions intentées contre les établissements publics, dont nous avons parlé ?

L'affirmative et la négative ont été également soutenues, par des auteurs dont les ouvrages font autorité. En ce qui concerne les hospices et hôpitaux, la question est particulièrement controversée. Les articles 9 et 10 de la loi du 7 août 1851 disposent : « que les délibérations des commissions administratives, relatives aux actions judiciaires, suivent, quant aux autorisations, les mêmes règles que les délibérations des Conseils mu-

---

(1) Si le Conseil de préfecture accordait ou refusait à la commune l'autorisation de défendre alors que l'adversaire n'aurait pas déposé son mémoire, l'arrêté serait susceptible d'être annulé par le Conseil d'État. V. C. E. 8 juillet 1840 (com. de Calmette).

nicipaux ». On en a conclu, que toutes les formalités applicables aux actions des communes doivent être observées, pour les actions des hospices (1). Cependant, en sens contraire, on peut faire remarquer que, dans l'ancien droit, les actions des hospices étaient absolument libres ; que l'édit de 1683 et l'arrêté du 17 Vendémiaire an X, n'adressaient pas aux créanciers des personnes morales les défenses qu'ils faisaient aux créanciers des communes : en outre, l'article 10 de la loi de 1851, ne dispose pas que les formalités, qui doivent précéder les actions des communes, sont prescrites pour les actions des hospices ; il se réfère uniquement aux règles d'autorisation des délibérations des commissions administratives : il nous paraît difficile de soutenir que la loi communale, en obligeant l'adversaire de la commune à déposer un mémoire, contienne une règle relative à l'autorisation des délibérations des Conseils municipaux. La portée de la loi de 1851 n'est pas d'appliquer, aux actions des hospices, toutes les dispositions contenues dans les lois municipales, aux titres « des Actions judiciaires » : c'est ainsi que la doctrine et la jurisprudence refusent, au contribuable de la commune, la faculté d'intenter une action au nom de l'hospice, lorsque la

____

(1) Durieu et Roche, *l. c*, t. II, p. 565 et 566 : ils citent un arrêté de conflit du 9 vendémiaire an X inséré au *Bulletin des lois,* lequel est ainsi conçu : « Considérant que, d'après les lois du 16 vendémiaire an V et 16 messidor an VII, les fonctions des commissaires administrateurs des hospices civils sont de même nature que celles des administrations municipales, qu'elles en sont une dépendance ; que tous les arrêtés desdits commissaires sont soumis à l'approbation administrative ; que par ces motifs les actions intentées contre les commissions administratives ne peuvent être intentées que suivant les actions à intenter contre la République. » — Serrigny, *Compétence administrative,* t. I, § 474.

commission administrative refuse ou néglige d'agir (1).
En outre, comme le fait remarquer M. Reverchon, lorsqu'il traite la même question à l'égard des fabriques (2),
il peut être délicat de suppléer, sans un texte formel,
la disposition de l'article 51, § 2, loi 1837 (124, § 3, loi
1884), en vertu de laquelle la présentation du mémoire
du demandeur interrompt la prescription et toutes déchéances.

Nous concluons donc, que le demandeur a le droit de
saisir directement les tribunaux, suivant les règles du
droit commun (3), mais que ceux-ci doivent accorder à
l'hospice un délai convenable pour demander et obtenir l'autorisation de défendre. Nous adopterons *a for-
tiori* la même solution pour les actions exercées contre
les autres établissements publics, fabriques, cures, séminaires, menses épiscopales, consistoires et synagogues, qui ne peuvent plaider sans autorisation préalable.

A leur égard, on ne se trouve pas en présence d'un texte
analogue à l'article 10 de la loi du 7 août 1851, qui soit
de nature à faire hésiter l'interprète. Cependant on a

---

(1) C. E. 30 août 1847, Dumorisson.

(2) Reverchon, après avoir déclaré, dans la 1re édition de son ouvrage
(*Autorisations de plaider*, 1841), que l'article 51 de la loi de 1837 n'était
pas applicable aux actions des hospices, paraît éviter de se prononcer sur
ce point dans la 2e édition (1853). Il s'exprime ainsi page 328 : « En ce qui
touche l'autorisation de plaider, l'assimilation paraît complète soit pour
les actions à intenter, soit pour les actions à soutenir ». Il reste donc à savoir si le dépôt du mémoire est une formalité d'autorisation. D'ailleurs,
cet auteur reconnaît que l'assimilation ne porte que sur les autorisations,
et non sur les autres dispositions qui concernent les actions des communes ; car il refuse au contribuable la faculté de plaider au nom de l'hospice.

(3) *Sic* Ducrocq, *l. c.*, t. II, § 1499.

soutenu, que toutes les formalités établies par la loi de 1837 s'appliquent aux fabriques, qui doivent être, sur ce point, assimilées aux communes (1).

Lorsque nous avons commenté le décret de 1809, nous nous sommes prononcés d'une manière assez catégorique contre cette méthode de raisonnement, et nous avons suffisamment montré que, dans bien des hypothèses, elle conduirait à des résultats inadmissibles, pour qu'il nous soit permis de soutenir que les adversaires des établissements publics ne sont pas tenus de faire le dépôt d'un mémoire, attendu que les textes qui régissent le procès de ces personnes morales ne font pas mention de cette formalité.

(1) Gaudry, *Législation descultes*, t. III, p. 141. Dalloz, *Cultes*, § 63. Serrigny, t. I, § 452. — *Contrà*, Reverchon, *l. c.*, p. 342.

POSITIONS

POSITIONS PRISES DANS LA THÈSE

DROIT ROMAIN

I. — A l'époque des *legis actiones* les parties devaient, en principe, comparaître personnellement en justice, sans qu'il y ait lieu de distinguer entre la procédure *in jure* et la procédure *in judicio.*

II. — Antérieurement à l'époque de Gaius, le *procurator* ne déduisait pas en justice le droit de la personne qu'il représentait.

III. — Le *procurator*, dont l'adversaire mettait le mandat en doute par l'exception *procuratoria*, devait prouver qu'il avait reçu mandat d'agir au nom d'autrui.

IV. — L'action *judicati* ne fut pas, dès le principe, donnée activement et passivement à la personne qui avait été représentée en justice par un *cognitor*.

V. — Même après la loi 3 C. Théod. *de cogn. et proc.*, le *negotiorum gestor* put, en pratique, agir au nom d'autrui.

DROIT FRANÇAIS

I. — Le maire peut, sans attendre l'autorisation du Conseil de préfecture, lancer, dans les cas urgents, l'exploit d'ajournement introductif d'instance et constituer avoué lorsque la commune est actionnée en justice.

II. — La nullité résultant du défaut d'autorisation ne peut, après l'arrêt définitif, être invoquée que par la commune condamnée.

III. — Lorsque l'adversaire d'une commune autorisée à ester en justice par le Conseil de préfecture, conteste à la commune, devant les tribunaux de l'ordre judiciaire, capacité d'ester en justice, ceux-ci peuvent apprécier si l'exception soulevée porte sur une question que l'arrêté du Conseil de préfecture avait pour objet de trancher.

IV. — Le paragraphe 3 de l'article 121 (loi du 5 avril 1884) est applicable aux actions des hospices et hôpitaux.

V. — Les articles 121 et suivants de la loi du 5 avril 1884 ne sont pas applicables aux fabriques, aux menses épiscopales, aux chapitres et séminaires, aux consistoires, aux synagogues, en ce qu'ils ont de contraire à la situation, qui, au point de vue des procès, a été faite à ces personnes morales, par les décrets qui les concernent respectivement

POSITIONS PRISES HORS DE LA THÈSE

DROIT ROMAIN

I. — L'exception de dol entraînait tantôt une absolution, tantôt une diminution de la condamnation.

II. — L'exception de dol devait, parfois, être insérée dans la formule d'une action de bonne foi, notamment pour faire valoir la compensation *ex dispari causa.*

III. — Dans une stipulation de peine, *ut fiat*, la peine était, en principe, encourue par la seule échéance du terme fixé.

IV. — La stipulation de peine ne pouvait intervenir en vue de déterminer au mariage.

DROIT FRANÇAIS

CODE CIVIL

I. — Les envoyés en possession provisoire peuvent intenter les actions mobilières et immobilières de l'absent.

II. — L'article 196 du Code civil doit être interprété comme il suit : lorsqu'un homme et une femme ont la possession d'état d'époux légitimes et qu'un acte régulier constatant la célébration de leur mariage est représenté, chacun d'eux est non recevable à attaquer cet acte par l'inscription de faux.

III. — La reconnaissance de l'enfant naturel faite après que cet enfant est décédé n'est pas valable.

IV. — L'enfant renonçant ou indigne doit être compté pour le calcul de la réserve.

CODE DE PROCÉDURE

I. — La nullité résultant du défaut de tentative de conciliation n'est pas d'ordre public.

II. — Le jugement de défaut-congé est en principe un jugement de simple relaxe. Le tribunal ne peut statuer sur le fond que si le défendeur a fait un acte d'avoué à avoué pour prévenir le demandeur qu'il n'accepte pas son désistement.

DROIT CONSTITUTIONNEL

I. — Le Sénat peut rétablir dans les lois de finances les crédits réduits ou rejetés par la Chambre.

II. — L'article 8 de la loi constitutionnelle du 16 juillet 1875 ne doit pas être interprété en ce sens que tous les traités doivent être soumis aux deux Chambres.

Vu par le président de la thèse,
GLASSON.

Vu par le Doyen,
COLMET DE SANTERRE

VU,
et permis d'imprimer :
le vice-recteur
de l'Académie de Paris
GRÉARD.

TABLE DES MATIÈRES

Imp. G. Saint-Aubin et Thevenot, Saint-Dizier. 30, passage Verdeau, Paris